本书出版得到国家"双一流"建设学科和北京市支持"双一流"高校建设
项目资助

国 民 经 济 评 论

REVIEW OF NATIONAL ECONOMY

总第十一辑（2023 年第 1~2 期）

中国财经出版传媒集团

经济科学出版社
Economic Science Press

·北 京·

图书在版编目（CIP）数据

国民经济评论. 总第十一辑：2023 年. 第 1 - 2 期/
刘瑞，林木西，赵丽芬主编. - - 北京：经济科学出版社，
2024.1
ISBN 978 - 7 - 5218 - 5584 - 5

Ⅰ.①国…　Ⅱ.①刘…②林…③赵…　Ⅲ.①国民经
济发展 - 中国 - 文集　Ⅳ.①F124 - 53

中国国家版本馆 CIP 数据核字（2024）第 037875 号

责任编辑：李一心
责任校对：李　建
责任印制：范　艳

国民经济评论

总第十一辑（2023 年第 1~2 期）
经济科学出版社出版、发行　新华书店经销
社址：北京市海淀区阜成路甲 28 号　邮编：100142
总编部电话：010 - 88191217　发行部电话：010 - 88191522
网址：www. esp. com. cn
电子邮箱：esp@ esp. com. cn
天猫网店：经济科学出版社旗舰店
网址：http://jjkxcbs. tmall. com
北京密兴印刷有限公司印装
787 × 1092　16 开　15. 75 印张　308000 字
2024 年 1 月第 1 版　2024 年 1 月第 1 次印刷
ISBN 978 - 7 - 5218 - 5584 - 5　定价：65. 00 元
（图书出现印装问题，本社负责调换。电话：010 - 88191545）
（版权所有　侵权必究　打击盗版　举报热线：010 - 88191661
QQ：2242791300　营销中心电话：010 - 88191537
电子邮箱：dbts@ esp. com. cn）

目　　录

〔国民经济学学科建设〕

"建构中国特色的国民经济学知识体系"
线上会议发言

编者按语

编者按：2022 年 6 月 18 日，中国宏观经济管理学会常务理事会召开线上研讨会，约请了部分设有国民经济学科本科点和研究生点的高校学科负责人，就习近平总书记在 2022 年 4 月 25 日视察中国人民大学期间提出的"建构中国自主的哲学社会科学知识体系"号召，讨论如何建构中国自主的国民经济学知识体系。会后由七所高校的教师整理了线上会议发言，本刊特此发表供大家学习参考。

大有可为的中国国民经济学

刘　瑞[*]

在当下热议中国自主的知识体系建构和中国特色社会主义经济学科体系建设的时候，不应该忽视了中国国民经济学。与国内经济学各个分支学科大多数是舶来品不同，中国的国民经济学基本上是土生土长的。一般而言，国民经济学是专门研究和阐释一个国家的经济运行和管理的规律性学说。从中外学科演化史看，国民经济学是一门古老而又年轻的经济学科。因为几乎在经济学成为一门系统的知识体系时，它就已经与政治经济学同名并流行。在18～19世纪的欧洲，斯堪的纳维亚半岛及西北欧，经济学最初被冠名为国民经济学，与英伦岛流行的政治经济学齐名。以至于马克思最初在德国研究经济学时就使用国民经济学的称谓，以后到了英国之后改用政治经济学称谓，不再使用国民经济学称谓，由此创建了马克思主义政治经济学。19世纪与20世纪之交，经济学逐步分工演变为一个学科体系，政治经济学或国民经济学成为经济学的基础理论部分。二次世界大战结束之后，美国的经济学界主导了现代西方经济学的分工体系，经济学被分成微观经济学、宏观经济学、国际经济学、计量经济学等。国民经济学只在斯堪的纳维亚半岛以及欧洲部分国家保存下来，并与企业经济学相对应。在这些地区，国民经济学类似于美式的宏观经济学，但不限于此，包含了比美式宏观经济学更多的内容。

我国建立国民经济学的时间比较晚。新中国成立之初，苏式国民经济计划学科随着中国社会主义计划经济体制的建立而被引入。在当时，苏联国民经济计划学教材并没有被正式翻译过来成为中国各大高校的教科书，中国教员只是根据苏联专家的授课讲义，重新整理之后加入中国经验再讲授给中国学生。1956年，中国人民大学教师根据"一五"计划经验编写了第一部中国特色的国民经济计划学教材。所谓国民经济计划学或被一度冠名的计划经济学，也是研究和阐释社会主义计划经济运行和管理的规律性学说。然而，随着中国社会主义市场经济逐步取代计划经济，就需要对反映社会主义国家的经济运行和管理规律性学说做出实质性调整和重大修改。因此在20世纪80年代中期，国内部分高校教师首倡建立结合马克思主义政治经济学和西方宏观经济学内容的国民经济学。到1998年国家调整高等教育专业设

---

* 中国人民大学应用经济学院教授，中国宏观经济管理教育学会会长。

置和学科分类时，大学本科专业设置"国民经济管理"，取代了"国民经济计划"；研究生专业设置"国民经济学"，取代了"国民经济计划与管理"。至此，国民经济学被正式列入国家经济学人才培养和经济学科建设序列。

一、中国国民经济学是中国特色社会主义
经济学体系有机组成部分之一

中国国民经济学是反映中国特色社会主义经济建设和经济理论的本土化学说，具有鲜明的实践性、时代性和理论逻辑性。第一，中国国民经济学不是直接照抄照搬国外的尤其是西方经济学科，而是不断地总结和吸收中国特色社会主义经济建设实践经验，不断上升为理论认识和一般概念，并且持续地将这些认知返回到实践，不断验证理论认识和概念的有效性和解释力。在这个过程中，经历了数代专业学人的集体努力和集中了上下集体智慧，才成就了今日的中国国民经济学。第二，中国国民经济学始终以回答时代命题和坚持问题导向为己任。在早期计划经济时期，学科关注的焦点是如何实现国民经济有计划按比例发展的命题；到了现在市场经济时期，学科关注的焦点是如何实现社会总供给与总需求平衡协调发展的命题。从社会主义计划经济到市场经济是一个实践扬弃的过程，反映这个过程的国民经济学也具有同样的学科扬弃过程。一些经过实践反复淬炼的有价值的理论认识并没有被完全放弃，比如毛泽东的"十大关系论"、陈云的"综合平衡论"、另外一些国外市场经济优秀治理经验和认识也不断被吸收到中国国民经济学中来。中国改革开放四十多年来的宏观调控和国家规划理论进展情况，也通过教材的不断再版和修订而被充实吸收进来。第三，中国国民经济的理论逻辑性已经形成。尽管目前在同行之中对具体的国民经济学学科体系划分还存在不同流派的理解，但是对中国国民经济学的学科研究对象的认识是一致的，对基本逻辑和研究命题已经达成基本共识。国民经济学的学科逻辑从把握社会主义国民经济形成的基础条件和特征开始，分析国民经济总量运行和结构特点，明确国民经济运行方向和目标，设计国民经济发展战略与规划，分析宏观调控运作机制，完善宏观调控政策和监控。运行特征—战略规划—宏观调控，整个分析逻辑一气呵成。一本中国国民经济学教科书在手，便知中国经济运行和管理的基本逻辑和思路。

中国国民经济学在形成和发展过程中也不断遭到各种质疑和非议。有的质疑和非议来自对国民经济学讲述的还是计划经济逻辑的忧虑，有的质疑和非议来自固有的美式经济学科划分的基本立场。如果要彻底解除这些质疑，需要中国经济持续成功的实践证明，也需要中国国民经济学自身不断完善。就目前的学科建设情况看，国民经济学既不是传统意义上的计划经济学，也不是美式主流的宏观经济学。与前者相比，当下的国民经济学是研究和阐释

中国社会主义市场经济运行和管理规律性的学说，从形式到内容已经不再是传统意义上的计划经济学。与后者相比，尽管当下的国民经济学吸收了许多宏观经济学的具体理论概念和方法，但是在总体上有区别：第一，研究对象的逻辑层次不一样。美式经济学至少是把国民经济划分成微观和宏观两个运行逻辑层次，微观经济活动不属于宏观经济学研究的对象，宏观经济学研究的是总量、总体经济活动。这些总量、总体经济活动被抽象成总供给、总需求、通货膨胀、价格总水平、进出口等。然而在国民经济学中，微观活动、宏观活动加上中观活动（区域和产业活动）作为国民经济的各个逻辑层次和有机组成，彼此是不可分离的，需要有机整合到相关研究命题之中。综合性分析是国民经济学说的特色之一，也是经济活动的现实反映。学习了国民经济学比只学习宏观经济学更能全面理解中国经济现实。第二，研究内容不一样。美式宏观经济学坚持总量分析逻辑，造成了其天生的缺陷，缺乏结构分析和制度分析，而中国经济的突出特征就是结构性和制度性。国民经济学当然也分析经济总量命题，但应把国民经济的结构性命题和制度性命题置于同等位置加以分析和阐释。此外，中国国民经济学还纳入了管理学的一些命题，如战略和规划管理、监测与预警。因此学习了国民经济学比只学习宏观经济学更能应对现实经济重大问题。第三，分析工具不一样。美式宏观经济学日益数理化，分析总量经济问题的主要工具就是运用数学和统计学工具建模。与此相比，中国国民经济学也适当运用了数学和统计学工具，但没有刻意追求数理化，而是充分灵活运用多种学科知识和分析工具，涉及管理学、社会学、政治学、历史学等。学习了国民经济学比只学习宏观经济学更能综合分析和解决错综复杂的中国现实经济问题。

　　除了上述区分外，中国国民经济学还有一个突出特点，就是坚持了从实践中来再到实践中去的基本逻辑，坚持对中国经济发展各个时期的成功实践经验进行总结并不断吸收到理论分析中，如 20 世纪 50 年代毛泽东的"十大关系论"、陈云的"综合平衡论"、80 年代邓小平的"两个不等式论"、"宏观调控中央说了算论"、21 世纪党中央提出的科学发展观、习近平经济思想中的"供给侧结构性改革"论等。这些具有鲜明时代特征的、集中了集体探索和集体智慧的认知，是中国国民经济学的丰富理论养料和重要内容构成。同时，当下一年一度的中央经济工作会议公报，篇篇都堪称中国国民经济学的典范，通篇都充满着中国国民经济学的分析思维和逻辑。

　　在未来中国经济学体系中，国民经济学将会逐步替代美式宏观经济学。中国国民经济学从其前身国民经济计划学或计划经济学开始，就一直沿着中国人写中国经济学教材、讲中国故事的路径向前演化和发展。不像国内绝大多数宏观经济学教材那样从照搬外版宏观经济学开始，至今仍然摆脱不了外版宏观经济学窠臼。今日的中国国民经济学无论体系还是内容，均是将马克思主义经济学和国外优秀经济学理论成果与中国经济建设实践紧密结合在一起。经过不断改进和完善的中国国民经济学终将取代目前宏观经济学的垄断地位，成为鲜活地解读中国经济的教科书。

二、中国国民经济学的逻辑主线是运行特征—战略规划—宏观调控

尽管中国国民经济学伴随着中国经济一起成长，但是就像中国经济本身还需要完善那样，中国国民经济学也需要继续完善。目前，中国国民经济学研究与教学队伍规模不亚于其他经济学，不同的统计数据都显示出这支教研队伍分布在不同领域和部门，并形成了不下四种的学术风格流派，然而，绝大多数的研究都是碎片化的，对于中国国民经济学研究的主题和核心内容，业内其实是缺乏共识的。许多研究课题申请书报的是国民经济学，但是与国民经济学关系并不密切，许多研究者自认为是国民经济学者，但是研究领域并不在国民经济学领域。似乎存在一种印象：中国国民经济学是一个筐，归属不明的经济学研究内容都可以往里装。这是一门学科尚不成熟的表现。

国民经济学是研究和阐释一个国家的经济如何运行和管理的规律性知识体系。这个知识体系会与许多经济学分支学科有交集，因为事实上其他经济学也在研究一个国家在某一方面的运行和管理的规律。比如产业经济学也研究产业的形成与演化规律，区域经济学也研究区域经济资源和利用的区域分布和演化规律。然而所有的研究具体经济运行和管理规律性的学科，都无法替代综合性和战略性的国民经济学科。国民经济学科按照一个国家经济运行的特征、战略、规划、调控、评价的逻辑去分析，形成只有它自身能够形成的思维逻辑。

国民经济学的分析逻辑从认知国民经济运行特征开始。对于一个国家的经济现实，需要创建一系列必要的概念和原理去把握，因为国民经济本身就是一个抽象的概念，是把各种有血有肉的经济现象抽象成简单的概念符号。幸运的是，这项研究内容不需要花费太多的精力，可以直接从已有的经济学成果中拿过来。比如可以从马克思主义政治经济学中吸收社会再生产理论作为分析的基本逻辑，可以从西方市场经济理论中吸收供求理论作为描述国民经济运行的分析框架，等等。然而对于国民经济学来说，最需要分析的是经济运行的特征，这些特征既包含了国民经济运行的物质基础、发展阶段、发展水平等总量内容，也包含了国民经济的业态、区位、制度等结构内容，进一步需要说明的是由这些特征而抽象成的经济模式。不分析这些就难以说清我国国民经济运行的内在规律性。

国民经济学的主体研究内容是国家发展战略与规划。国民经济学解释经济运行的目的不仅仅是要说明国民经济如何运行，更重要的是要说明国民经济应当如何运行。这就必然要讨论国家发展战略与规划，因为国家发展战略

与规划直接描述国民经济应该符合的理想运行状态。在这里，经济学的实证分析与规范分析是有机统一的，而大部分受到美式经济学范式影响的学科都片面追求实证分析而忽视了规范分析。战略与规划也是其他学科如发展经济学、管理学、军事学、行政学等学科研究的内容，存在一定学科交叉。其实当今许多学科都有类似学科交叉与相互渗透的趋势，这并不妨碍彼此的学术发展，相反还可以相互推动和促进。在研究战略与规划命题上，需要进一步建立符合经济学特点的学术规范，因为迄今为止为数不多的研究还停留在经验性质和统计描述性质上，缺乏必要的学术抽象和分析模型。在这个研究领域，还存在着一些重大理论争议。比如奥地利学派就认为，政府战略与规划、产业政策都是对自由市场的干预，是不可行的；而凯恩斯学派则认为这些干预是必要的，是可行的，包括中国经济学派在内的学派都认为有效市场与有为政府的结合会促进经济增长。

国民经济学研究的重要内容是宏观调控。宏观调控不是舶来品，从实践操作到理论概括都是中国土生土长的。从国外经济学教科书或经济学词典均找不到对应的词汇，美式宏观经济学也只是讨论了其中的一部分内容，即财政政策与货币政策，而且中国在宏观经济政策领域的实践操作已经远远领先于美国。2008 年，国际金融危机是美式宏观经济学衰落和中国宏观调控崛起的分水岭，中国国民经济学对世界经济学知识体系的直接贡献就在于宏观调控理论方面。尤其重要的是，在中国特色社会主义政治经济制度环境下，宏观调控始终接受党中央的统一领导，以国家发展战略与规划为调控依据，所谓的宏观调控独立性并不存在。目前除国民经济学外，政治经济学、宏观经济学、财政学、货币金融学等也都在研究宏观调控，但是每一门学科研究都有自身的学术固有缺陷，不如国民经济学研究这个命题那样得心应手。当下在中国国民经济学语境中，研究宏观调控的重点集中体现在这些命题上：宏观调控体系化从而避免宏观调控碎片化；宏观调控的类型规范如供给侧调控和需求侧调控，以及精准调控、定向调控等；宏观调控手段协调性从而避免政出多门；宏观调控的范式提炼，从而在理论上形成中国特色社会主义市场经济的理论组成部分。此外，近年来宏观调控强化了维护经济安全的预警和预期实践行动，中央特别强调了防范"灰犀牛"和"黑天鹅"两种重大风险。这种问题导向引发宏观调控理论研究向预警理论和预期管理理论的拓展和探索。党的十九届四中全会以来，建立和完善宏观经济治理体系成为一个比宏观调控体系立意更高的概念，这需要国民经济学人及时更新研究理念和思路，拓展知识内容。

国民经济学的方法论是综合平衡论，基本分析工具是投入产出方法。综合平衡论源自计划经济时期，其原理有所谓的"四平论""长线平衡论""短线平衡论"。到了市场经济时期，综合平衡论的体制基础发生了巨大变化，但是综合平衡论中保持国民经济重大关系协调的核心思想并没有被取代，并被可持续发展理论以及新发展理念所传承。尤其是，国民经济学的基本分析工具投入产出法进一步得到了广泛的运用，它不仅构成国民经济核算的基本分析方法，也是结构分析最有力的工具。相对于美式宏观经济主流分析模型—动态随机一般均衡（DSGE）模型，投入产出更具有现实解释力。当然由于结构分析相对稳定，投入产出编表时间相对较长，对短期经济波动不灵敏，因此还需要采用其他经济计量方法作为国民经济分析的辅助工具。

上述种种迹象说明，中国国民经济学在当下的中国特色经济学科体系建设中不可或缺，大有作为。

三、中国国民经济学的学科繁荣需要得到各方的重视与支持

国民经济学专注于研究和阐释一个国家的经济运行和管理的规律性命题，所培养的专业人才是治国理政的高级战略性人才。与市场经济下大量微观专业人才需求相比，它属于高冷学科。如果要发展和繁荣，必须得到来自国家和社会各个方面的支持和投入。在计划经济时期，国民经济计划一度被列为保密专业，专业毕业学生直接被分配到国民经济管理中枢神经机构工作。在当时的中国经济学体系中，理论经济学以政治经济学为首，应用经济学以国民经济计划学为首，其地位显赫一时。这充分体现了国家对该学科的重视程度。

到 20 世纪 90 年代中期确立社会主义市场经济体制后，该专业曾一度受到了严重冲击。配合当时国家经济体制改革特别是高校专业设置调整，国民经济计划改为国民经济管理后，原来开设该专业的高校纷纷停办，大批专业教师转岗，社会上对新兴专业不了解也不认可，毕业生改行另谋高就。一时间，该专业陷入最困难时期。如果不是部分坚持中国特色社会主义市场经济方向的高校领导和原国家计委领导的力挺，该专业就会像某些特色专业那样从中国经济学科体系和经济管理人才培养体系中消失。即使中国国民经济学发展存续到今天，一代又一代的国民经济学人才辈出，依然还有人质疑中国国民经济学存在的必要性。这并非空穴来风，笔者曾参与《中国大百科全书》经济学卷第三版编撰工作，并担任其中"国民经济学"分卷主编。然而在确定 30 个经济学分支的各卷分工写作工作之初，就有观点提出是否需要列出"国民经济学"，理由竟然是在美国没有这样的学科！

经过几十年持续不断的努力，凤凰涅槃般的国民经济学开始发展起来。许多最初取消停办国民经济学本科专业的高校又开始恢复专业招生，各地、各部门、各机构开始认识到国民经济学专业的独特人才优势，开始招收该专业毕业生入职。尤其是国民经济学的研究生专业发展迅速，适应了社会对国民经济学高层次人才的特殊需求。在国家宏观调控职能不断加强和体系不断完善、国家规划体系不断改进和完善的大环境中，国民经济学科知识和技能

也有了用武之地。当然，由于国民经济学知识积累和人才培养远远没有达到社会所需要的规模和水平，目前绝大多数编制各级各类发展规划的机构和人才都显得不够专业和内行，规划的成效也大打折扣。目前中国国民经济学科建设遇到的最大困难在于真正懂得国民经济学的人才不足，教研人才队伍青黄不接。

历史证明，国民经济学与中国社会主义经济建设和理论发展同呼吸共命运。没有国家和社会的需要就不会有国民经济学的立锥之地，没有国家层级的支持就不会有国民经济学科的繁荣与发展。仅仅依靠少数对国民经济学科建设执着和奋斗的学校和学人是难以成就这个中国特色学科建设伟大事业的。

对构建中国自主的国民经济学知识体系的若干看法

王海杰[*]

感谢主办方给予的发言机会。习近平总书记 2022 年 4 月 25 日在中国人民大学考察时指出，加快构建中国特色哲学社会科学，归根结底是建构中国自主的知识体系。国民经济学学科以"构建中国自主的国民经济学知识体系"为主题及时组织今天的研讨会，既是对习近平总书记讲话精神的贯彻落实，也体现出对国民经济学学科的担当和情怀。多年来，一批专家学者深耕在国民经济学的科研教学一线，对学科有着深层次的思考，我们经常可以看到许多研究成果不断发表，这是学界繁荣和创新的良好传统。

在国内国民经济学学科快速发展的大环境下，郑州大学在 20 世纪 90 年代初获批的经济学类的第一个硕士学位授权点就是国民经济学，随后国民经济学成为省级重点学科。在 21 世纪初，郑州大学以国民经济学为基础申报获批了应用经济学省级一级重点学科，随后应用经济学一级博士点也是以国民经济学为基石。但是近年来，在教学和科研过程中有很多青年学生对国民经济学学科存在着一些困惑。概括起来有三个方面：一是国民经济学学科的研究对象是什么；二是国民经济学的学科边界在哪里，研究的核心问题与国民经济学与产业经济学、区域经济学、公共经济管理的区别在哪里；三是国民经济学的问题导向是什么、能够解决什么现实问题。大多数人不清楚国民经济学到底是做什么研究的，所以学生反过来带着这些问题向我请教。我们一批前辈经济学家，像中国人民大学刘瑞教授、辽宁大学林木西教授等一直在不断研究思考，经常有重量级的文章发表和学术会议演讲，但是国民经济学的队伍不够大，更多学者的声音还只是在一定的范围内、在我们圈子内部交流，没有形成学科的广泛的影响力，更没有形成一种广泛的学科认同。问题到底在哪里？我认为有几个主要问题需要各位同仁共同面对和解决。

一是国民经济学的学科范式构建。国民经济学来源于政治经济学，随之与政治经济学有了很大的区分度，但其独立的学科范式到现在为止，严格意义上并没有建立起来。学科范式包括属于这个学科独有的基本概念、核心范畴、基本原理和理论体系，它们是学科的硬核，是学科自主的知识体系和话语体系。但和其他学科相比，国民经济学的这套话语体系显得比较薄弱。国

---

* 郑州大学商学院执行院长，教授，中国宏观经济管理教育学会副会长。

内有许多学者围绕创建中国经济学也在不断探索，比如有从结构的角度试图开辟研究中国现实问题的一套理论，也有从供给的角度着力于开创新的研究范式和理论。但在实践层面，一些根本性的问题仍没有解决，如理论范式的前提假定问题。西方经济学的前提假定虽然受到很多批判，但它毕竟在一定程度上形成了理论的自洽。国民经济学可否从经济理性、制度文化、技术距离三个维度考虑前提假定的建构。特别是制度文化，具有鲜明的自主的国民经济学知识体系特色。不同的制度形态，不同的价值文化，在不同的空间，具有独特的显性表达。国民经济学这个"国民"的空间可以将一个企业作为研究的特殊范围对象，也可以研究整个国家或全球层面的经济问题。总之，凡有"国"有"民"之处，在理论上皆是国民经济学可以研究的空间尺度范围。只是不同的空间尺度，制度形态是不一样的，价值文化是不一样的，处在不同制度形态和不同价值文化观照下的"国"和"民"，其特殊的经济理性和对制度的不同认知，必然影响技术形态及相应的技术创新路径。因此，将经济理性、制度文化、技术距离作为国民经济学理论范式的前提，沿此逻辑路径审视既定的空间，既不同于产业经济学、区域经济学，也不同于发展经济学。

二是要厘清国民经济学两大核心问题。第一个是要厘清政府和市场的关系。这个问题在经济学中一直是一个常说常新的老问题。可是这个问题产生的土壤是西方，它是西方市场经济的现实问题，而在中国的经济理性、制度文化和技术距离维度中，如果用西方经济学的认知逻辑来认识中国的政府和市场关系，其结论拿到实践层面上，拿到政府部门去，政府的官员会认为我们是不接地气。而我们的市场主体，除国有企业外，相当多的非国有企业也很难用西方经济学的标准来判断它是一个什么类型的企业。其根源是，在政府与市场之间关系的认知上，中国有特殊的逻辑。另如货币政策和财政政策，中西方两大政策工具在名称上一样，但在本质上二者有很大不同。国民经济学如何从理论和实践上对此做出解释，进而进行深入的研究，这为自主知识体系的国民经济学构建提出必要性和紧迫性。第二个是要处理好学科的交叉融合与国民经济学学科边界之间的关系。学科交叉不是交叉学科。学科交叉是针对同一个问题运用不同的理论进行研究。当然学科也会在与其他学科的碰撞中吸收其他学科的营养，但无论如何交叉，每个学科的内核应该是稳定的。如果国民经济学没有自己稳定的内核，最终难免被其他学科融合掉。

三是国民经济学研究领域的创新。随着经济理论和实践创新的加速，影响经济活动的要素结构和禀赋发生了巨大变化，其中最重要的就是数据。数据要素进入到了生产要素的范畴，催生出了数字经济，这是继农业经济和工业经济之后的新型经济形态。现有的经济学理论多为工业经济时代的理论，进入数字经济时代，相当多的理论已经滞后，需要理论创新重构。这给国民经济学学科重构提供了机会。数字经济、绿色经济成为典型的现实场景，对此国民经济学的理论创新和现实问题的研究应加以重视。

在此过程中，国民经济学领域的前辈们都做了大量工作，特别是在教材方面的工作非常有成效。但在工业经济向数字经济变革的时代，国民经济学应汲取已有教材的优点，针对新的问题，从教材起步，把理论范式的创新体现在教材的修订中。同时，要加强学界同仁的交流，强化对这些问题的跟踪和思考，形成更加紧密的学术互动和联系。

中国特色国民经济学知识体系构建路径选择

赵德起*

中国经济社会发展进入新的历史阶段，构建中国特色的哲学社会科学具有必然性与可能性。中国特色的哲学社会科学体系的构建是道路自信、理论自信、制度自信与文化自信的具体体现。中国特色的知识体系是中国特色哲学社会科学体系的核心内容，包括中国特色学科体系、学术体系与话语体系三个基本内容。就学科体系而言，需要从人才培养、科学研究、师资队伍、文化传承、服务社会与国际交流等方面全面建设。国民经济学的学科体系要着重加强"本科—硕士—博士"三个层次的发展，尤其是本科层次的人才培养建设；要着重加强"教材＋课程"的一体化建设，突出中国特色国民经济学教材与课程特色，特别是中国特色国民经济学各个层次的教材建设；要着重加强"教学＋科研"双向建设，尤其是中国特色国民经济学教学模式研究、中国特色国民经济学思想与理论研究等。就学术体系而言，重点在于突出学术研究的中国特色与世界意义，应该主要从学术主体、学术客体与学术方法三个方面着力。要建设一支具有历史、理论与实践视野与基础的科研队伍，能够从中国特色国民经济思想、理论与实践等多个方面不同层次进行深入研究，尤其是国民经济学思想的创新，能够以历史唯物与辩证唯物主义为根本方法，结合诸多研究方法，交叉融合开展各种研究。就话语体系而言，要强调特色化、标志性与原创性成果的产出，努力产出具有鲜明中国特色的国民经济学思想、理论、实践、方法、范式等各个方面的基本概念、主要关系、核心逻辑等与话语体系密切相关的系列成果。中国特色的国民经济学话语体系中至少需要包含国家、经济与人民三个基本概念，国家与人民、国家与经济、人民与经济三种基本关系，国家推进以人民为中心的经济发展的基本逻辑等内容。总之，中国特色国民经济学知识体系的建设需要从学科体系、学术体系和话语体系三个方面着力，从历史、理论与实践的视角全面推进，是一个不断积累与不断创新过程，其具有世界意义的价值需要在更长的历史阶段得以体现。

---

* 辽宁大学亚澳商学院院长，教授，中国宏观经济管理教育学会副秘书长。

构建中国自主的国民经济学知识体系的思考

杨　艳[*]

2022 年 4 月 25 日，习近平总书记在中国人民大学考察时发表重要讲话并指出：加快构建中国特色哲学社会科学，归根结底是建构中国自主的知识体系。中共中央办公厅印发的《国家"十四五"时期哲学社会科学发展规划》围绕贯彻落实党中央提出的加快构建中国特色哲学社会科学的战略任务，指出要加快中国特色哲学社会科学学科体系、学术体系、话语体系建设。经济学作为哲学社会科学体系的重要组成部分，对构建中国特色哲学社会科学学科体系有重要意义。构建中国自主的国民经济学知识体系在构建中国特色的经济学理论体系中至关重要，对此我有以下三点思考：

一是构建国民经济学的自主知识体系，必须根植于中国的经济实践，以中国为观照、以时代为观照，立足中国实际，解决中国问题。

国民经济学是在中国经济建设和改革开放伟大历史实践中不断发展的本土化的经济学科，中国成功的经济发展实践，为中国特色国民经济学学科体系、学术体系和话语体系，提供了丰富的土壤和强有力的支撑。当代中国正经历着我国历史上最为广泛而深刻的社会变革，也正在进行着人类历史上最为宏大而独特的实践创新。这种前无古人的伟大实践，给国民经济学理论创新提供了肥沃的实践土壤。国民经济学紧紧围绕中国经济发展实践，用中国经济发展理论解释中国经济发展实践，不断深化对中国经济发展、中国经济体系运行的规律性认识。新时期中国经济社会发展的目标与任务和面临的风险与挑战赋予了国民经济学新的历史使命，国民经济学需要根据新时期经济社会发展的需要，将现代经济学的普遍原理与中国经济的具体实践相结合，具体问题具体分析，并且在此基础上进行必要的理论创新，满足中国经济社会发展进步对于理论支持的需求。

国民经济学自主知识体系构建需要将中国治国理政的具体实践提炼为理论，构建新理论，提出新成果。例如我国的宏观调控是非常富有中国特色的，既吸收借鉴发达国家的经验和现代宏观经济理论成果又不盲从不照搬，而是顺应经济环境变化，因地制宜不断调整：西方的宏观经济学主要研究增长与波动等总量问题，在中国，不只经济波动和增长，国民经济中所有具备

＊ 四川大学经济学院教授，系主任，中国宏观经济管理教育学会副秘书长。

战略性、全局性、紧迫性、普遍性的重大问题都被视为宏观经济问题，产业、区域、就业、投资项目审批等政策都属于广义的国民经济管理范畴，承担着促进重大经济结构协调和生产力布局优化等重要的改革发展任务，这比西方宏观经济学的外延和内涵要丰富得多。中国的改革开放历程具有鲜明的实践特征，但现阶段理论严重滞后于实践。在实践中逐渐形成的中国特色的宏观经济调控范式迫切需要国民经济学回答和揭示改革开放以来中国经济持续健康发展的内在机理，需要提出完整和逻辑自洽的理论体系，这是国民经济学发展需要解决的重大问题，也是自主的国民经济学知识体系的核心内容。

总的来讲，构建自主的国民经济学知识体系，在深刻把握中国经济特色与典型化事实的基础上，厘清西方主流国际经济学的内在理论局限与解释中国现实的困境，不断推进知识创新、理论创新、方法创新，更好回答中国之问、世界之问、人民之问、时代之问；更好彰显中国之路、中国之治、中国之理。

二是构建国民经济学的自主知识体系，必须深化对中国经济发展和现代化进程中的经济规律的认识，必须融通古往今来的国内外优秀经济思想、观念、理论和方法。

国民经济学的研究对象是国民经济运行和管理过程的规律性，这就要求国民经济学自主体系要明确国民经济运行本身的规律性和国民经济管理的规律性。由于各国政治体制、经济体制和治理方式不同，国民经济运行和管理呈现出不同的特点。中国国民经济运行既有一般规律性又有其特殊性。这要求我们深化对市场经济运行规律和社会主义发展规律的认识，积极探索中国国民经济发展和社会主义市场经济的各种经济变量之间规律性关系，并将这种规律上升为学科的一般性理论概念和原理，这是极具挑战的任务。我们需要全面审视国民经济发展的历程与外部条件，科学预见国民经济发展的基本趋势，才能使国民经济管理调控建立在更加自觉的基础之上。现代国民经济是一个复杂巨系统，面对其运行中产生的各种问题和前所未有的边缘性新课题，需要综合运用多学科的知识，国民经济学的产生和丰富就是多个学科交叉、融合的结果，同时对准确把握国民经济运行和管理的规律性提出了巨大挑战。

强调构建国民经济学的自主知识体系，强调中国经济学发展的主体性、原创性创新，同时也需要对一切有益的知识体系和研究方法都要研究借鉴和融通集成。国民经济学在发展过程中，借鉴综合了西方宏观经济学、政治经济学、管理学、统计学等理论，整合了马克思主义的社会再生产原理与凯恩斯学派的需求管理等，同时牢牢把握住发展战略与规划、宏观经济调控两个宏大主题，不断总结和概括我国经济发展战略和规划的实践经验，才形成了当前国民经济学的核心命题。在未来的发展中，仍然要坚持以我国经济实际为研究起点，以马克思主义为指导，融通古往今来的国内外经济学资源，才能形成和保持自己的特色优势。

三是构建国民经济学的自主知识体系，必须落脚于培养扎根中国大地的新时代国家治理和经济管理高素质人才。

国民经济学应坚持以马克思主义为指导，坚持扎根中国大地，坚持培养理论基础扎实和规范分析技能兼备的综合性经济管理人才。

国民经济学发轫于新中国经济建设的人才需求和理论指导，在改革开放时代转型为新世纪的学科，继续承担新世纪人才培养和理论指导的作用。国民经济学专业吸引的是抱有家国情怀、治理国家经济想法的年轻人。通过科学的培养方案设计、课程设置、学分分布和学术训练，培养出具有扎实的经济学理论基础，掌握现代分析方法，熟悉中国经济运行与改革实践，知识面广、适应性强、多元包容，有家国情怀、系统性综合性思维、开阔国际视野、宏观经济分析与决策能力的栋梁之材。

国民经济学自主知识体系构建中应依据经济社会发展需要，面向时代前沿，不断优化动态调整课程体系，形成适应国民经济发展需要的人才培养方案。专业建设的核心为以一流课程建设引导一流专业建设，积极打造形成覆盖专业基础课和主干课的线上、线下、线上线下混合、实践等金课。同时以前沿科研引领一流本科人才培养，激励学生参与教师科研项目充当科研助手；坚持理论研究与应用研究相结合的科研导向；加强学生的规范化学术训练，提升学生关注现实问题能力、分析解释问题能力和解决问题的能力。在一流专业建设的过程中，进一步完善教学质量保障机制，进一步提升专业社会影响力。

中国自主的国民经济学知识体系

——江西财经大学的实践和经验

杨飞虎　李冀恺[*]

江西财经大学（以下简称"江财"）国民经济学科有悠久光荣的历史，该学科源于 1978 年首次招生的国民经济计划专业，现有国民经济管理本科专业和国民经济学硕士专业。该专业为江西省乃至全国培养出众多优秀卓越的国民经济管理人才，为国民经济健康运行贡献了江财力量。以下从本科层面及硕士层面对江财国民经济学知识体系的实践和经验进行介绍。

（一）江财国民经济管理专业本科教育知识体系

1. 培养目标

江财国民经济管理本科专业面向国民经济和社会发展需要，培养具有良好道德修养、高度社会责任感和优秀的综合素质，自觉践行社会主义核心价值观，掌握经济学、统计学、管理学等相关学科基础理论知识，具有运用现代经济学研究方法研究中国经济改革过程中新问题的专业素质和能力，具备较强的宏观经济管理分析和调控能力，具有批判性思维和创新性思维，具有人文领域的基本知识和认知，具有终身持续学习的理念认知和学习方法的，能够在政府经济管理、金融市场、企事业单位领域工作的经济管理类高级创新人才。

上述培养目标分解为如下五个子目标：

（1）道德修养。坚持中国特色社会主义道路，自觉践行社会主义核心价值观，具有敢于担当的强烈社会责任感，具备良好的社会感知适应能力和职业规划能力。

（2）专业胜任。具有运用现代经济学研究方法，研究中国经济改革与发展过程中新问题的专业素质和能力，具备较强的实证主义宏观经济管理分析和调控能力，拥有数字经济背景下的经济大数据统计分析和应用分析技能。

（3）实践创新。具有批判性思维和创新性思维，能创造性地运用国民经济管理知识和研究方法分析国民经济管理问题并具有高效解决问题的能力。

---

* 江西财经大学经济学院副院长，教授，中国宏观经济管理教育学会副会长；李冀恺，江西财经大学经济学院国民经济管理系副主任，讲师，中国宏观经济管理教育学会理事。

（4）人文素养。具有人文领域的基本知识和认知，掌握基本的人文方法，理解中国传统的人文精神并能了解国际视野下的人文差异及由此导致的经济管理理念及实践差异。

（5）终身学习。具有终身持续学习的理念认知，具有一定的国际化视野，具有较强的团队合作和沟通能力，能够在未来就业和生活中不断提升自身学识水平和专业水平。

2. 素质要求

（1）思想品德素质。拥护党的领导、热爱祖国，德智体美劳全面发展，具有良好的思想品质、道德修养和坚定的理想信念；具有较高的科学精神、人文素养、艺术品位；具有强烈的家国情怀和社会公益意识、担当意识和使命意识，能够主动践行社会主义核心价值观；具有"信、敏、廉、毅"的高尚品格。

（2）身心素质。具备良好的身体素质，具有积极锻炼身体的意识和韧性，熟练一项体育运动并能长期坚持；具有健康的心理素质，具有正确的人生观、价值观和世界观。

（3）学科知识素质。具备扎实的经济学、统计学及管理学等学科基础知识、专业技能；掌握本专业的研究思路和方法，掌握经济学、管理学的基本原理和宏观经济分析与管理、投资经济理论及实务等基本理论和基本知识；掌握经济运行规律和经济指标内在联系；熟悉我国政府和企业投资的有关方针、政策、法律和行业规则；熟悉国民经济学理论运用的市场环境、政策依据和政策效果；了解国民经济管理和投资经济理论的前沿和发展动态。

（4）应用能力素质。掌握常用的定量分析方法，具备宏观经济数据统计分析能力、经济调研能力、国民经济管理案例分析能力、投融资分析能力、宏观经济发展分析评价能力和政府决策与动态管理能力。

（5）信息能力素质。熟练掌握信息技术应用能力，能够熟练使用经济学、统计学类经济分析软件和技术，具备较强的经济数据收集与分析处理能力。

（6）创新能力素质。具有较强的逻辑思维能力和批判精神，能够运用国民经济管理的研究思路和方法组织和开展经济调查和问题研究；具备宏观管理协调能力、团队管理开发能力、国民经济管理知识应用与孵化能力、职业生涯规划和发展能力。

（7）沟通表达素质。具备较强的写作和语言表达能力，具备外国语言阅读交流的基本能力；具有自主学习、独立思考，不断接受新知识、新理论、新技术的能力，有较强的分析问题和解决问题的能力。

（8）团队合作素质。具有集体意识和良好的团队合作能力，具有较强的组织协调和管理能力，能够与团队成员有效沟通，高效协作，共同完成复杂的国民经济管理问题的分析与处理。

（9）国际视野素质。具有较强的外语应用能力，能阅读国民经济管理经济领域的外文资料；具有开阔的国际视野，能够在国民经济管理领域开展一定的国际对话和国际合作；了解国际经济发展差异及其背后的文化差异；能够对中国传统人文知识有基本的科学认知和知识储备，能够基本了解全球主要国家的人文差异。

（10）持续发展素质。具有自我规划、自我管理能力和终身学习意识，能够较好地适应社会和个人高层次、可持续发展的需要；具有良好的职业认同和职业伦理观；具有较高的人文科学认知和情怀，能够从人文角度理解感知经济现象。

3. 培养特色

（1）厚基础，宽口径。以政治经济学、微观经济学、宏观经济学、国民经济管理学、国民经济核算等专业课程构筑深厚的国民经济管理学基础，为学生理解经济运行原理、机制及学习经济管理类专业课程奠定理论功底。以会计学、财政学、金融学、统计学、计量经济学等学科大类课程拓宽学生专业知识结构，掌握相关专业的基础核心课程，为学生拓展就业渠道和发展空间奠定坚实的理论基础。

（2）强理论，重实践。以产业经济学、发展经济学（双语）、投资经济学、公共投资学、区域投资学、公共部门经济学等专业课程加强学生的国民经济管理专业理论素养，为学生把握经济思想发展脉络、挖掘经济政策的治理目标、分析国内外经济发展态势等方面问题提供理论支撑与分析技术。以经济实证分析中的计量软件应用、宏观经济管理模型与方法等专业课程培养学生实证分析能力，为加强学生应用国民经济管理知识的能力提供研究方法。

（3）聚方向，谋发展。以政府调控政策制定与评价、政府相关战略绩效评估、政府经济管理战略实施为培养聚焦点，重点加强学生在公共部门运营认知、日常管理、经济战略政策制定方面的能力培养；以公共投资、企业投资、金融投资为培养突破点，重点加强学生在国民经济管理投资方向的战略思维和操作水平；以学生综合经济管理能力、宏观战略管理能力、实证主义的经济分析能力为培养发展路径，构建学生在政府经济管理、投资管理、经济分析评价岗位的长期职业发展通道。

4. 课程体系

课程体系是江财国民经济管理本科专业知识体系的重要内容，以下从学科基础课程、专业必修课、专业方向选修课三个层次对江财国民经济管理本科专业课程体系进行介绍（见图1）。

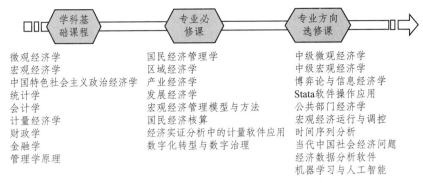

图 1　江财国民经济管理本科专业课程体系

（二）江财国民经济学专业硕士研究生教育知识体系

1. 培养目标

江财国民经济学硕士专业培养坚持四项基本原则，坚持改革开放，具有严谨求实的思想作风和较高的道德素养，德智体全面发展，努力为建设中国特色的社会主义服务的高层次经济专门人才。要求硕士生具有扎实的经济学基础理论和系统的国民经济学、投资经济学、计量经济学专门知识；较为熟练地掌握一门外国语并能阅读本专业外文资料；能够理论联系实际，具有宏观经济、投资经济、发展难点等问题的分析能力、宏观经济政策的实施能力和从事宏观经济分析与投资经济管理的工作能力；毕业后可承担科研和中高层次的国民经济管理工作。

2. 江财国民经济学硕士点研究方向

根据国民经济学硕士研究生专业发展趋势及江财导师的具体特点，江财国民经济学专业下设四个研究方向：

（1）国民经济运行与调控。本方向的主要研究内容包括：①经济体制改革，税制改革、金融改革、投资体制改革、价格改革、财政政策、货币政策等理论及国民经济高质量增长。②国外宏观调控政策的成功经验与失败教训，我国宏观经济运行与调控的政策实践。

（2）投资经济理论与实践。本方向的主要研究内容包括：①公共投资、企业投资、金融投资、风险投资等理论与实践，以及投资结构与经济增长的因果关系识别。②国外公共投资、企业投资、金融投资、风险投资的成功实践，我国投资体制改革、投资管理创新、投资品种创新。

（3）经济发展与决策评估研究。本方向的主要研究内容包括：①经济发展、经济决策理论，社会主义市场经济发展规律，生产、交换、分配和消费与经济发展的关系规律，宏观经济政策在经济发展中的作用。②经济发展进程中宏观政策决策、投资决策、消费决策、分配决策、税收决策，以及经济发展与企业决策的关系等。③国外经济发展中成功的决策经验，及其在中国经济发展决策实践中的应用。

（4）政府经济管理。本方向的主要研究内容包括：①政府宏观调控、政府规制、地方政府竞争，公共选择、公共品供给、公共收入与支出理论。②国内外政府经济研究的前沿理论，国外政府经济管理实践的成功经验与失败教训，中国政府经济管理改革与实践。

3. 课程体系

江财国民经济学硕士点非常重视课程体系建设，在学习中国人民大学、四川大学、辽宁大学等国民经济学硕士研究生人才培养方案基础上，江财从公共学位课和公共必修课、专业学位课和专业必修课、选修课三个层次完善了国民经济学硕士点课程体系构建（见图 2）。

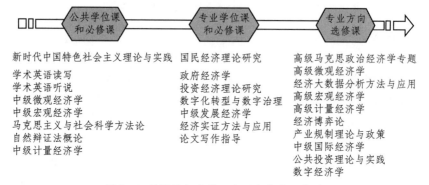

图 2　江财国民经济学硕士研究生课程体系

安徽财经大学国民经济管理一流专业建设的探索与思考

廖信林　汤新云*

习近平总书记 2022 年 4 月 25 日在中国人民大学考察调研时的重要讲话为高校坚持正确的办学方向、构建中国特色哲学社会科学、建设高素质教师队伍、形成高水平人才培养体系提供了遵循、指明了方向，进一步增强了我们坚定不移听党话、跟党走的信心和决心。加快构建中国特色哲学社会科学，归根结底是建构中国自主的知识体系。安徽财经大学（以下简称"安财"）国民经济管理专业 2020 年获批国家级一流专业建设点，在一流专业建设中，要与国民经济学学科发展规律和本科人才培养规律紧密结合起来，深入推动高素质、应用型、创新型国管人才培养的改革创新，切实培养"堪当民族复兴重任的时代新人"和四有"大先生"。为建构中国自主的国民经济学知识体系贡献力量。

一、专业发展的历史沿革

国民经济管理专业隶属于我校经济学院，1994 年经安徽省教委批准正式成立，1995 年开始面向全国招收本科生。目前是安徽省内唯一开设国民经济管理本科专业的高等院校，2007 年开始招收国民经济学硕士研究生，经过一批批安财人的持续努力，本学科专业已在国内具有一定的影响力和知名度，为社会主义现代化建设输送了 700 多名本科毕业生和 60 多名硕士研究生。

国民经济管理专业将以培养满足我国新时代经济社会发展需求的高素质、应用型、创新型国管人才为己任，提升服务地方经济建设能力为目标，依托现有学科专业平台，调整专业建设思路、改革人才培养模式，凸显人才培养特色，以一流教师队伍、一流教学内容、一流教学方法、一流教材和一流教学管理为建设标准，将国民经济管理专业建设成为立足安徽、面向长三角、辐射全国特色鲜明并具有较大影响力的一流专业。

---

* 安徽财经大学教务处副处长，经济学院教授，中国宏观经济管理教育学会常务理事；安徽财经大学经济学院副教授，中国宏观经济管理教育学会常务理事。

二、专业建设现有成绩

1. 专业建设取得突破

本专业深入贯彻实施安财"新经管"发展战略，改革人才培养模式，确立人才分类教育的指导思想，形成了"国民经济运行预警"和"公共投资"两个专业方向，打造了"价值塑造＋交叉复合＋创新精神＋实践能力""四位一体"人才培养模式；创新课堂教学模式，注重"第一、二、三课堂"的深度融合。本专业 2019 年成功获批省级一流专业建设点，2020 年获批国家级一流专业建设点，2021 年获批安徽省传统专业改造提升项目。

2. 学生社会竞争力和创新创业能力不断提升

2019～2021 年，学生主持国家级、省级大学生创新创业训练计划项目 54 项，省级以上学科竞赛获奖 58 项。以第一作者公开发表学术论文 102 篇，其中，在全日制本科学报以上学术期刊发表论文 45 篇。2019 级季闯和邱捷同学成功考取北京大学硕士研究生。2019～2021 年，毕业生年终平均就业率近 97％，升硕率突破 20％。

3. 师资队伍建设扎实推进

坚持"送出去、请进来"的原则。2019～2021 年，本专业引进博士 6 人，现有专职教师 14 名，具有副教授以上教师占比 80％，具有博士、硕士学位者比例达 100％，45 岁以下教师占比约为 68％，最后学历非本校教师者比例近 80％，主要毕业于中国人民大学、中央财经大学、上海财经大学等高校，职称、学缘结构合理；现有省政府参事 1 人，省级优秀教师 1 人，省级教学名师 2 人，省级学科带头人 1 人，省级教坛新秀 1 人，校"我最喜爱的老师" 2 人，校优秀教师 4 人。

4. 教师教学科研能力显著提升

2019～2021 年，本专业教师获得省级以上教学成果奖 9 项，其中，省级教学成果奖特等奖和一等奖各 1 项；主持国家自然科学基金和社科基金项目 4 项，省部级研究项目 9 项；在《管理世界》《中国工业经济》《统计研究》等期刊公开发表论文近 30 篇，获省级社科奖 2 项，市社科奖 4 项；出版专著、教材 4 部。连续多年发布《安徽投资发展报告》，在省内产生较大影响；社会服务方面承担横向课题 9 项，项目经费合计近 120 万元。

5. 毕业生社会美誉度不断提高

第三方机构纳入公司对本专业 2014～2017 届学生就职后的相关数据调查显示，本专业毕业生最近一份工作从事的职业分布为（采用招聘领域通行标准）：银行系统职位类型（16.81％）、销售人员（10.92％）、财务（10.92％）。最近一份工作单位的行业分布为（行业采用招聘领域通行标准）：会计/金融/银行/保险（43.70％）、计算机/互联网/通信/电子（20.17％）、贸易/消费/制造/营运（10.92%）。最近一份工作地区分布为：安徽省（52.94%）、江苏省（11.76%）、上海市（9.24%）。本专业本科生毕业三年的岗位匹配度为71.01%，与国民经济管理财经大学①均值（71.38%）相差不大；比国民经济管理全国高校②均值（73.92%）低 2.91 个百分点。用人单位对本专业毕业生的满意度达 98.77%，其中"非常满意"的有 40.98%，"满意"的有57.79%。

三、专业发展不足之处

1. 学生对国民经济管理专业的选择热情不高

这是实施大类招生、专业分流背景下我校国民经济管理专业长期面临的问题。面对院内最大的经济学专业和最新的数字经济专业，国民经济管理专业的发展在多年的夹缝中维系较为艰难，学校和学院对专业教师资源的分配、上届学生对专业的选择都是产生这种现象的影响因素。

2. 课程体系和课程资源需进一步完善

虽然通过《国民经济管理专业人才培养方案》的多轮修订，本专业的课程体系得到进一步优化，但是目前的课程建设离一流专业的建设要求还有一定的差距，例如，本专业还缺少国家级一流课程，目前只有 3 门省级一流课程；网络课程资源还不是很多；专业课程教材建设相对滞后等。因此，课程体系和课程资源的进一步建设，需要成为国民经济管理专业综合改革的努力方向。

3. 推进教学方法和手段改革需进一步加速

科学的教学方法与先进的教学手段是提高教学质量、培养高质量人才的重要保障，专业建设离不开教学方法与教学手段的改革。目前本专业已在课堂教学方法、课程考核方式改革、毕业论文改革等方面取得了一定进展，但整体上来看，还存在着很多不足，例如，现代化教学手段运用不够、学生在自主学习、组织与管理能力，逻辑思维能力，沟通与表达能力、执行能力等方面有待提升。

4. 联合社会资源合作办学模式需进一步形成

虽然国民经济管理专业已一定程度上利用社会资源为本专业建设和发展服务。但是，目前国民经济管理专业在与相关政府部门、科研院所、行业企业的合作培养人才的模式还没有完全形成，尤其在体制和机制方面还存在着很多问题，这些问题尚需要在以后的国民经济管理专业综合改革过程中不断加以解决。

---

　　①　国民经济管理财经大学合集涉及高校清单：山西财经大学、安徽财经大学、江西财经大学、浙江财经大学、中央财经大学。

　　②　国民经济管理全国高校合集涉及高校清单：山西财经大学、中国人民大学、四川大学、安徽财经大学、辽宁大学、江西财经大学、浙江财经大学、中央财经大学。

四、未来改革几点思考

1. 更新教育理念

以学生发展为中心，坚持成果导向教育。成果导向教育（Outcome Based Education，OBE）是世界高等教育改革的主流方向。通过细化学生学习成果，反向设计课程结构安排和课程设计，其创新性和可操作性突出，适切了学生满意度，协调了与社会需求的适应度，强化了教学资源的保障度，筑牢了教学质量保障体系的有效度。本专业在 2022 版人才培养方案修订中将以习近平新时代中国特色社会主义思想为指导，深入贯彻党的教育方针，遵循高等教育规律，落实立德树人根本任务，坚持 OBE 理念，以新技术发展与应用为支撑，以经济社会需求和学生全面发展为导向，凸显"宽口径、厚基础、强能力、个性化发展"要求，着力培养理想信念坚定，具有复合性知识、创新性精神、实践应用能力、国际化视野的国管人才。

2. 更新专业特色

继续打造"国民经济运行预警"和"公共投资"两个专业方向，经济预警方向拟开设国民经济统计学、宏观经济管理模型与方法、经济预测与决策、风险管理、市场调查统计分析、网络数据统计分析、数学建模与论文写作、企业经济统计学等课程；公共投资方向开设公共政策分析、政府规制经济学、资产评估概论、公共投资学、房地产经济学、外国宏观经济管理、地方政府投资管理、战略管理、投资经济学、制度经济学等课程。

3. 更新教学内容

紧跟学科专业研究新进展、实践发展新经验、社会需求新变化，更新迭代课程教学内容，将互联网、大数据、云计算、人工智能等信息技术嵌入课程体系，增设互联网、大数据、云计算等相关基础课程，同时以现代科技发展整合传统专业课程，开设共享经济学、数字经济概论和大数据财税管理等课程。

4. 更新教学范式

变革传统单一的知识传授教学模式，以认知构建的内在逻辑设计教学过程，构建学生"感性、知性、理性、灵性"层层迭代、融合发展的全过程教学模式。通过线上、线下自主学习，积累感性经验；利用师生、生生深度交互，探究高阶认知、掌握实践操作，理论＋实践，完成知性构建；进一步推进认知深度、拓宽认知广度，深度＋广度，培养学科思维，形成理性范畴；以认知重新观照现实，立经世济民之志，育家国天下之情，实现灵性升华。以"四性迭代"全面育人模式，完成知识、能力、素养融合发展全过程。

5. 更新教学空间

克服信息化教学手段简单化、形式化弊端，充分糅合线上教学"广度"

优势与线下面授"深度"优势，强化现代信息技术与教育教学深度融合。利用现代数据技术打开"教—学"传导黑箱，以教学可视化助力"以学定教"，构建情境、交互、体验、反思为一体的深度学习场域，增强学生自主学习意识，提高实践能力，培养创新精神。

6. 更新实践体系

推动和完善实践教学育人体系，设计完整的实践教学体系，将实践教学融入人才培养全过程。加强对实验、实习（实训）、课程设计、社会实践、毕业论文（设计）和课外学科竞赛活动等实践性教学环节的整体优化和系统设计，构建"实验教学、综合实践和创新创业训练"三位一体的实践教学体系。根据学生知识能力结构，分层次、分年级设计实践育人体系。进一步加强与行业、企业、研究所的合作，充分利用校外实践教学资源，深化产教融合。

我校国民经济学学科和专业建设一直以来得到了中国人民大学、中央财经大学等兄弟院校的鼎力支持，希望在进一步的一流专业建设中能够在课程建设、专业教材编写、虚拟教研室活动、师资培养等方面一如既往地得到各兄弟院校的支持与帮助，我们也将以专业优化、课程提质、模式创新为抓手，全方位推进本科教育教学综合改革，构筑人才培养的"四梁八柱"。

从人才培养方案设置看国民经济学知识体系构建

李春生*

　　山西财经大学的国民经济管理专业和国民经济学学科虽然办学历史悠久，但是曾经一度出现青黄不接，发展遇到了一些困难。在中国宏观经济管理教育学会特别是刘会长的指导和帮助下，山西财经大学的国民经济管理专业近几年取得了较快的发展，2020年获批山西省一流本科专业建设点，2021年开始在山西省本科一批招生。当然，无论是我们的专业、学科还是我本人，实力都非常有限。今天，我主要想从人才培养方案设置角度来谈谈对国民经济学知识体系构建的粗浅认识。

一、为什么要从人才培养方案设置角度看国民经济学知识体系的构建

　　这主要是基于以下几点原因：一是专业办与不办的问题。这是我们地方财经院校办国民经济管理专业存在的一个突出问题。我身边有一些领导和老师都认为，国民经济管理专业虽然很重要也很独特，但是这样的专业应该由中国人民大学、四川大学、中央财经大学和辽宁大学这样的"双一流"院校来开设，不是我们地方财经大学适合开设的专业。所以，我们时常面临着国民经济管理专业办还是不办的争论问题。二是专业认可度的问题。山西财经大学的国民经济管理专业和国民经济学学科在财政与公共经济学院开设，因而不可避免地要和同一学院的财政学、税收学进行对比。从本科生的招生情况来看，财政学专业的录取分数要高于税收学，税收学的录取分数要高于国民经济管理；从硕士生的招生情况来看，税务专业硕士的录取情况要好于财政学专业硕士，财政学专业硕士的录取情况要好于国民经济学专业硕士。因此，在与同学院不同专业的合作与竞争过程中，国民经济管理专业要经常面临专业认可度的问题。

　　面对专业办不办与专业的认可度两个问题，我时常思考如何把国民经济管理专业坚持办下去，办出特色、办出水平，最终意识到必须以人才培养方案为抓手。恰逢今年山西财经大学启动了2022版人才培养方案的编制工作，

---

　　* 山西财经大学财政与公共经济学院副教授，系主任，中国宏观经济管理教育学会常务理事。

我们想通过做好人才培养方案的编制工作来进一步体现国民经济管理专业的特色。当然，人才培养方案的编制本身也是我们对国民经济学知识体系构建的思考与探索过程。因此，我今天主要从人才培养方案角度来谈国民经济学知识体系的构建。

二、关于国民经济管理专业人才培养方案的粗浅认识

在 2022 版人才培养方案的编制过程中，我们坚持了 OBE 理念，进行了系统性的思考和总结，同时对标一流兄弟院校，特别是借鉴了中国人民大学的先进经验，形成了我们对人才培养方案设置的一些粗浅认识。

1. 在培养宏观经济管理和服务地方发展人才的目标下，明确"一干两支一化"的系统化、模块化的主体内容

所谓"一干"，即突出主干。国民经济管理专业的主干自然是国民经济学。为此，我们设计了六门课程：一是"国民经济管理"，这是专业概论性质的课程，是所有后续专业课程的基础；二是"国民经济核算"，从统计技术和方法上对国民经济进行的核算分析；三是"国民经济学分析方法及应用"，对国民经济学数理方法与计量方法的系统传授，与国民经济核算是相辅相成的关系；四是"国民经济战略与规划"，旨在帮助学生理解和掌握编制经济与社会发展规划的理论和方法；五是"国民经济学论文写作"，对学生进行全面的论文写作方法指导；六是"国民经济学经典文献导读"，对国内外关于国民经济学的经典文献进行梳理和解读，提高学生对专业文献的阅读和理解能力。

所谓"两支"，即产业经济学和区域经济学两个中观分支。国民经济是一个整体，它是由不同的部分所组成的。从部门来看，国民经济由不同的产业所组成；从空间来看，国民经济由不同的区域所组成。在产业经济学模块中，"产业经济学"是具有总论性质的课程，"产业组织理论"偏重微观层面，"政府规制"偏重政府宏观政策层面。在区域经济学模块中，"区域经济学"是具有总论性质的课程，"城市经济学"是区域经济学在城市区域的具体体现。"山西区域经济"是我们专业开设的一门特色课程。它是在山西资源型经济转型升级的背景下，在山西建设全国第一个综合改革示范区的政策背景下，从经济地理、人文地理和区域经济的综合视角来研究山西转型发展的特色课程。

所谓"一化"，即国际化。在世界面临百年未有之大变局和中国构建国内国际双循环新发展格局的背景下，我们培养的学生应该有较强的国际视野。在国际化模块中，"国际经济学"是具有总论性质的课程；"美国经济专题"是我们专题开设的特色课程，它是在中美博弈的背景下，对美国经济进行专题研讨的课程，以帮助学生做到知己知彼。此外，在我们的专业课程

中，还开设了四门中英文双语课程，以帮助学生更多更好地了解世界。

2. 在重视理论的基础上，强化量化分析与论文写作能力

我们在办学过程中，也经常思考国民经济管理专业与经济学专业的区别。我们认为，经济学专业应该更侧重于理论，国民经济管理更侧重于应用。因此，我们在重视理论的基础上，注重强化量化分析和论文写作能力的培养。在三门数学课程、"统计学"与"计量经济学"的基础上，我们在第四学期开设"国民经济学论文写作"，第五学期开设"国民经济核算"，第六学期开设"国民经济学分析方法与应用"，第七学期开设"经济政策分析"。

其中，"国民经济学分析方法与应用"是我们专业的一门特色课程。在学完计量经济学以后，我们发现学生仍然似懂非懂，特别是不能很好地进行模型设定和开展实证分析。国民经济学分析方法与应用这门课程注重从数理分析和计量分析的角度，对宏观经济学和计量经济学的内容进行深化和扩展，它不重理论推导，侧重实际应用和案例分析，以提高学生的实证分析能力。

我们还开设了"国民经济学论文写作"这门特色课程。在今年高考语文试题中使用了围棋术语"本手"、"妙手"与"俗手"，实际上围棋中还有"苦手"一说。"苦手"就是学生们不擅长、感到很困难的意思。论文写作与指导就是专业教学中的"苦手"。近年来教育部要求加强本科教育质量的一个重要表现是对毕业论文质量提出了更加严格的要求。我们山西财经大学在大二第二学期和大三第二学期就要求学生写学年论文，大四再写作毕业论文。论文写作的通常情况是学生们不会写，指导老师很累很迷茫。我们认为，虽然"没有教不好的学生，只有教不好的老师"的说法是片面的，但是如果不对学生进行系统的论文写作指导，就不可能突破这个"苦手"。这门课程首先帮助学生厘清什么才是国民经济学专业的论文，应该如何选题；然后对现代经济学论文的结构和各部分写作内容与方法进行了系统讲授。我们还开展了国民经济管理专业优秀本科毕业论文的评选工作。经过不断努力，我们专业今年获奖的学生在本科毕业论文中能够写出两万字以上的标准实证论文，论文包括理论分析与基本假设，基准面板模型回归、分组回归和稳健性检验等内容。在开设这门课程之后，我们专业的学年论文和毕业论文写作质量得到了很大地提高。

3. 以宏观性、综合性、政策性为培养特色

宏观性是国民经济管理专业的特点，体现在强化主干，刚才已经说过了。综合性体现在三个相结合：国内与国际相结合；宏观与微观相结合；经济与管理相结合。为了体现国内与国际相结合，我们设计了国际化模块，以更好地适应国内与国际双循环新发展格局的要求；为了体现宏观与微观相结合、经济与管理相结合，我们在国民经济管理的"管理"两字上做文章，设置了管理学模块。在管理学模块中，管理学是基础性的概论课程，人事管理经济学是人力资源管理与经济学的交叉课程，山西财经大学的人才培养方案有 8 学分的公共选修模块，我们计划指导学生选修其中的管理学前沿、公司战略管理等课程。政策性体现在我们重视学生政策分析与应用能力的培养。在此模块中，通过学习"新制度经济学"这门课程，为中国特色社会主义制度体系和国家治理能力与治理体系现代化打下理论基础。"经济政策分析"课程主要是对微观和宏观经济政策进行分析，"社会政策管理"课程主要是从就业和社会保障角度对社会政策进行解读。编制经济和社会发展规划是国民经济管理的重要内容。不仅中央政府及各部委，而且省、市、县级政府也经常要编制总体规划和专项规划，"国民经济战略与规划"课程想让学生对经济与社会发展规划的编制有一个比较全面的认识和把握。

三、人才培养方案之外的几点思考

近年来，我们一直在思考国民经济学知识体系的构建问题，有的想法体现在 2022 版人才培养方案中，有的想法没有能够体现在其中。因此，我再对人才培养方案之外的思考谈几点想法。一是我们要进一步系统总结改革开放以来的中国经济实践特别是宏观经济管理实践。国民经济学是具有中国特色的一门实践性很强的学科，应该深深地植根于中国特色经济实践中。近几年，一些学科相继出版了"××经济学七十年"、"××经济学四十年"等著作。我们是否也出"国民经济学几十年"呢？二是借鉴、吸收政治经济学的一些内容。国民经济学需要借鉴但不可能照搬西方宏观经济学的内容。中国特色经济实践在政治经济学里有一些很好的总结，而政治经济学又没有本科专业。国民经济学的理论基础之一就是政治经济学，我们能否借鉴、吸收一些政治经济学的有益成分，充实国民经济学的知识体系。三是建议加强教材、课程、案例的共建共享。在教材建设方面，中国人民大学出版的国民经济管理学系列教材就是探索国民经济学自主知识体系的典范，特别是刘瑞会长主编的《国民经济管理概论》更是精品中的精品。在课程建设方面，我们应该将一些国民经济学的特色课程建设成一流课程，并制作成慕课等资源。辽宁大学林木西教授等老师主讲的"国民经济学"慕课就是精品课程。这样的课程是不是可以再多一些呢？国民经济学案例是国民经济学知识体系的重要内容，中国人民大学的《国民经济管理案例》做了有益的探索和尝试，是不是可以进一步深化和扩展？

中国人民大学国民经济学科发展史

——从国民经济计划系到国民经济管理系（1950~2022年）

刘　瑞　金乐琴　吴　微[*]

摘　要：中国人民大学的国民经济学科发轫于20世纪50年代初引进的苏联国民经济计划学。在计划经济时期，该学科从苏联专家亲自授课到中国教师自编教材，逐步形成了满足当时社会主义计划经济建设人才需求培养体系和计划经济学知识构建体系，占据了全国学科建设的制高点。进入20世纪80年代之后，中国改革开放伟大实践推动该学科的变革与创新；到90年代中后期，该校的国民经济计划学科转变为国民经济管理学科。进入21世纪之后，该校的国民经济学科继续变革和创新，在国家经济发展战略与规划、宏观调控、投入产出分析等领域的研究与教学居于全国领先水平。中国人民大学的国民经济学科在伟大时代洪流中继续朝着建构中国自主的知识体系前行。

关键词：国民经济学　学科建设　中国自主知识体系建构

一、学科历史沿革

中国人民大学"国民经济管理"专业前身为1950年开始设立的"国民经济计划"专业。从1953年起招收国民经济计划专业研究生，1978年人大复校后，同年招收硕士研究生，并于1981年成为全国首批硕士学位授予点，于1984年成为首批博士学位授予点。1992年本科专业"国民经济计划"更名"国民经济管理"，被列入教育部本科招生专业目录编外专业。1998年研究生专业"国民经济计划与管理"更名"国民经济学"，被列入应用经济学，2000年转为目录编内专业。

---

[*] 刘瑞（1960~），男，四川成都人，中国人民大学应用经济学院教授，研究方向：社会经济发展战略与规划，宏观调控，产业结构与政策；金乐琴（1965~），女，浙江台州人，中国人民大学应用经济学院副教授，研究方向：可持续发展战略，能源经济；吴微（1930~），男，江苏扬州人，原中国人民大学计划统计学院副院长，教授，研究方向：宏观调控，社会发展计划。

作为我国高校中同专业建立最早、人才培养层次最为齐全、人才培养规模最大的教学实体，是本学科的奠基者与开创者，始终保持传统学科优势并始终占据全国学科主流地位，形成了比较成熟的本、硕、博不同层次的培养体系，推出了一系列具备影响力的教材。自 1950 年以来，坚持"服务国家发展、立足社会需要"的人才培养定位，70 年间陆续建立健全多层次的人才培养规格和体系，培养学生总数接近 7 000 人，为我国社会主义现代化建设输送了大批人才。

（一）人大建校到改革开放之前的发展

1949 年新中国成立，百废待兴，国家面临大规模经济建设的重任，需要培养大批社会主义建设事业发展和管理的人才。当时，苏联建立的国民经济管理模式——计划经济正如日中天，成为社会主义各国及发展中国家纷纷效仿的发展和管理模式，所以在创办新型大学时，国家就把开设经济计划专业培养经济计划人才作为人大建校的重要任务之一。

1949 年 12 月 11 日，中共中央政治局做出《关于在北京成立中国人民大学的决定》，12 月 16 日根据中共中央政治局的建议，中华人民共和国中央人民政府政务院第十一次政务会议通过了《关于成立中国人民大学的决定》，指出，"新国家的伟大建设工作已经开端。为适应国家建设需要，中央人民政府政务院决定设立中国人民大学，接受苏联先进的建设经验，并聘请苏联教授，有计划、有步骤地培养新国家的各种建设干部"，"人民大学受中央人民政府教育部领导，在大学内设本科及专修班。大学本科暂设：（一）经济系，（二）经济计划系，（三）财政信用借贷系，（四）贸易系，（五）合作社系，（六）工厂管理系，（七）法律系与（八）外交系，学习期限为二年至四年"。

建立中国人民大学和设立经济计划系工作得到了国家领导人刘少奇同志的直接关心和格外重视。在 1950 年 8 月 11 日刘少奇副主席批示：将经济系学生并入经济计划系。不久还把自己从苏联归国的小女儿调到该专业学习。[①]于是刚刚成立半年的经济系就合并到经济计划系中。1950 年 9 月本科生上课。系内设有国民经济计划、政治经济学专业，统计学、经济地理、农业经济等教研室，设有国民经济计划专业、统计专业等，分别招收本科生和专修科学生。

最初的学科引进是从学苏联开始的。人大建校之初聘请了 20 多位苏联专家给中国学员上课。苏联专家布列也夫开始给中国教员组成的研究生班讲授国民经济计划学知识，1955 年中国人民大学编译出版了他在华讲授内容《国民经济计划讲义》（上、下册）（见图 1）。

---

①　黄峥执笔：《王光美访谈录》，中央文献出版社 2006 年版，第 108 页。

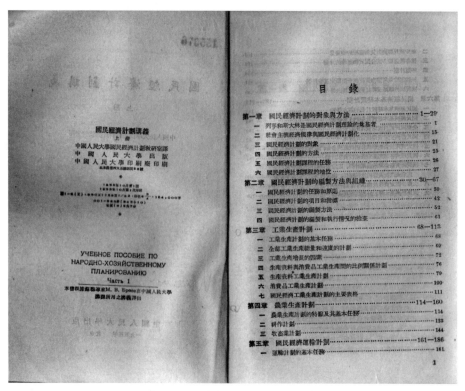

图 1　苏联专家布列也夫《国民经济计划讲义》书稿

　　研究生班先后有中国学员 20 多人学习，他们在俄文翻译的帮助之下学习苏联计划理论与方法。后来新中国首批国民经济学科的许多带头人，如中国人民大学钟契夫教授、中央财经大学刘宗时教授和闻潜教授，以及四川大学雷启荃教授等，皆出自这个研究生班。这些学员学业完成之后被分配到全国各个高校任教，成为这些高校学科专业的奠基人，成长为这些高校的学科带头人或骨干。以后，从苏联莫斯科国民经济大学学成归国的经济学博士胡昌暖、高义生等加盟进来，为学科建设增添了一股新生力量。经济计划系创立初期，系负责人马纪孔和铁华也在系的教研室设置、专业招收、教学大纲制定和教务工作上做出了卓有成效的努力，对学科建设中国化倾注了大量心血。

　　20 世纪 50 年代，经济计划系先后有统计学专业、农业经济专业和政治经济学专业分离出去，单独成立统计系（1952 年 6 月）、农业经济系（1954年 1 月）和经济学系（1956 年 5 月）。1955 年 8 月经济计划系与统计系合并组建新的经济系，内设国民经济计划专业、政治经济学专业、统计专业三个专业。1956 年 5 月当政治经济学专业独立出去成立经济系之后，经济计划系改名为计划统计系，内设国民经济计划和统计两个专业，并设有国民经济计划、综合统计、部门统计和经济地理四个教研室。仅仅过了一年多，1957 年

9 月计划统计系一分为二，统计系重新独立，而在新设国民经济计划系内，设置国民经济计划专业以及国民经济计划、经济地理两个教研室。

频繁的系组织结构变动直到 20 世纪 60 年代初才逐步稳定下来。1960 年 6 月，国民经济计划系与统计系重新合并为计划统计系。1961 年又增加了经济地理和运输经济两个本科专业，但运输经济学专业命运多舛，开办仅一年后于 1962 年底又遭撤销，该专业学生不得不插入其他专业继续完成学业。但 1966 年开始的"文化大革命"，将包括全校在内的师生卷入运动之中，学科发展受挫。

1970 年，中国人民大学被停办撤销之后，计划统计系并没有立即撤销，1973 年 6 月计划统计系成建制地划入北京师范大学代管，到年底又从北京师范大学并入北京经济学院，经济地理教研室则留在了北京师范大学地理系，一直到 1978 年人大复校后才重新归建。

总结这个历史阶段的发展情况可以看出几个鲜明特点：首先，中国国民经济学科从国民经济计划学开始起步。"国民经济计划学是介于政治经济学与部门经济学之间的一门科学。它对经济问题的研究比政治经济学要具体，但比部门经济学要概括。学习国民经济计划学可以使我们：提高对国民经济错综复杂过程的分析能力；培养国民经济观点，即处理问题时能从全局利益出发的观点；掌握编制国民经济计划及检查其执行情况的一般方法。"① 这个起步是历史的必然选择和当时国际大环境使然。因为新中国开始建设社会主义国民经济体系及如何管理国民经济体系，还没有自己的经验。当时建立建设社会主义国民经济体系只有苏联的经验，即社会主义计划经济体制。因此，为了适应新中国经济建设的人才培养需要，必然会通过引进苏联的经济学科体系，并得到苏联专家的帮助，建立起满足中国社会主义计划经济所需要的经济学科理论体系。特别是，通过设置具有综合性人才培养专业能够及时满足国家经济建设与管理的需求，正所谓专业人才易得而综合人才难求。

其次，中国人民大学是国民经济学科的发祥地。这也是一种历史的必然选择。中国人民大学是我党在新中国成立之后建立的第一所新型正规大学。把人大经济计划系作为培养造就国民经济计划人才是党和国家赋予人大的殊荣，人大也没有辜负党和国家的希望。正如以后的历史证明的，从人大国民经济学科培养基地走出了一大批治国理政人才，也适应了国家经济体制从计划经济体制转向市场经济体制对人才培养的与时俱进需要，学科建设始终走在时代前列。人大的国民经济学科没有在时代前进的步伐中彷徨和掉队。

再次，中国人民大学的教师努力创建中国特色的国民经济学科。虽然国民经济计划理论是从苏联引进的，但是人大的教师并没有长期照抄照搬苏联

---

① 中国人民大学国民经济计划教研室编：《国民经济计划讲义》第一分册，1956 年 11 月，第 4 页。

的学科教条，而是在数年之后就结合中国五年经济计划建设经验编修自己的学科体系和内容，出版了全国第一本国民经济计划教材。这一特点一直保留到今天（见图 2）。

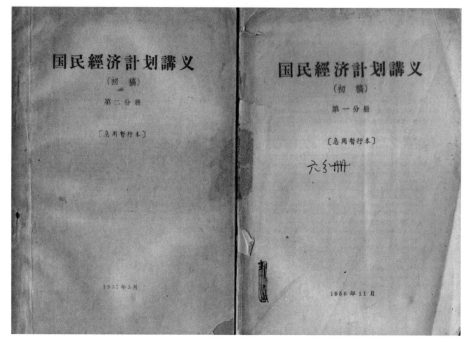

图 2   中国人民大学出版的新中国第一部国民经济学科教材

最后，人大的教师格外重视从实践中学习、丰富和提炼国民经济运行和管理的知识。并把这些收获反馈到课堂教学当中。也许是在那个时代普遍不太重视学术论文发表，教师们除了上课教学生之外，大量的时间都是到政府机关实习和到农村工厂基层调研。这种重视社会实践的结果使得教师讲学内容务实，理论紧密联系实际，形成和传承了一种求真务实的学风。

（二）改革开放之后到 20 世纪末的发展

1978 年中国人民大学复校，学科迎来大发展的机遇。计划统计系的原有建制全部恢复，"文革"中被分离到北京师范大学的经济地理教研室也归建。分散于全国各地的教师骨干也纷纷回到母校。全系设置国民经济计划、综合统计、部门统计、生产布局等教研室，招收国民经济计划专业、统计学专业、生产布局专业本科生和干部专修科生。首批招收的 78 级国民经济计划专业学生 43 人，统计专业学生 40 人，生产布局专业学生 30 人。李震中（原名薛政修）任系主任，王经任系总支书记。

进入改革开放的新时代，全系师生意气风发，有一股重整学科辉煌的精神和干劲。在重建初期，李震中主任和王经书记为学科建设及发展付出了大量心血。在他们的带领下，全系按照学科重建部署从全国各地各部门调配回在"文革"中流失的骨干教师，重建了各个教研室，制订了新的教学计划和方案，并着手编写新的教科书。当时重建办公条件艰苦，上课教室资源紧张。有时召集开会借不到会议室，同学们只好带上每人配发的小马扎，在空旷露天环境下开会。尽管这样，全系师生精诚合作克服困难，使各项教学工作迅速走上正轨。

在恢复招收三个传统本科专业基础上，三个专业又分别于 1978 年、1980 年和 1982 年开始招收硕士研究生班。1981 年 11 月成为全国首批国民经济计划专业硕士学位授予点单位。1984 年 1 月成为首批博士学位授予点单位。在此前后，计划统计系还增设了价格学专业，建立了价格学教研室、计划方法教研室、数理统计教研室。价格学专业于 1982 年也开始招收本科生。

1983 年 5 月成立了计划统计学院，李震中副校长兼任院长。我国老一辈无产阶级革命家陈云同志亲笔为学院题写了"计划统计学院"院名（见图 3）。这充分体现了老一辈党和国家领导人对该学科建设的重视和厚爱。一位党和国家领导人给一个大学的学院题词，在全国高校院级机构中异乎寻常，是不多见的。

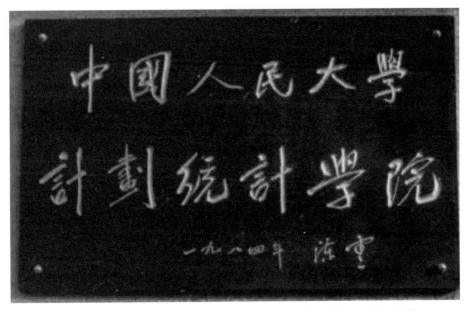

图 3　党和国家领导人陈云题写的"中国人民大学计划统计学院"匾牌

1988 年，国民经济计划专业首次被评为国家重点二级学科。以后分别在 2002 年、2007 年继续被评为国家重点二级学科。连续三次评为国家级重点学科意味中国人民大学的国民经济学科在全国地位稳固。

至此，中国人民大学的国民经济学科迎来了学科发展史上的一个高峰。全院拥有三个教学行政单位，两个国家级重点学科，三个本硕博专业；教师总数超过 70 人，人才荟萃；高考录取的学生当中不乏省市级高考"状元"。国民经济计划专业学生素质一流，毕业就业前景非常好。

然而 20 世纪 90 年代初中国改革开启了新的阶段。社会主义市场经济体制转型给传统的计划管理人才专业培养和学科建设造成巨大冲击和挑战。1992 年 11 月，为应对当时的形势，计划经济学系更名为国民经济管理系。首任系主任是刘成瑞教授，系支部书记是叶善蓬教授。本科专业"国民经济计划"更名"国民经济管理"，价格专业取消，生产布局专业停办，研究生专业更名为"国民经济计划与管理"。区域经济发展战略研究所从计划统计学院分离出去，与校级软科学研究所合并，从此独立发展。此时此刻，国民经济管理系承受了自成建制史上以来最大的危机和压力，系名更改，一个专业更名，一个专业停办，一个专业取消，一个教研室撤销，一个教研室分离出去，部分留校青年教师纷纷下海，出国或辞职，留在岗位上的教师也有的转换学科专业，改讲别的热门课程。在校学生们更是人心浮动，对毕业出路表示迷茫。

面对从未有过的压力与挑战，系主任刘成瑞和系书记叶善蓬没有丝毫动摇和气馁，而是积极召开各种座谈会，与师生们进行对话沟通。组织全系教师开展了学科建设大讨论，围绕学科建设前程和专业内容调整问题，充分听取各方意见，逐步明确了学科发展方向，初步形成了共识。大家认识到，世界上所有的市场经济国家都存在着一定形式的政府干预，中国建立的社会主义市场经济制度当然不是不要政府干预，而是需要转变政府干预的方式方法，需要建立适应社会主义初级阶段的新型计划管理；高度集中的计划管理无法适应社会主义市场经济环境。[①] 既然国家的周期性发展计划编制工作和管理没有放弃，指令性计划管理转变为指导性计划管理，继续加强对市场经济的宏观调控，那么就需要继续研究这个新问题，就需要讲授这类新知识，就需要继续培养这类新型管理人才。基本认识弄清楚了，学科建设思路也就明晰了，教学内容调整就有了方向。

1998 年教育部本科、研究生专业目录调整，本科专业国民经济管理被列入教育部本科招生专业目录的编外专业，全国高校中只有 7 所院校获准继续招生。研究生专业由"国民经济计划与管理"更名为"国民经济学"。这一体制性变化将多年来围绕专业存废和学科建设的困惑和争议暂告一段落。由于国民经济管理系的教师早在 5 年前就对学科转型问题做了思想准备和深入讨论，因而这一变化并未改变学科建设发展基本思路，大家从容面对，积极

① 刘成瑞主编：《论新型计划管理》，中国人民大学出版社 1988 年版。

献计献策，甚至向教育部提议建设"国民经济与社会发展"本科专业，扩大学科基础和拓展学科领域。最终，大家明确了学科转型方向：把国民经济学科办成研究和讲授社会主义市场经济条件下国民经济运行与管理规律的中国特色应用经济学学科。

总结这个阶段的学科建设和发展的特点可以看出一种较为复杂的情况：

一方面，人大成为国民经济学科中的计划学派代表。在 20 世纪 80 年代伴随改革开放进程，经济学界开展了一系列重大学术论战和交锋。人大教师积极参与了这些论战和交锋，在有关如何认识社会主义国民经济运行和如何管理国民经济的争论之中，形成了计划流派。这个流派在长期教学科研中形成了若干要点：

第一，形成一整套计划编制的基本原理与方法。根据中国第一个五年计划的国民经济管理实践，人民大学教员除了学习苏联理论体系外，还开创性地构建了自己的一些研究领域和内容。这个学派关注的国民经济核心问题有两个：国民经济发展有计划还是无计划，国民经济运行平衡还是不平衡。其教学内容按照国民经济循环的生产、流通、分配、消费等环节设置课程讲授框架，依照部门计划逐一介绍国民经济计划管理原理及方法。

第二，坚持综合平衡方法和原理。根据 20 世纪 50 年代毛泽东提出的"十大关系论"和当时主持中央经济工作的陈云提出的综合平衡理论，形成了具有理论性和实践性并重的国民经济平衡方法论。经过反复探索和归纳总结，综合平衡论在原则上确立了统筹兼顾、瞻前顾后、重点与一般相结合、留有余地、短线平衡优先、积极平衡为主等基本思想；在政策上，综合平衡论确立了在财政收支，银行信贷收支，综合物资供求收支和外汇收支等单项平衡和局部平衡的基础之上，建立整体性、综合性、全局性平衡（简称"四平"）。这个平衡借助于国民经济核算表格和投入产出表而具体化。

第三，突出计划的制度属性而不仅仅是工具属性。该学派认为，计划体制首先是一种经济体系和经济制度，是社会主义经济基本制度的属性之一，其次才是一种通用的管理国民经济的手段。尽管一些资本主义市场经济国家也制定有形形色色的国民经济计划，但这些计划如同天气预报那样对国民经济发展不起作用。[①] 这个论点既受到苏联经济理论的影响，也与新中国建立社会主义计划经济的实践有关联。20 世纪六七十年代持续十年的"文革"导致计划经济体制瘫痪和国民经济濒临崩溃边缘，更加深了这个学派中骨干教师对计划经济体制的执着坚持。

另一方面，人大必须面对学科转型的艰巨挑战和实现学科重构使命。20 世纪 80 年代中国经济开启了面向市场的改革实验，1992 年，党中央正式宣告建立社会主义市场经济体制。这个新体制逐步改变了国民经济实际运行轨迹

---

① 李震中主编：《计划经济学》，中国人民大学出版社 1983 年版，第 1~5 页。

和管理方式方法。原来那套计划经济管理理论和方式显然过时了。这对国民经济学科中的计划学派形成了巨大冲击。一种既不否定社会主义经济基本制度同时又可以大力引入市场机制的观点开始在全国范围内形成。计划的制度属性被淡化乃至于被消除，而计划的工具属性被强化并转变成规划，变成市场经济条件下管理国民经济的新型手段。研究宏观调控已经成为国民经济学科的主旋律，而五年计划转型为五年规划实践出现新的特征特点。所有这些都对计划学派的固有观念形成了巨大挑战。在这个阶段，人大教师已经意识到这些挑战，积极应对，但是尚无明显的收获。这要等到进入新的发展阶段依靠科研教学新老交替来完成。

（三）进入 21 世纪之后的发展

2001 年 6 月，在学校新世纪第一轮院系调整过程中，计划统计学院解体，统计系扩建成院，国民经济管理系与行政管理系、土地管理系、区域经济发展战略研究所等共同组成公共管理学院。刘起运继任国民经济管理系主任，届满之后刘瑞继任。随后不久，系党支部成立，杨天宇任支部书记。在公共管理学院的短短六年光阴中，国民经济管理系拥有相对独立的财务与办学自主权利，因此学科建设有一些新的发展。2001 年设立数量经济学硕士研究生专业。2005 年国防经济硕士研究生专业随着国防经济研究所由学院安排调整进入国民经济管理系，为国民经济学科建设增添了国防经济和经济安全新的研究方向和内容。自此，学科建设形成国民经济学、数量经济学和国防经济三个硕士研究生专业发展新格局。另外，该系在公共管理学院建制下还承担了部分公共管理硕士（MPA）课程教学和学生培养指导任务。

2006 年 1 月 26 日，在学校第二轮院系调整过程中，学校正式发布了《关于组建新的经济学院的决定》，决定国民经济管理系及其负责建设的国民经济管理本科专业、国民经济学硕士博士点、数量经济学硕士点、国防经济硕士点，与经济学院中的经济学所合并，组建新的经济学院。组建新的国民经济管理系后，数量经济学硕士研究生专业划分到经济学系。本系形成一个本科专业，两个硕士生专业和一个博士生专业的人才培养格局，设立三个教研室的机构格局。从此往后，国民经济管理系组织架构稳定下来。到 2015 年，刘瑞卸任系主任，方芳继任系主任。在此之前通过支部换届选举，李健美已经任系支部书记。到 2019 年 3 月，根据学校院系调整方案，国民经济管理系与能源经济系和区域研究所一同从经济学院分离出来，组建了应用经济学院。2020 年 9 月，林晨任系主任，张红霞任系党支部书记。

该系还从 2011 年起承担了指导中国人民大学苏州校区中法学院国民经济管理本科专业教学任务。此外，国管系还抽调教师支持过经济学院能源经济系的建设。

截止到 2022 年 6 月，该系拥有完整的国民经济学科体系，包括一个本科专业"国民经济管理"，两个硕士研究生专业"国民经济学"和"国防经济"，一个博士研究生专业"国民经济学"。系内设经济发展战略与规划、宏观经济管理理论与方法、经济安全与国防经济三个教研室。然而，受到机构设置的来回数次调整，学科建设队伍缩编到 20 人左右，与 20 世纪 80 年代学科队伍兵强马壮局面已经不可同日而语了。

进入 21 世纪之后，学科建设与发展的特点是：第一，学科布局稳定。相比于此前的学科发展，20 年来学科的专业布局、机构设置和研究定位相对稳定。尽管期间经历过三个学院的转换，学科内部的格局始终稳定。第二，学科队伍新老交替完成两轮。到 21 世纪 20 年代，本学科点已经完成了两轮新老交替。不仅 20 世纪 50 年代的教师已经彻底退出了教学科研岗位，而且人大复校之后 80 年代培养起来的教师也陆续退出了学科建设阵地。目前在教学科研岗位上担任骨干的教师，大都年纪轻，学历高，知识新，受过海外学术训练，但是因为学源浅，对本学科的传承意识也较为模糊。第三，国民经济学科建设与发展站在新的十字路口。国民经济学究竟要沿着什么方向继续建设和深化，这对每一位教师来说都需要再度思考和行动。

二、学人学术贡献

中国人民大学国民经济学科云集了一群富有信仰和事业追求的学者。他们具有强烈的时代使命感和严谨扎实的学风，一贯重视理论联系实际，在不同时代推出了一批又一批具有重要影响力的科研成果。早在 20 世纪 50 年代，该学科的师生就走出校门，到工厂、农村和机关开展广泛的实习调研活动，通过调查来发现和提炼重大理论观点，提出有分量的研究成果，提供给国家相关部门参考。从那个时代起，老一辈学者就秉承校训，坚持理论联系实际和实事求是的精神开展科研。1978 年中国人民大学复校以后，本学科教师更是积极投身改革开放实践，积极承担重大课题，取得了十分丰富的成果。

（一）对计划与规划理论的学术贡献

改革开放前，中国基于苏联社会主义实践经验实行计划经济。在引进和吸收苏联计划经济体制方面，本学科教师坚持实事求是、理论联系实际态度，对计划经济理论的改进做出过积极探索。每个学者都显示出在各自研究领域独到的学术专长，形成了国民经济学科流派之一—计划理论学派研究强大的学术梯队和阵容。

　　李震中教授在计划理论研究领域居于领军人物地位。他是国民经济学科建设的最早参与者，也是学科中最有影响力的人物之一。他担任过校院系级领导，他所主编的《计划经济学》（见图 4）全国发行数量 80 万册，在国民经济学科的计划流派建设上发挥了重要作用，见证和参与了计划经济学理论思想的争议和演进。[①] 早在 1958 年全国在大跃进时期，李震中就带领以人大计划统计系教师为主的"人大、北大人民公社调查组"赴河南信阳开展调查。对河南信阳大办人民公社运动中出现的浮夸风深有感触，并对及其严重后果提供了见证和解析。调查活动结束之后，调查组将调查报告提交给了上级有关部门，希望引起重视并做出相应的政策调整。然而由于报告没有迎合当时的风气，而是坚持实事求是态度，因而被扣上炮制反党纲领和反对人民公社两项罪名，遭到批判[②]。但是人大教师并未改变自己的看法。

图 4　李震中教授主编的《计划经济学》精装本

　　人大复校之后，在李震中教授指导下，国民经济管理系云集了一批分工明确的研究梯队。郭子诚教授在国民经济计划史研究领域具有开拓作用，余广华教授在国民收入分配研究处于前沿地位，胡昌暖教授在价格理论与价格管理研究领域做出了突出的贡献，吕汝良教授在计划体制改革研究领域发挥重要影响作用，周叔俊教授在苏联东欧计划改革和外国计划管理研究领域居于国内领先地位，郑健教授在综合财政信贷计划的理论与实践研究领域有重

---

①　参见李震中：《计划经济学争论》，载《中国经济时报》2018 年 4 月 4 日，第 4 版。
②　李震中：《李震中文集：计划、市场及其他》，中国人民大学出版社 2012 年版，第 180 页。

要影响，吴微教授、刘成瑞教授在计划管理和宏观调控等广泛领域都有重要的影响力。

1985 年，在钟契夫教授的带领下，计划专业 10 余名师生依据在全国各地的调查，尤其是在制定安徽省黄山市发展战略与规划的基础上，完成了国家教委博士点人文社会科学研究项目"中国地区计划管理改革研究"课题。其研究成果"中国地区计划管理研究"于 1990 年出版。1989 年，吕汝良教授结合长期参加国家体制改革工作经验，对中国计划管理体制的运作有深入观察和体会，写出了《中国计划管理体制概论》一书。李震中教授在 1991 年出版了《计划体制论》。这些研究著述的出版均在学科建设上起到了促进作用，在社会上产生了积极影响。

该系的研究成果得到了国家有关部门和社会各界的高度重视与好评。早在 1962 年起，系主要负责人就获得国家计委党组批准，参加国务院召开的历年全国计划会议，一直延续到 1989 年。1988 年，胡昌暖教授应邀参加了国务院召开的专家座谈会，1990 年，李震中教授应邀参加了党中央召开的专家座谈会。

在建立社会主义市场经济体制过程中，国家中期计划改为国家发展规划，规划管理作为国民经济管理的一项重要职能被继续保留下来，战略与规划成为国民经济发展的重大命题。目前中国已经成为世界上规划最多、规划最齐全、规划效果最佳的国家，规划先行成为政府干预与市场引导的结合点。伟大实践呼唤理论创新。国民经济管理系教师借助长期积累起来的计划理论功底和知识储备，持续开展了国家发展战略与规划的研究。

2000 年，由德高望重的钟契夫教授领导该系部分教师和博士生承担了国家"十五"规划重要课题"我国中长期发展规划的基础理论和方法"，研究市场经济条件下如何用国家规划引导国民经济健康运行和发展的重大理论问题。该研究成果《中长期发展规划的基础理论和方法》（中国计划出版社，2002 年）出版之后，在同行中引起极大反响。2006 年起，国民经济管理系在中国人民大学"211"工程建设中取得了重点学科的一批核心成果，推出三本专著。其中刘瑞、武少俊主编的《社会经济发展战略与规划：理论，实践，案例》全面系统总结了中外发展战略与规划的理论认识和实践经验，论证了我国科学发展观与中外学术观点的内在联系，比较充分地解释了科学发展观及其理论依据；对发展战略与规划的中外理论观点及其流派进行了梳理，归纳出它们的主要观点及其理论依据；同时也对我国宏观调控的新近动向和做法进行了理论分析。2016 年，刘瑞推出《中国经济发展战略与规划的演变和创新》（中国人民大学出版社 2016 年版）一书，对改革开放以来国家战略与规划的巨大变化和创新做了梳理和归纳，对存在的问题和进一步的完善做了深入讨论。2017 年，刘瑞中标国家自然科学基金委应急项目"我国中期发展规划评估的理论与方法"子课题，继续开展该学科前沿性问题研究。这些研究成果弘扬了该系的学术传统和社会影响力。

在拓展国家发展战略的传统学科研究领域方面，该系教师也有一定贡献。随着创新型国家建设成为国家发展战略，方竹兰教授专门研究创新问题，对创新经济理论提出不少新颖见解，已经成功举办了一系列"创新论坛"。刘瑞教授在 2013 年获得北京市社科基金重大项目"首都经济结构战略性调整研究"，对新时代提出的京津冀协同发展战略的相关内容进行了深入研究，在研究成果验收时获得优秀评分，并荣获北京市社科基金资助出版。

（二）对计划方法的学术贡献

钟契夫教授是学科建设中一位突出的代表性学者。他的学术贡献主要在于计划方法尤其是投入产出方法的研究和运用。最初他通过苏联专家布列也夫学习和研究国民经济计划理论，以后转入计划方法研究，并重点研究投入产出方法。投入产出方法是美籍俄裔经济学家诺贝尔经济学奖获得者瓦西里·列昂剔夫创立的。早在 1961 年，计划统计系的部分教师就与工业经济系数学教研室联合开始学习这个投入产出方法，力图将此方法引入计划管理工作中来。复校之后，该系把完善国家计划管理方法作为科研主攻方向之一，由钟契夫教授组成科研团队，主要成员包括邵汉青教授和刘起运教授，研究投入产出方法及其运用。科研团队承担了国家计委和国家统计局的课题任务，先后到山西、黑龙江、北京等地开展投入产出编表工作，并在此基础上开设课程和编写教材，获得了一系列的成果和荣誉。

1979 年 3 月，国家统计局提出推进投入产出法设想。8 月，山西省统计局邀请了钟契夫、邵汉青和中国社科院经济研究所的张守一讲授投入产出法课程，由此拉开了国家宏观经济治理新的篇章。① 众所周知，1985 年中国政府开始采用市场经济体制下的国民经济核算体系（SNA）计量社会总产出，以此逐步取代计划经济体制下的社会物质产品核算体系（MPS），而 SNA 体系最重要组成部分就是投入产出表。计划系的研究团队对此做出了突出贡献。1984 年 3 月，列昂剔夫教授到访学校，听取了科研团队的介绍和提问，高兴地指出："你们是真正运用并研究投入产出方法，否则提不出这样有深度的问题。"

以后该团队成员还参加了中日韩三国投入产出表的国际合作项目。该团队的主要成员刘起运教授和陈璋教授先后一直担任全国投入产出学会主要领导职务，主要成员顾海兵教授成为国际投入产出学会成员。作为中国人民大学"211"重点学科建设工程成果之一的《宏观经济系统的投入产出分析》

① 钟守青：《山西省着手编制部门联系平衡表》，载《经济学动态》1979 年第 11 期，第 12 页。

（刘起运、夏明、张红霞主编，中国人民大学出版社 2006 年版），以投入产出方法的系统性为线索，探讨了建立宏观经济投入产出系统的分析体系，为国家规划的编制提供了方法论依据。

近年来，该系推出"投入产出论坛"吸引更多青年学子加入该领域。从 20 世纪 60 年代开始与国内其他学者一起研究投入产出法，到 20 世纪 80 年代初就使得投入产出法研究处于国内领先水平，成为学科建设亮点之一。

总体上来看，计划系教师在计划体制改革、计划体系完善、地区计划管理、社会发展计划指标体系构建、综合平衡理论及综合财政信贷计划试编、国民收入分配理论、物资流通计划改进、国民经济计划史研究、价格理论、计划方法、外国计划比较等学科理论的全方位、全领域覆盖，确立了中国人民大学经济计划学科在当时国内无可匹敌的学术地位。

（三）对宏观调控理论的学术贡献

宏观调控是确立社会主义市场经济体制之后国民经济管理的重大课题。因此从 21 世纪开始，随着该系教师逐步完成新老交替过渡，新一代的教师将研究重点转向宏观调控的理论与方法。

胡乃武教授是学科建设中另一位著名的代表性学者。在人大复校之前他主要从事政治经济学问题研究，复校之后他在国民经济学科领域开展了大量的学术研究。他在 20 世纪 80 年代出版的《经济杠杆导论》和《中国宏观经济管理》两本理论著作，在宏观调控理论早期研究著述中具有开拓性和创新性。在他的带领下，人大经济学研究所云集了一批专门从事宏观调控研究的学者。进入 21 世纪之后，以这批学者为主建立的人大宏观经济论坛，作为一个智库品牌对社会产生了较大影响力。国民经济学科的新秀郑超愚教授长期潜心研究宏观经济模型，取得显著成就，多次获得国家级科研奖励。他将模型理论运用到中国宏观调控和宏观经济预测方面，为"宏观经济论坛"进行宏观经济预测提供了理论依据。该系教师一系列有关宏观调控理论研究的成果发表，开始提升该系在新时代的学术影响力。

刘瑞是在人大复校之后培养起来的第一批新人。从学习国民经济计划到教授国民经济计划，再到转型为研究和讲授宏观调控理论，他在学科建设平台上完成了学术转型。2007 年，刘瑞主持了国家社会科学基金重大课题"科学发展观在完善宏观调控体系中体现研究"，并出版了《中国特色的宏观调控体系研究》（2016 年）。该书系统梳理了改革开放以来宏观调控的理论与实践进程，对宏观调控若干重大问题做了深入研究。其部分研究成果在核心期刊上先后发表，产生积极影响。作为中国人民大学"211"重点学科建设工程成果之一，陈璋等著《中国宏观经济理论方法论问题研究》（中国人民大学出版社 2006 年版），阐述了新中国成立以来中国宏观经济理论研究和西方宏观经济学的历史演变，简要评价了西方科学哲学的主要流派，并对西方经济学实证研究方法论的若干重要问题进行了探讨。对其方法论的特点、存在的问题以及适用性提出了批判性意见，创新地提出了中国生产力非平衡结构概念并以此为基础对中国宏观经济诸多问题展开了实证分析。观点深入和独到，富有创新。

随着中国建立市场经济体制和融入经济全球化进程，中国经济安全的风险因素也在增加，因此在宏观调控中开始重视国家和经济安全问题。为此，该系教师转向国家安全及经济安全的研究，并陆续取得一系列的成就。早在1992 年，陈璋等主持了国家"七五"计划重点科研攻关项目"中国宏观经济预警"，并获得国家"七五"攻关重大成果奖励。1999 年，刘瑞教授完成国家经济动员办公室项目重大课题"国民经济动员指标体系构建"课题，研究出来的指标体系成为国家正式编制的国民经济动员统计指标体系和动员方案的依据。方芳教授长期致力于资本市场和金融监管问题研究，近年来在加强金融监管防范金融风险方面也提出有价值的建议。

（四）对服务社会的贡献

借助于该学科长期形成的优势和特点，不少教师还担任过地方政府的咨询顾问，不少地方政府邀请系里教师帮助地方政府编制发展规划。国家计划（规划）部门组织历次周期性编制全国国民经济和社会发展五年计划（规划）工作，都有本学科教师以各种形式参与其中。比如接受委托承担五年计划（规划）的重点课题研究，出席五年计划（规划）专家座谈会，参与五年计划（规划）建言献策公开征集活动，直到作为五年计划（规划）起草小组成员直接参加计划（规划）方案编制，等等。通过这些方式参与，系里教师的研究成果和学术观点得到相关部门的重视与采纳。

2009 年，刘瑞教授主持的联合国儿童基金会项目"汶川地震灾后重建社会经济政策协调"的主要建议，通过国家发改委上报国务院，得到国务院领导的批示，传达到灾后重建基层，对重建工作起到了推动作用。

从 2015 年起，该系建立了年度性"国民经济管理论坛"，邀请国内资深政府官员和著名学者，与全国高校同行共同探讨国民经济热点问题。2017 年6 月，该系与辽宁大学经济学院和中央财经大学经济学院共同发起创办了全国首份专业性刊物《国民经济评论》，借以推进学科建设。

迄今为止，国民经济管理系取得了一大批获得社会高度评价和荣誉的科研成果。李震中教授的《计划经济学》荣获北京市第一届哲学社会科学优秀成果二等奖；钟契夫教授的《中国地区计划管理研究》荣获北京市第二届哲学社会科学优秀成果一等奖；胡乃武教授的专著《经济杠杆导论》荣获北京市第一届哲学社会科学中青年优秀成果奖；胡昌暖教授的论文《论价格体系变动规律》荣获北京市第一届哲学社会科学优秀成果二等奖，其专著《资源价格研究》荣获第一届高等学校人文社会科学研究优秀成果二等奖；余广华教授论文《国民收入生产结构的若干分析》获得孙冶方经济科学奖；吴微教授等的研究报告《京郊三县国民经济与社会发展战略与规划研究》荣获北京市科学技术奖三等奖；顾海兵教授的论文《宏观经济问题预警研究》荣获第一届高等学校人文社会科学研究优秀成果二等奖，并曾荣获国家计委十五计划建议一等奖；叶卫平教授的《西方"毛泽东学"研究》荣获第二届高等学校人文社会科学研究优秀成果二等奖；许光健教授的《论供求关系对价格的决定作用》荣获薛暮桥价格研究奖；刘瑞教授的论文《论政府经济管理的绩效》荣获北京市第五届哲学社会科学优秀成果二等奖，其专著《社会经济发展战略与规划：理论，实践，案例》荣获北京市第十届哲学社会科学优秀成果二等奖，其论文《陈云的综合平衡新解》荣获北京市委宣传部、教育工作委员会、党校、党史研究室、北京市社会科学院、社会科学界联合会、邓小平理论和"三个代表"重要思想研究中心共同授予的"优秀论文奖"；陈璋教授的《西方经济理论与实证方法论》荣获北京市第三届哲学社会科学中青年优秀成果奖；黄隽教授的《商业银行竞争、效率及其关系研究：以韩国、中国台湾和中国大陆为例》荣获北京市第十一届哲学社会科学优秀成果二等奖；郑超愚教授的数篇论文分获第四、五、六、七届高等学校人文社会科学研究优秀成果二、三等奖；方竹兰教授的论文《论中国产业结构调整与创新模式转型》荣获中科院现代化研究优秀论文奖。

近年来，本学科教师承担了大量国家哲学社会科学基金、国家自然科学基金、教育部等部委项目，取得了大量具有重要影响力的研究成果，学术论文数量和影响力处于专业领先地位。在《中国社会科学》《经济研究》《管理世界》《中国工业经济》《中国社会科学评价》《经济学（季刊）》等杂志发表一大批有影响的论文。通过开展国民经济管理论坛、双周学术研讨会等学术活动，进一步提高学科的影响力和声誉，以《国民经济评论》为平台，引导国民经济学的学术研究，推广研究成果在我国国民经济管理实践中的应用。

2018 年，由李塑系友捐资设立了"钟契夫国民经济学科发展基金"。该基金旨在鼓励从事国民经济学科教研人员开展学科建设和交流活动，奖励在国民经济学科领域研究和学习取得突出成就的教师和学生。

截至 2022 年，现有师资队伍中共有"新世纪人才" 4 名，"四个一批"人才 1 名，"马工程"首席专家 2 名、"百人工程"入选 3 名、"国家优秀青年科学基金"获得者 1 名。部分教师担任中国宏观经济管理教育学会会长，中国投入产出学会常务副理事长。目前，学科负责人刘瑞教授入选北京市新世纪社科理论人才"百人工程"，主持并完成了多个重大科研项目，并荣获北京市高等教育优秀教学成果二等奖、宝钢优秀教师奖等。一大批优秀教师主持多个国家级及省部级科研项目，荣获多项国家级及省部级优秀奖项。

三、教学实践育才

新中国的国民经济管理人才培养是从人大起步的。从 1950 年 3 月建系至今，一个成建制的教学单位能够始终保留下来，在人大学校发展历史上是不多见的。至今初步估计，该系培养毕业的学生已逾 7 千人，他们分布在全国各地各行各业。而这一切都得益于该系教师辛勤的教学实践活动。

（一）科研转化为教学先行

众所周知，早在 20 世纪 50 年代当苏联经济学科体系大规模引入中国高校时，中国人民大学的经济计划系就成为当时全国社会主义经济学教学科研的高地。在苏联专家帮助下，经济计划系的教师大量翻译了当时苏联最新的计划经济论著作与文献，如《苏联国民经济计划》《苏联国民经济工资计划》《苏联国民经济运输计划》等教科书，满足了当时人才培养教学需求。1955 年出版的《国民经济计划讲义》是沿用苏联专家的教学内容而翻译的教材，属于舶来品。其后在 1956 年，国民经济计划教研室教师根据中国第一个五年计划的基本实践经验，结合苏联计划理论基本原理，组织编写出版了中国第一部《国民经济计划讲义》教材，一共六分册。这标志着中国教师从学习和模仿苏联经验和教科书向自主编写新中国计划管理教科书的转变，也是后来的新中国国民经济学科理论体系形成的发轫之作。该教科书出版之后被各地高校广泛采用，一直沿用到改革开放之前。

1978 年，在中国人民大学从"文革"期间停办八年复校之后，分散在全国各地的计划统计系教师重聚人大校园。在充分吸收了过去 20 多年国民经济计划管理的经验教训基础上，突破了苏联计划理论的教条，国民经济计划教研室教员集体编撰了新的教科书《国民经济计划学》（上、下册，中国人民大学出版社 1979 年版）。按照书中的解释："国民经济计划学作为一门经济科学，……是社会主义国民经济计划化的实践经验在理论上的概括。"[①] 1983 年，由中国人民大学副校长李震中教授主编的《计划经济学》出版。该书全面概括和总结了当时有关国民经济计划管理的理论认识与方法种类，明确提出："计划经济学是一门关于社会主义国民经济有计划发展的科学。因为计划经济学是社会主义计划经济实践的理论概括，它所应回答的最核心的问题，是如何实现社会主义国民经济的有计划按比例发展。"[②] 由于该书对传统计划经济运行机制、运行原则、运行框架做了全面梳理，被看作是计划

---

　　① 中国人民大学计划统计系国民经济计划教研室编：《国民经济计划学》，中国人民大学出版社 1979 年版，第 1 页。

　　② 李震中主编：《计划经济学》，中国人民大学出版社 1983 年版，第 8 页。

经济理论的集大成之作。由此，国民经济计划学也被改称为计划经济学。

进入改革开放时代后，传统的计划管理体制、体系、方法越来越不适应新的国家管理实践和国民经济运行。建立在传统计划管理体制、体系、方法基础之上的国民经济计划学教材内容必须改革，必须总结和吸收改革开放以来的经验教训，必须吸收国外市场经济好的管理经验和宏观经济政策理论。于是从 20 世纪 80 年代中期以后，本系的教师骨干开始摸索着建立适应新实践的新的学科教材体系。

新的学科教材体系创新首先开始于对现实问题的调研。科研先行是学科重生的第一步。而且该系常常把组织学生专业实习和社会实践活动与组织集体科研攻关活动结合在一起，产生教学相长教研互动的功效，形成了先有社会调研实习活动，后有教材教学课程建设内容的鲜明特点。这种教材和课程教学因为具有较为扎实的社会调研科研基础，因此理论紧密联系实际，在课堂上教师讲授言之有物，学生爱听易懂。

1982 年 5~6 月，计划专业的 20 多名师生在郑健教授带领下接受国家计委、财政部和河南省政府的指导，到河南安阳市专业实习一个多月，就试编成功了全国第一份地区综合财政信贷计划。这个计划编制成果得到了国家计委和财政部主管机构领导的充分肯定，成果被吸收到国家计划编制工作中。以此为基础，郑健教师为学生开设了相关课程。

1984 年计划专业的 10 余名师生在钟契夫教授带领下，接受国家统计局委托，在山西省编制了全国第一份能源投入产出表，成为国家统计局编制全国投入产出表的标准依据之一。从此以后，校内课堂讲学增加了投入产出表格如何编制内容。

价格学专业的创始人胡昌暖教授深入基层，分别组织计划和价格专业的师生在 1984 年开展加工工业产品成本价格调查，在 1986 年开展原材料、燃料涨价对上海加工工业成本和价格的影响调查，在 1990 年开展对我国煤炭价格的调查。这些调研不仅对国家科学决策提供了有力支撑，也同时为学科建设增添新的素材和内容，据此在 1991 年出版了具有中国特色的《价格学原理》，填补了价格教学教材的空白。正是依托于胡教授的这些研究成果和教材内容增添，该系的价格专业人才培养一度兴旺发达，给全国其他兄弟院校专业学科建设树立了学习的榜样。

20 世纪 80 年代的系主任吴微教授非常重视社会调研实践活动，常常亲自组织带领计划系教师深入改革开放一线，并及时把科研成果转化为教学成果。1988 年他组织计划系部分师生承担了原国家计委委托的社会发展计划指标体系构建课题，在完成了课题任务的基础上又组织青年教师骨干编写了全国首本《社会发展计划学》（中国人民大学出版社 1990 年版）。该书对及时满足计划人才的知识拓展培养需要起到了促进作用。1992 年他组织教师调研指导性计划推行和实施情况，向国家计委提交了调研报告，在积极建言献策国家计划管理体制改革的同时，将新的研究成果直接充实到研究生课堂教学中。2005 年已经退休的吴老师仍然亲率部分师生到山西晋中市寿阳县编制当地"十一五"国民经济与社会发展规划，并由此为契机建立了持续多年的社会实践基地。

社会实践基地建设为实践教学育人提供了重要依托平台。重视实践教学是该系的悠久历史传统，然而以前组织实践教学主要依靠人脉关系和校友关系安排，实践场所和实践对象并不固定，增加了社会实践的随意性。还在 20 世纪 90 年代之前，专业实习的主要场所是国家计划机构及各地计划部门。师生们的实习机会似乎享有了贵宾待遇：进入实习单位之前各个接待单位就接到了上级部门的红头文件，进入实习单位之后有专人负责并有固定实习岗位，实习期间还有一些生活补贴，实习结束之后还有向领导汇报总结会。然而随着进入市场经济体制之后，这一套实践运作机制不再有效。因而该系开始探索按照市场原则根据双方共同需求尝试建立相对固定的社会实践基地。

经过努力和各方协调，到 21 世纪初，该系陆续在河南省、山东省、辽宁省、河北省、山西省和北京市等地，与省级政府机构（如河南省发改委）、区县级政府（如辽宁鞍山市立山区政府）和企业（如河南省双汇食品集团公司）签约建立了正式的社会实习实践基地，每年安排大三学生到签约单位开展专业实习活动，为期在一个月之内。每次社会实践活动都经过认真准备和组织安排，系主管教学的领导、教学骨干或学生班主任亲自带队。师生们深入社会基层通过实习坐班或实习调查等方式，学到了书本上学不到的知识，也印证了课堂上所学知识的价值所在。师生直接参与到当地一些具体工作。并将实习成果汇报给实习基地机构，对其工作也有很大帮助。因为坚持长达三十多年的社会实践和实习基地建设工作，该系得到过多次学校的集体表彰。2001 年，工作主要参与者教师刘瑞、黎玖高、程卫平和夏明获得了北京市教育教学成果（高等教育）二等奖。

教材内容建设实现了稳步转型。教材是教学的基本依据和工具，通过教材编撰而确立科学合理的教学体系和内容。众所周知，20 世纪 50 年代的国民经济计划专业教材是从苏联专家的讲义而来，以后才有了中国人自己的首部专业教材。一直沿用到 20 世纪 90 年代中期，适应社会主义市场经济体制开始建立，国民经济计划学科逐步转型为国民经济学科，"计划经济学系"名称改为"国民经济管理系"，本科专业"国民经济计划"更名为"国民经济管理"，研究生专业"国民经济计划与管理"更名为"国民经济学"，这一系列变化要求对教材必须进行大刀阔斧的改革。因此，适应学科专业转型的需要，本系教师陆续推出了反映时代需要的一系列教材。最初，部分老教师陆续主编出版了一批冠名为《宏观经济管理学》的教材，如余广华、刘宗时主编《中国经济管理概论》（人大版，1989 年），李震中、刘成瑞、吴微主编《宏观经济管理学》（人大版，1994 年），刘成瑞主编李震中主审《宏观经济管理学》（高教版，1997 年），主要满足全国高等教育自学考试和函授教育用书需要，其内容还没有完全突破计划经济学思路。1994 年，由青年教师王海平和吴春波担纲主编老教师钟契夫主审的《国民经济管理学》（人大版，1994 年）出版，这标志着国民经济管理系的学科建设开始正式转型。随着时光流转，两位新型教材的主编均离开了该学科岗位，一位去了政府机构，一位转型为人力资源专家，而参与编撰教材的其他教师则坚持了下来，日后成长为国民经济学科建设的主力骨干和学科带头人。正是大浪淘沙，人各有志，人在阵地就在。

2004 年起，国民经济管理系组织部分校内外专业教师在七所高校系列教材基础上，陆续编写了具有人大国民经济学科特色的"21 世纪国民经济管理学系列教材"，包括刘瑞主编《国民经济管理学概论》（2004 年版，2009 年版，2020 年版），金乐琴、李健美编著《国民经济管理案例》（2004 年，该书荣获 2005 年北京市精品教材），顾海兵著《实用经济预测方法》（修订版，2005 年），刘瑞、武少俊主编《社会发展中的宏观管理》（2005 年），刘起运、陈璋、苏汝劼编著《投入产出分析》（2006 年），茶洪旺、李健美主编《区域经济管理概论》（2006 年），蒋选、杨万东、杨天宇主编《产业经济管理》（2006 年），共计 7 本。这套教材的推出，标志着人大特色的国民经济学科体系的形成。2007 年胡迺武教授主编《国民经济管理学》出版，作为研究生教材使用（见图 5）。

图 5   国管系教师编写的部分教材

国民经济学科目前已形成了比较成熟的本、硕、博不同层次的培养体系。强调学生对基础理论的掌握和知识的综合运用能力，注重学生综合素质的提高。以课程为依托，推出了一批有一定影响力的教材系列，形成了"21世纪国民经济学教材系列"，成为本学科教材建设的标杆。在课堂教育的基础上，积极鼓励学生参与"挑战杯""创新杯"等创新竞赛。根据培养学生和教学任务需要，从 20 世纪 80 年代初至 21 世纪 10 年代，本系陆续聘请了资深政府官员及知名学者兼任本系兼职教授和博士生导师。国务院原研究室主任桂世镛和魏礼群，国家发改委原常务副主任王春正，中共中央财经领导小组办公室原主任、后任国务院副总理刘鹤，国家发改委原副主任兼国家统计局局长宁吉喆，国家发改委原秘书长白和金，中国市场学会会长高铁生，深圳市政协原主席邵汉青等都先后在本系招收博士生，指导学生和举办学术讲座。

迄今为止，该系教学获得了极高的社会声誉。在该系的教师中诞生出不少优秀的教书育人代表，获得过多项优秀教师奖和教材奖。钟契夫教授的《投入产出分析》教材获得第二届全国普通高校优秀教材奖；胡乃武教授的《中国宏观经济管理》教材获得第二届全国普通高校优秀教材；胡昌暖教授的《价格学》教材获得国家教委优秀教材二等奖；邵汉清教授的《现代国民经济计划方法与模型》教材获得国家教委优秀教材一等奖；余广华教授的《中国经济管理概论》教材获得全国高等教育自学考试优秀教材奖；刘成瑞教授、许光建教授、刘瑞教授分别获得过北京市高等教育优秀教学成果二等奖。刘瑞教授获得过宝钢优秀教师奖，其第三版专业教材获得过北京市优质教材奖励；英年早逝的靳晓黎教授曾两度获得中国人民大学"十大教学标兵"称号，金乐琴等编写的教材获得过北京市精品课程教材奖。

（二）英才培养辈出

高校里的优秀专业最终应当体现在优秀人才的培养上。自 1950 年建系以来，国民经济管理系陆续建立健全了多层次的人才培养体系。1950 年 9 月起开始招收本科生和专修科生，1953 年 9 月起开始招收研究生，1956 年起开始招收外国留学生。"文化大革命"结束之后，中国高等教育制度进入规范化和正规化阶段。1981 年本系获得了国民经济计划与管理硕士学位授予权，1984 年本系获得国民经济计划与管理博士学位授予权。同时，在国民经济计划—国民经济管理—国民经济学主干专业一直保持和发展基础上，本系先后发展出不少适应国家需要和时代特色的本科专业和研究生专业。比如在本科生培养层次上，先后发展过经济地理、运输经济、生产布局、价格等专业；在研究生层次培养上，先后开设过价格学、区域经济、数量经济、国防经济等专业。此外，本系还开设了第二学位生、在职研究生班等。由于机构变迁和专业调整频繁，再加上历史档案流失，很难精确计算出该系的历年毕业生人数，只能大致估计出，70 多年来本系培养的学生总数接近 7 000 人。

第四届国务院学科评议组专家、全国首批国民经济学科点博士生导师、德高望重的钟契夫教授指导培养了众多优秀的博士研究生，其中，有国家发改委副主任兼国家统计局局长宁吉喆博士，中国人民大学副校长吴晓求教授，河南省副省长戴柏华博士，北京市教委巡视员王海平博士，以及活跃在高校各个学科建设战线上的领军人物如统计学院院长赵彦云教授、中国人民大学经济学院副院长、党委副书记刘瑞教授，以及上海交通大学陈宪教授、北京师范大学李宝元教授等。钟教授指导的博士生刘起运教授继续沿着本系的传统优势学科方向，在投入产出学科领域开展高水平的教学科研工作，在扩展投入产出的国际性合作和研发方面做出了个人贡献。在教书育人方面也有斩获，他所指导的博士生刘晓越曾经获得过全国优秀博士学位论文奖励，他所指导过的硕士生林晨教授开始在学科建设中崭露头角。

该系一直具有培养国民经济管理实践高端人才的独到优势传统。从 20 世纪 50 年起，该系就面向实际部门招收优秀青年干部入校编班进修短期培训，学制在一年左右，史称干部专修班。这种培养模式及时满足了经济建设对人才的需求。改革开放时代初期，经济建设和学科建设急需人才，该系与原国家计委培训中心和国家物价局合作，从 1980~1984 年，连续开办了多期计划干部进修班、物价干部进修班和全国高校计划学骨干教师进修班，快速培养了一大批全国专业干部和专业教师。以后担任过中央和地方政府重要岗位职务的王春正、白合金、刘世锦等皆毕业于此，许多财经高校的学科带头人也在该班学习熏陶过。担任授课的教员除了本校本系的优秀教师外，还有来自国家机关的负责同志，如国务院研究室原主任桂世镛，原国家计委副主任房维中等。培训档次堪称高端一流，群贤毕至。

国民经济管理人才培养定位于服务国家发展和社会需要的应用性、战略性和复合型人才。因此毕业学生大多活跃在各行各业一线。在众多优秀毕业学生中，既有逐步从基层走到领导岗位的领导干部，也有长期担任党和国家领导人的高级幕僚，也有叱咤商场的企业精英。

担任过重要党政职务的毕业生，如 80 级国民经济计划本科生尤权，担任过中共中央统战部部长、国务院副秘书长和中共福建省省委书记；82 级国民经济计划与管理硕士研究生、84 级国民经济计划与管理博士研究生宁吉喆，担任过国务院研究室主任、国家发改委副主任和国家统计局局长；79 级国民经济计划本科生张勇，担任过国务院副秘书长和国家发改委副主任；82 级国民经济计划本科生邱小平，担任过人力资源和社会保障部副部长；79 级国民经济计划专修生黄海松，担任过安徽省副省长；79 级国民经济计划本科生熊盛文，担任过江西省副省长；78 级国民经济计划本科生高烽，担任过四川省政协副主席；78 级国民经济计划本科生郗建伟，担任过国家粮食储备局常务副局长；78 级国民经济计划本科生张松涛，担任过中共中央财经领导小组局长和中国进出口银行副行长等；91 级国民经济计划与管理专业博士生戴柏华担任过河南省副省长等；83 级国民经济计划专业本科生饶权先后出任国家图书馆馆长和国家文旅部副部长；86 级国民经济计划本科生及硕博生卢映川先后出任北京市副市长和国家文旅部副部长；03 级国民经济学专业博士生卢鹏起先后出任国际贸易促进会副会长和国家知识产权局副局长。在 2022 年 10 月举行的中国共产党第二十次全国代表大会上，不少本学科毕业生作为会议代表出席了大会。其中 83 级国民经济计划专业毕业生丁向群作为安徽省党委常委和组织部部长当选中央候补委员。

活跃在学界的学生中，中国人民大学一级教授杨瑞龙，中国人民大学副校长吴晓求，中国人民大学副校长、上海财经大学校长刘元春教授，中国社科院经济研究所袁富华研究员，国家发改委宏观经济研究院市场与价格所副所长刘强研究员，均是本学科的优秀毕业生。

活跃在工商财经界的毕业生有：78 级国民经济计划本科生李山泉担任过美国奥本海默基金会高级经理、曾经担任恒大集团首席经济学家任泽平、上海重阳投资有限公司总经理王庆、利亚德光电股份有限公司董事长李军、北京新象天地资本投资合伙企业执行董事李堃等青年才俊。

部分国外治国理政精英也曾经毕业于该系。过去六十多年中，本系也招收过来自苏联、美国、日本、英国、韩国、越南、刚果、莱索托、喀麦隆、朝鲜等国家和中国台湾、香港地区的学生。这些学生都走上了重要的工作岗位，成为业界精英。其中，如 56 级国民经济计划专业越南留学生潘演，担任过越共中央政治局委员、书记处书记；56 级国民经济计划专业越南留学生刘碧湖，担任过越南国家投资与计划部副部长。1999 级国民经济计划与管理硕士专业研究生莱索托留学生泽科毕业回国后，任职于国家海关副专员。

以上仅是 7 000 名毕业生中的一部分代表性人物，而分布在各个政府机关、企事业单位、工商业和海外的优秀毕业生更是举不胜举。

回过头来看，无论过去还是现在，该专业培养出来的优秀人才大都集中在政界和商界，这在一定程度上反映出该专业的人才培养规格和特色，也是历史条件使然。在计划经济时代，该系大部分毕业生按照计划分配去了政府机关和各级计划部门，由于这种职业生涯而使得本系的人才多数成为国家的综合型管理人才。到了市场经济时代，人才市场供求规律开始引领人力资源流向，本系毕业生在人生舞台上择业更加丰富多彩，改变了过去比较单一的国家机关和企事业单位毕业去向。但是由于学生术有专攻，习得的知识和技能仍然大部分与国民经济如何运行和如何管理相关联，因此职业取向大体与这种知识结构背景有关，社会各界也是以此为准来挑选和任用学生。久而久之，该系的优秀毕业学生大都成为治国理政精英，或者是工商财经精英，而与理论经济学专业的优秀毕业生大都成为学界大咖相比，形成鲜明特色。这种相对密集的职业生涯体现出了一种专业人才培养特色：作为专门培养社会经济战略型人才的学科专业，本科专业其实是战略人才培养摇篮，硕士研究生专业是战略人才培养温床，博士研究生专业是战略人才培养基地。

四、国际交流活跃

20 世纪 50 年代初建立起来的国民经济学科不是本土的，而是引进的，因此本身就具有一定的国际性。但这是单向的，中国教师只是被动学习接受者，包括从苏联学成回国的教师也是如此，谈不上国际对等交流。这种情况一直持续到 80 年代后，中国教师才有了参与国际交流的底气和自信。

1983 年本系派出了第一位教师周叔俊教授访学罗马尼亚、南斯拉夫和匈牙利等国，对九所大学进行访问和学术交流，并访问了罗马尼亚、南斯拉夫的国家计划机关、经济部门以及企业。他在当时属于较早出国实地考察和系统观察研究社会主义计划经济体制改革的学者之一。以后，他曾经多次率团出访多个国家进行学术考察活动，多次出席国际重大学术会议并担任会议主席，成为我校具有国际视野的学者之一。

到 20 世纪 80 年代中期之后，随着教育和学术领域的对外交流规模扩大，国际交流开始日益频繁。

一方面，本系接待不少国际著名学府的学者到访本系进行学术交流，如 1984 年 3 月美籍俄裔经济学家诺贝尔经济学奖获得者瓦西里·列昂剔夫到访本系，并与师生共同座谈交流。1986 年 11 月，本系接受了第一位外国高级访问学者，来自苏联格鲁吉亚国民经济学院的阿科比亚讲师。以后，来自苏联莫斯科大学、日本早稻田大学、日本岛根大学、越南胡志明大学、韩国汉阳大学、英国戈兰菲尔德大学、荷兰鲁文大学等国际著名高校的学者纷纷到访本系，并作学术交流活动。此外，越南共产党中央政治局委员、原书记处常务书记潘演同志，越南总理经济顾问刘碧湖，联合国儿童基金会印尼总部社会政策和儿童保护处处长 Niloufar 博士，美国商务部官员罗海平博士、美国华尔街奥本海默基金会李山泉总经理、韩国产业资源部部长政策顾问郑镇兑先生等国际机构和组织成员也先后访问过本系，并进行座谈交流活动。

另一方面，本系不断完善教师国际交流经历与背景。获得海外大学博士学位的教师比例逐年提升，其中有毕业于日本早稻田大学、苏联莫斯科大学、德国汉堡大学、美国加州伯克利分校等。在国外访学进修一年以上的教师也在增加，其中访学到过日本东京大学，韩国首尔国立大学和高丽大学，美国芝加哥大学，英国牛津大学等。这些海外学历和经历造就了教师的国际视野，也广泛建立了对外交流的通道。先后有多名教师担任过国际投入产出学会的理事，其中有一人担任过韩国韩中社会科学学会副会长。

本系承担过众多的国际组织国际合作研究项目。如从 1996 年开始，该系投入产出研究团队成员刘起运等就参与了由中国国家统计局牵头，另有日本和韩国的大学分工参与的中日韩三国投入产出表编制的国际合作项目。1999 年，吴微教授主持了亚洲开发银行委托的中国"十五"计划宏观经济管理改革研究课题。2010 年，刘瑞教授受联合国儿童基金会和国家发改委共同委托组织了对四川汶川地震灾后重建的社会经济政策协调评估调研课题。此时还有不少教师通过其他通道参与过国际合作交流项目。如刘成瑞教授经学校安排到香港中文大学开设中国经济讲座；刘瑞教授接受商务部委派，两度到老挝国家计划投资部对当地计划官员培训国家发展战略与规划知识，接受俄罗斯国家评估中心邀请和中国教育部国家评估中心选派，到俄罗斯阿尔泰国立大学开展经济管理专业国际资格认证。

从 2006 年起，本系就与韩国著名高校之一汉阳大学经济金融学院轮流举办共同学术会议，双方学者定期进行学术交流，到 2019 年已经连续举办了 12 次。此外，本系还派出过教师团队到访越南河内大学、越南外国语言大学、越南胡志明大学、韩国首尔国立大学、日本岛根大学、日本立正大学、英国诺丁汉大学马来西亚分校，以及中国台湾的中华经济研究院、高雄大学，与国内外同行进行学术交流。

近年来，随着海归博士学位获得者加入本学科点，本系部分教师也在国际一流学术刊物发表过不少论文。如林晨教授在国际期刊《自然通讯》（*Nature Communications*）和《环境科学与技术》（*Environmental Science & Technology*）发表了两篇论文。刘瑞教授的中文专著《中国经济发展战略与规划的演变和创新》被翻译成英语、俄语和韩语三种文字，分别由新加坡、俄罗斯、韩国的三个出版公司出版发行。

客观上评价，本系对外交流仍然还存在许多不足。与其他经济学科相比，该系与世界一流大学开展机制化的研究合作项目不多，在国际一流期刊上发表的论文数量还是偏少。这既与学科的中国本土性发展特点有关，因为中国的国民经济学科有自身的发展脉络，与国外的任何一门经济学科都有所不同，也与每位教师参与国际交流的积极性不足有关，唯有以教师为国际交流的原动力，学科的国际交流才能持续扩大。

五、未来发展展望

国民经济学学科在 70 年的发展历程中，在学科基础、师资力量、课程体系、教材建设、人才培养等方面，均有丰厚的积累，也形成了自身的特色。老一辈学者为这个中国特色学科花费了大量心血，奠定了雄厚的学术基础，确立了在全国的领先地位。它始终保持了在经济社会发展战略与规划、宏观调控、投入产出方面的传统学科优势，将经济安全与国防经济和创新经济研究纳入新的专业发展方向，扩大了学科研究视野。面向 21 世纪人才需求、具有鲜明中国特色的新时代的应用经济学本科培养专业正在发展成型，并获得越来越多的社会认可。

随着 2019 年国民经济管理系进入新成立的应用经济学院，国民经济学科进入了 21 世纪 20 年代新发展阶段。学科面临各种发展机遇，也需要迎接新的历史性挑战。未来的基本使命是，通过进一步推进专业建设和改革，进一步提高本专业的教学质量，提升学科影响力；坚持"以生为本"培育了解中国国情，有国际视野的优秀人才；改进科研机制体制，以国家需求为导向，进一步通过讲好"中国故事"，发展"中国理论"，建立"中国学派"。尤其是，学科建设要认真总结从高度集中的计划体制转型为中国特色社会主义市场经济体制的实践经验和理论成果，集中探索在坚持基本制度优势与市场经济活力相结合的基础上完善和优化宏观调控的原理及方式方法；集中探索在坚持大国优势与一定时期战略意图相结合基础上提出和实施国家发展战略的思路和重点；集中探索具体落实和推进国家发展战略而制定国家规划的制度流程、体系、原理和方法；集中探索更加合理有效的国民经济管理制度和政策工具等。

History of the Development of National Economics at Renmin University of China

—From the Department of National Economic Planning to the Department of National Economic Management（1950—2022）

Liu Rui   Jin Yueqin   Wu Wei

Abstract：The discipline of National Economics at Renmin University of China originated from the Soviet Union's National Economic Planning, which was introduced in the early 1980s. During the planned economy period, this discipline gradually formed a talent training system and a knowledge construction system for planned economics that met the needs of socialist planned economy construction, from Soviet experts personally teaching to Chinese teachers compiling textbooks, occupying the commanding heights of national discipline construction. After entering the 1980s, the great practice of China's reform and opening up promoted the transformation and innovation of this discipline; In the mid to late 1990s, the national economic planning discipline of the school transformed into the national economic management discipline. After entering the 21st century, the national economy discipline of the school continues to undergo transformation and innovation, and its research and teaching in areas such as national economic development strategy and planning, macroeconomic regulation, and input-output analysis are at the forefront of the country. The National Economics discipline of Renmin University of China continues to move towards building China's independent knowledge system in the tide of the great era.

Keywords：National Economics, Discipline Construction, Construction of China's Autonomous Knowledge System

四川大学国民经济学科发展史

——与中国改革开放一同成长

杨 艳*

摘 要： 文章从历史沿革、学科特点、研究成果与教书育人成效等视角介绍了四川大学国民经济学科发展史。四川大学国民经济学学科在中国经济建设与改革开放的伟大历史实践中成立、成长和不断发展，以马克思主义经济理论为基础，并与当代宏观经济学、区域经济理论与西部地区经济发展等特征相结合，展现了"开放包容"的学科特点；四川大学国民经济学科的学者们立足中国、扎根西部，取得了丰富的研究成果与别具特色的教书育人成效。据此，文章提出了将四川大学国民经济学科建设成拥有显著学术、社会影响力及良好声誉的国家一流学科建设路径。

关键词： 国民经济学 学科发展史 四川大学

四川大学国民经济学是在中国经济建设和改革开放伟大历史实践中成立、成长和不断发展的学科。四川大学国民经济学科在发展过程中，始终坚持"服务国家发展、立足社会需要"的定位，为我国社会经济建设输送了大批高素质人才。

一、历史沿革

四川大学 1982 年开始设立国民经济管理专业并招收本科生，1984 年建立国民经济管理系，1985 年开始招收硕士研究生，1987 年获硕士学位授权点，1997 年开始培养宏观经济学博士研究生。目前四川大学形成了比较成熟的本、硕、博不同层次的培养体系。

1978 年，我国确立了改革开放的发展战略，在经济体制方面，开始逐步摒弃僵化、低效的计划经济体制，进行市场取向的改革。如何有效地运用市场机制发展国民经济，如何正确处理政府与市场的关系，不仅需要在实践中开拓创新，也需要在理论上进行研究并寻找答案。经济建设实践中从政府主管部门到企业管理岗位，急需大量管理人才，经济管理学科迎来大发展的机遇。成立于 1905 年的四川大学经济系适应时代需求，成立了管理学教研室。

---

* 杨艳（1971～），女，四川简阳人，四川大学经济学院教授、博士生导师，研究方向：国民经济学。

1982 年，北京大学、复旦大学、中央党校等 12 所高等院校学者编写的《国民经济管理概论》一书出版，标志着国民经济学科由计划学派转向管理学派。四川大学也这一年开始正式招收国民经济计划与管理专业本科生。

1984 年，在四川大学经济管理学院院长、著名经济学家石柱成教授等老一辈学者操持和推动下，成立"国民经济管理系"，下设宏观经济教研室、部门经济教研室、会计统计教研室，由杜肯堂教授担任第一任系主任。建系之后，师资队伍不断壮大完善，制订了新的教学计划和方案。在这一时期，新成立的四川大学国民经济学科一方面向中国人民大学等高校的国民经济计划与管理学学习和保持同步发展，另一方面又锐意进取突出自己的特色，就是为广大西部地区的发展培养高质量管理人才，既对标计委系统的人才需求，同时更重视政府部门和企事业单位管理人才的培养。在 20 世纪 80 年代至 90 年代初，四川大学国民经济管理专业一直保持着非常高的专业热度，高考录取分数高，入校学生素质一流，毕业就业前景好。1985 年开始招收硕士研究生，1987 年获得国民经济计划与管理专业硕士授权点。这是师生意气风发和专业蓬勃发展时期。

当时在全党工作着重点转移到社会主义现代化建设上来的新形势下，大家意识到加强干部培训、提高干部队伍素质是决定社会主义事业成败的关键。为适应国民经济计划管理体制改革的需要，国家计委于 1982 年成立了干部教育局和全国计划干部培训中心，委托中国人民大学、四川大学等 11 所高等学校举办计划干部研究生班、第二学士学位班、计划专业进修班、外语班等。四川大学国民经济管理系连续承办了 12 年计委系统干部培训工作，1986~1993 年招收国家计委"计划干部专科班"。根据当时的规定，学习年限 2~3 年的称干部专修科，学习年限不足二年的称干部培训班。干部专修科的招生指标报教育部、国家计委审批，纳入当年国家招生计划，但不参加全国高等学校统一招生考试。在培训过程中，坚持了理论联系实际，根据计委各个时期的任务工作重点，开展学习培训活动。当时培训研讨的重大课题有：从计划经济体制向市场经济体制的转变；加强和完善宏观调控；国民经济发展战略、目标和重点、发展规划；国民经济总量管理与结构管理；地区重点建设、投资结构等。四川大学举办的培训工作时间长、培训面广，全面提高了干部的学历层次，改变知识结构，推动了对重大经济问题的研究，增进了对国际管理经验和教训的认识，同时也不断壮大和提升了自身师资力量。当时还邀请了中国人民大学的钟契夫教授来讲授投入产出方法等，推动了四川大学和国内高校之间的学术交流。

进入 20 世纪 90 年代，中国改革开启了新的阶段，全面转型为社会主义市场经济体制。这个转型是国民经济管理专业发展的新机遇，同时也对原有的人才培养和学科建设造成巨大冲击和挑战。1992 年，研究生专业更名为"国民经济计划与管理"。在这一时期，先后由刘亚芸教授、廖君沛教授担任系主任，四川大学国民经济管理系大管理专业格局基本形成，1990 年起招收会计学与经济信息管理两个专业本科生，1994 年起招收会计学专业硕士生，1998 年起招收劳动与社会保障专业本科生。1994 年以后，杜肯堂教授和廖君沛教授分别在政治经济学专业"区域经济发展方向"和"宏观经济分析"方向招收博士研究生。这一时期是四川大学经济管理系师资队伍最整齐最庞大时期，在西部地区的影响力进一步扩大。

1998 年，教育部本科、研究生专业目录调整，本科专业国民经济管理被列入教育部本科招生专业目录的编外专业，四川大学成为 7 所获准继续招生的院校之一，同时研究生专业由"国民经济计划与管理"更名为"国民经济学"。这次调整中，四川大学组建了新的经济学院、管理学院和公共管理学院，原国民经济管理系下的会计学专业、信息系统管理专业调整到管理学院，劳动与社会保障专业调整到公共管理学院，经济学院下设国民经济管理系仅保留了国民经济管理本科专业。这次调整，对系的力量是一次削弱，但专业剥离之后，国民经济学科的教学重点、人才培养目标却得到了明确，即用综合性、战略性视野研究中国国民经济整体运行与宏观调控问题，培养有战略眼光、综合思维、国际视野的综合型、应用型人才。

进入 21 世纪之后，四川大学国民经济学学科发展和机构设置比较平稳，先后由李杨教授、邓翔教授、杨艳教授担任系主任，国民经济管理本科专业每年保持了 50~70 人的招生和培养规模，国民经济学硕士点导师人数不断增加，区域经济学成为独立的硕士点，期间先后还有统计学、数量经济学、劳动经济学、应用统计学等硕士专业点放在国民经济管理系下。截至 2023 年 8 月，四川大学国民经济学科拥有完整的国民经济学科体系，包括一个本科专业"国民经济管理"，两个硕士、博士研究生专业"国民经济学"和"区域经济学"。

2008 年，国民经济管理专业获批为四川省特色本科专业，四川省国民经济管理与区域经济本科人才培养基地；2018 年，以四川大学国民经济管理专业为依托的宏观经济分析与调控团队获批为四川省社会科学高水平研究团队；2021 年，以张红伟教授为专业负责人的四川大学国民经济管理专业被批准为国家一流本科专业建设点。

二、学科特点

当代中国正经历着我国历史上最为广泛而深刻的社会变革，也正在进行着人类历史上最为宏大而独特的实践创新，这种前无古人的伟大实践，给国民经济学学科发展提供了肥沃的实践土壤。四川大学国民经济学科在 40 余年的发展过程中，经过全系几代教师的努力，在多个研究方向上，在国内，特别是西南地区形成了自己的优势和特色。

第一，在宏观经济分析领域，在老一辈学者石柱成教授、廖君沛教授的努力下，形成了以马克思主义经济理论为基础并与当代宏观经济学相结合的研究特色。

四川大学国民经济学学科的创始人石柱成教授认为，改革初期，摆在国民经济学学科学者面前最需要回答的问题是按照计划经济与市场调节相结合的原则健全宏观调控体系的问题；认真分析改革开放最初 10 年宏观调控的做法、经验与教训，提出了为使计划机制与市场机制获得广阔发挥作用的场所，需按照计划经济与市场调节相结合的原则，完善宏观管理的组织体系、调节体系和价格体系的观点；在健全宏观管理组织体系方面，究竟是按行政区划还是按城市为中心的经济区来建立，关键在于哪种形式更有利于国家的统一计划指导和统一市场的形成；应把计划、银行、劳动等调节系统组成综合的、协调的宏观经济调节体系，综合计划部门应组织和协同财政、银行、劳动等调节部门和其他主管部门参加经济社会发展战略、中长期规划、产业政策的制定并分头切实执行，不容许各行其是，其中应特别重视发挥综合计划部门的协调作用和监督作用。要合理调整价格体系，避免改革过程中出现新的购销价格倒挂，逐步缩小计划价与市场价的差距，积极创造条件消除价格双轨制，更好地发挥市场机制的作用。这一时期，四川大学国民经济学的老师们研究和讨论的重点还包括：建立国有资产管理体系是充分发挥宏观调控效能的制度基础，其关键在于区分政府作为管理者和作为所有者的职能，作为管理者的政府尽量减少对企业经营活动的直接行政干预，使企业具有自我激励和自我约束机制，真正成为自主经营和自负盈亏的生产主体和市场主体，使市场机制的作用更好地发挥。石柱成教授提出，宏观调控要重视总供给和总需求两个方面，如 20 世纪 80 年代末期的市场疲软问题，既要看到长期资源约束，从而合理配置资源，增加有效供给，又要看到短期市场需求不足，从而适当放松投资，扩大对投资品的需求，调节利率，指导消费，扩大对消费品的需求①。

1993 年，确定了我国改革的方向是建立社会主义市场经济，这一时期，西方宏观经济学理论和研究方法广泛引入国民经济学科，老师们一方面忙着补课、吸收新知识新方法和提升学历，另一方面也在思考如何将这些理论与中国的改革实践相结合。这之后国民经济学科的研究重点转为国民经济管理中宏观经济分析的内容与宏观调控的具体手段。逐渐明晰了国民经济学科的分析重点是国民经济运行本身的规律性和国民经济管理的规律性；国民经济管理的内容包括短期的需求管理、中长期的结构调整和供给管理；国民经济管理的手段包括经济手段、行政手段和法律手段，而经济手段为主包括计划

① 石柱成：《论计划经济与市场调节相结合的形式和宏观经济调控体系》，载《经济学家》1990 年第 4 期。

手段、财政政策和金融政策。

在理论和研究方法越来越多地受到西方经济学影响的过程中，石柱成教授一直呼吁在社会主义经济建设中坚持以马克思主义为指导，坚持社会主义道路的极端重要性①。廖君沛教授旗帜鲜明地提出：中国的宏观调控应该坚持以马克思主义理论为指导；宏观调控不能只是强调总量管理，结构调整非常重要；社会主义经济体制下的收入分配方式受着市场关系的制约，按劳分配的实现形式将因市场经济的形成而调整，但按劳分配作为主要分配方式决不因向市场经济的转变而放弃，按劳分配是生产资料公有制在分配关系上的实现②。

第二，进入 21 世纪以来，四川大学国民经济学学科发展紧扣党和国家的发展目标、中心任务、战略部署，综合运用多学科的理论和方法，全面阐释和分析宏观调控理论政策、方法手段以及我国治国理政宏观调控新思想、新方式、新问题，在经济增长与波动、宏观调控、政府规制等研究领域涌现出更多更前沿的成果。

在经济增长与波动方面，新世纪最先呈现出的地区增长差距问题成为研究重点，早期研究侧重于中国增长率的测算③、中国各地区经济增长动力与源泉。邓翔教授的研究指出：一个地区要想获得长期、持续的快速增长，必须同时得到要素投入与 TFP 增长两个方面的有力支撑，后进地区要获得持久的快速增长还必须着手制度的变革和改造④。促进经济总量增长的投资、消费、出口与要素供给领域的研究也是这段时间的研究热点，邓翔教授在《经济学季刊》上发表论文《流动性约束和不确定性状态下的预防性储蓄研究——中国城乡居民的消费特征分析》（2005 年），出版了专著《经济转型期中国居民消费储蓄行为及其影响》（经济科学出版社 2015 年版）等。最近几年，政策不确定、经济波动方面的高质量研究成果在一批中青年学者的努力下不断涌现，包括发表于《经济理论与经济管理》的"政府规模与宏观经济稳定性——来自新兴市场经济的证据和 RBC 模型的分析"（邓翔等，2014），发表于《统计研究》的"中国经济波动来自趋势还是周期——基于多种 UC 模型的比较分析"（祝梓翔等，2018），发表于《中国工业经济》的"内生不确定性、货币政策与中国经济波动"（祝梓翔等，2020），发表于《经济学动态》的"中国的经济政策不确定性内生于经济波动吗？"（祝梓翔等，2021）。

---

①　石柱成：《坚持马克思主义为指导建设有中国特色的社会主义》，载《四川社联通讯》1991年第 4 期。

②　廖君沛：《社会主义市场经济与分配方式》，载《经济体制改革》1994 年第 5 期。

③　邓翔：《中国经济增长率和生产率的重估与比较——评阿尔文·扬对中国经济的增长测算》，载《管理世界》2001 年第 4 期。

④　邓翔、李建平：《中国地区经济增长的动力分析》，载《管理世界》2004 年第 11 期。

　　在宏观经济政策方面，四川大学国民经济学注重研究政策效应与政策间的配合，注重从社会总资本运动和宏观视角总结金融风险发生、累积以及金融危机形成过程的内在矛盾和规律性。廖君沛教授等的专著《宏观与开放视角下的金融风险》（高等教育出版社 2009 年版，获得四川省社科一等奖）提出以下重要观点：在经济、金融全球化条件下，一国资本是全球总资本的一部分，社会总资本运动内在基本矛盾是金融风险形成的根本性原因；从长远看，要从根本上消除导致金融风险强化而引起金融危机的根源，就必须按照社会发展总趋势，消除私人资本占有社会生产资料、生产不以满足社会需要为目的，而是为追逐利润服务的经济制度。张红伟教授在专著《金融波动论》（四川人民出版社 2002 年版）和系列论文中提出：经济周期波动与金融体系动荡是一个过程中的两个方面，金融波动是金融体系内部矛盾积累的结果，一次金融波动的发生不是短期形成的，而是经济、社会矛盾长期冲突和激化的结果；"中国货币之谜"，即中国的货币增长率长期高于实际 GDP 增长率和通货膨胀率之和的现象，乃是由于量金融资源聚集在金融体系内循环，导致金融风险不断累积，金融脱离了服务实体经济的本质功能。年轻学者高然等则认为，与发达国家的影子银行体系不同，中国式的影子银行体系以商业银行为主导，影子银行融资规模的变动是逆周期的，货币政策冲击与存贷比监管冲击是导致中国影子银行信贷波动的主要驱动力，影子银行造成传统商业银行的信贷渠道被部分替代，从而降低了货币政策的有效性[①]；地方债使房地产价格与公共投资之间形成正反馈，显著放大了中国经济波动，地方债加速器具有鲜明的中国特色[②]。

　　在政府规制领域，提出规制是一个动态性和差别化的治理概念，随着经济发展、市场深化等发生动态性的调整和变迁，有赖于市场、政府、社会等多元主体协同参与。杨艳教授在其专著《我国政府规制对企业制度性交易成本的影响研究》（经济科学出版社 2021 年版）和《我国自然垄断产业价格管制及改革》（四川大学出版社 2014 年版）提出：我国高效的行政体系可以显著降低制度性交易成本，同时行政方式方法对政府规制行为存在重要影响，我国呈现出明显的"运动式"规制特点，使得投资者难以形成稳定的收益预期，从而会抑制长期投资，因此必须建立适应现代经济秩序结构和监管目标的政府规制体系。

　　第三，在区域经济与发展领域，四川大学国民经济学学科在老一辈学者杜肯堂、邓玲教授的带领下，将区域经济理论与西部地区经济发展特征相结合，特别是在长江中上游生态屏障建设、区域可持续发展等领域都有重要成果。

---

　　① 高然、陈忱、曾辉等：《信贷约束、影子银行与货币政策传导》，载《经济研究》2018 年第12 期。

　　② 高然、祝梓翔、陈忱：《地方债与中国经济波动：金融加速器机制的分析》，载《经济研究》2022 年第 6 期。

　　杜肯堂教授 2004 年承担了教育部重大攻关项目"西部地区构建产业链统筹城乡发展研究"、邓玲教授 2007 年承担了国家社科基金重大项目"我国生态文明发展战略及其区域实现研究"以及邓翔教授 2017 年承担的国家自然科学基金"政策研究重点支持项目""一带一路与西部发展"，显示了国民经济管理系教师在重大区域问题研究方面的科研积淀和强大实力。

　　杜肯堂教授、邓玲教授特别重视研究区域可持续发展的理论演变和实践应用，重视经济发展与生态环境重建，尤其是在探索西部地区面临实现经济赶超和生态保护双重历史使命的形势下，如何协调"环境与发展"矛盾，实现经济可持续发展方面取得了较大突破。先后发表了一系列重要著作和文章，包括《管理世界》上的"长江上游经济带建设中存在的区域性问题及对策研究"（邓玲，2002），以及"促进生态文明建设的产业结构调整研究"（黄勤等，2008）、"我国生态文明建设的区域实现及运行机制"（黄勤等，2013），提交重要课题研报告"在灾后重建中创设'龙门山生态文明建设试验区'的建议"（天府新论，2009）。这些研究成果为西部经济协调"环发"矛盾提供了有力的理论指导、操作思路与实施措施。

　　进入 21 世纪后，我国经济发展中空间开发秩序失衡十分严重，为此，以科学发展观为指导实现区域经济协调发展、追求空间均衡发展、缩小地区发展差距等，受到了中央及各级政府前所未有的重视。随着发展观念和发展阶段的演进，区域的资源环境承载能力、主体功能区划与建设、区域经济社会协调发展以及产业链重构等成为重要的研究领域，涌现出一大批有影响力的研究成果：发表于《经济研究》"区域潜在比较优势与出口升级"（周沂等，2022），发表于《马克思主义研究》的"马克思主义视阈下的区域协调发展及对我国的启示"（龚勤林等，2012），发表于《经济学家》的"论产业链构建与城乡统筹发展"（龚勤林，2004），这些研究对于政府制定有效的宏观经济政策、促进经济稳定持续增长和区域协调发展，具有重大的理论指导意义。

　　基于国民经济学和区域经济学学科长期形成的优势和特点，本学科教师还担任过四川省政府的咨询顾问，以多种方式参加到国民经济和社会发展五年规划编制工作，如接受各地市县委托承担五年规划的重点课题研究，出席五年规划专家座谈会，参与五年规划建言献策公开征集活动等。

　　第四，国民经济学学科发展包容性强，既重视宏观经济领域的总量与结构问题，也重视国民经济管理的微观基础；既重视在宏观经济理论、方法上深入拓展，也重视研究与之密切相关的社会、环境、人口等问题，并拓展至许多应用性强的领域，包括政府规划和战略、数字经济管理等。

　　因为劳动经济学一直是国民经济管理系下的硕士专业，所以四川大学国民经济学科在该领域也积累了一系列丰硕的成果。贾男教授长期致力于家庭金融、健康经济学、应用微观经济学领域的研究，发表了"不确定性下农村家庭食品消费的'习惯形成'检验"（《经济学（季刊）》，2011）、"工资率、'生育陷阱'与不可观测类型"（《经济研究》，2013）、"非携带式医保对农村劳动力流动的锁定效应研究"（《管理世界》，2015），在劳动经济学领域有较大的影响力。这也带动了年轻教师在这一领域内持续输出成果，如万春林老师的"中国人口老龄化的制度背景与时空演变"［《四川大学学报》（哲学社会科学版），2020］、"不同生育率情形下养老保险筹资模式比较研究"（《经济理论与经济管理》，2021）等。

在环境规制方面，与国民经济学、区域经济学相关理论相结合，也取得了可喜的研究成果：周沂老师基于地理断点回归方法，研究了以城市群为单位的区域一体化是否有利于更好地减霾[1]；研究中央生态环境保护督察政策，督察的结果直接关系到干部绩效考核和晋升，对地方政府形成了较强的震慑效应[2]；发现清洁生产标准政策实施显著改善了企业出口产品结构[3]。

近年来，随着数字要素和数字经济的发展，学者们也密切追踪其对国民经济学科的影响。针对当前我国数据要素"不平衡、不充分、不规范"的低质量供给问题，原有"政府＋市场"治理模式在面对数据的爆发增长、海量集聚及快速流动时出现失灵，提出既能适应数据要素的新特征属性，又能支持数据要素高质量供给的全新系统规制，以期为后续我国数字经济持续健康发展注入强劲动力[4]。

三、学人学术贡献

四川大学国民经济学科适应改革开放之需而建立，云集了一批具有强烈时代使命感和严谨扎实学风的学者，学者们立足中国、扎根西部，重视教书育人，重视理论联系实际，提出一系列有分量的研究成果。

石柱成教授是四川大学经济管理学院创建者，1950 年 7 月毕业于四川大学经济系，获学士学位；1950 年 9 月在四川大学经济系任教；1955 年 7 月毕业于人民大学"国民经济计划学"研究生专业；1956 年 11 月加入中国共产党。历任四川大学经济系党总支副书记、副系主任、代系主任、经济管理学院筹备组长、院长，于 1990 年被授予全国优秀教师荣誉称号，1992 年享受国务院政府特殊津贴。石柱成教授长期致力于政治经济学、宏观经济管理

---

[1] 周沂、薛赵琴、陈晓兰：《区域一体化的减霾效应——基于断点回归的经验证据》，载《中国人口·资源与环境》2022 年第 12 期。

[2] 周沂、冯皓月、陈晓兰：《中央环保督察的震慑效应与我国环境治理机制的完善》，载《经济学动态》2021 年第 8 期。

[3] 周沂、郭琪、邹冬寒：《环境规制与企业产品结构优化策略——来自多产品出口企业的经验证据》，载《中国工业经济》2022 年第 6 期。

[4] 杨艳、王理、李雨佳等：《中国经济增长：数据要素的"双维驱动"》，载《统计研究》2023 年第 4 期。

和中国经济改革发展问题的研究，率先对社会主义国家的计划与调节、第三产业的发展、技术市场的培育和高科技产业的创新问题进行了开拓性的研究，反映了他对中国经济改革与发展的深度思考及敏锐的洞察力，为中国经济改革，特别是西部地区的经济发展做出了不可磨灭的贡献。石柱成教授在重要期刊上发表了大量的学术论文，出版了多部教材和专著，其中《政治经济学（社会主义部分)》《第三产业经济分析》《社会主义宏观经济分析与调控》《技术市场论》等著作为国民经济学科的发展产生了重大作用和广泛而深远的影响。石柱成教授认为，"社会主义宏观经济调控体系是建立在市场经济基础上的"，在市场经济基础上，"国家计划总体上应当是指导性的计划，从而计划工作的任务不再是分钱、分物、分项目、分解指标，层层下达，而是合理确定国民经济和社会发展的战略、中长期规划、产业结构、生产力布局等宏观经济目标，然后用经济杠杆进行调节"，"要综合协调宏观经济政策和宏观经济杠杆的运用，这就要求彻底改变过去宏观经济政策政出多门、经济杠杆运用条条分割、调节作用分散低效、不能起到综合协调的作用"①，在 20 世纪 90 年代，这些观点对于我国改革宏观调控体系和转变计划职能是有指导作用的。石柱成教授部分科研成果曾获多项教育部与四川省政府的重要奖励，他曾任中国计划学会第一、第二、第三届常务理事，中国高等教育计划学研究会副会长，中国劳动学会第一、二届理事，四川省科级顾问团第一、二、三届顾问等；广泛参与政府部门及企事业单位的决策咨询和研究工作，对西部地区，特别是四川省的经济发展提出了许多宝贵见解和政策建议，为西部地区的经济建设和发展做出了突出贡献。

杜肯堂教授是国民经济管理系第一任系主任，后担任四川大学党委副书记、副校长、国家社会科学规划经济学科组成员、四川省社会科学界联合会顾问、四川省科技顾问团顾问、四川省区域经济研究会名誉会长、区域经济与现代管理研究中心主任。在杜肯堂教授的努力下，新成立的四川大学国民经济管理系招兵买马，师资队伍逐步壮大，培养体系逐步完善，迅速发展壮大。随着市场机制发挥的作用日益扩大，地区经济社会发展不平衡性凸显，针对区域的全面性经济管理便引起广泛关注，区域经济学应运而生，杜肯堂教授是区域经济学领域的带头人，在西部地区有广泛的影响，他一直坚持认为"区域经济作为一个国家或地区经济的空间系统，可以认为是具有区域特色或区域差异的国民经济"。主要著述有《科技兴农的理论与实践》《技术市场论》《东西中关系调整加速西南开发》等；主编面向 21 世纪课程教材《区域经济管理学》，在该书中明确提出"区域经济管理学是从宏观角度研究一国之内区域经济系统的运行、关联与调控的科学"；作为首席专家获准教

---

① 石柱成：《建立健全在市场经济基础上的宏观调控体系》，载《四川社科界》1993 年第 6 期。

育部哲学社会科学研究重大课题攻关项目"西部经济发展与生态环境重建研究",主持完成国家"九五"重点课题"农科教结合促进农村经济发展"、国家"八五"重点课题"加快攀西地区开发研究"、四川省"十五"重大委托课题"四川省统筹区域经济发展,走可持续发展道路系列研究",获四川省哲学社会科学优秀成果一等奖;参与省、市"九五""十五""十一五"规划的调研和论证工作,为若干市(县)制定发展战略和规划纲要进行过咨询与指导。杜肯堂教授是四川大学国民经济学专业创立和发展的重要贡献者之一,为川大经济学科的发展和西部地区的经济发展做出了杰出贡献。

廖君沛教授曾任四川大学国民经济管理系系主任,博士生导师。廖君沛教授的主要教学和研究领域是宏观经济分析,主要著述:《社会主义宏观经济分析与调控》《宏观与开放视角下的金融风险》《国际经济社会与消费比较的数量分析方法》《社会主义市场经济与地方政府调节功能》等,主持国家级、省级科研项目 10 余项。其中获四川省哲学社会科学优秀成果一等奖 1 项、二等奖 1 项,四川省软科学优秀成果二等奖 1 项。廖君沛教授为本科生讲授"国民经济管理",为硕士生博士生开设"宏观经济分析与调控"等课程,授课兢兢业业,其严谨的学风有口皆碑;在宏观经济科研教学中,注重以马克思主义辩证唯物主义和历史唯物主义方法论为指导,借鉴西方宏观经济学有用成果的同时,纠正其方法论缺陷带来的偏误;主张宏观经济作为一个系统,其研究必须总量与结构相结合,从生产、分配、交换、消费社会再生产四个环节的有机联系,在所有制和分配关系大背景下加以把握;把金融作为宏观经济总体的重要组成部分,构建了从微观到宏观、国内到国际的系统分析框架,较系统地梳理和评价了西方经济学关于金融系统风险与危机各种观点的可取之处与缺陷,进而提出了若干不同见解,具有自己特色。廖君沛教授曾任中国宏观经济管理教育学会副会长,四川省宏观经济学会副会长,是四川大学国民经济学专业开创和发展的重要贡献者之一,为学科发展和教育事业做出了突出贡献。

邓玲教授是四川大学区域规划研究所所长,享受国务院政府特殊津贴专家,四川省学术和技术带头人,四川省决策咨询委员会委员,四川省人才工作领导小组专家组成员,四川省区域经济学会副会长、中国区域经济学会常务理事。主要研究领域:区域经济学、人口资源与环境经济学,是我国较早研究生态文明的专家之一,是中国特色绿色创新经济的倡导者和践行者;主持完成国家、省部级课题 40 余项,出版了《我国生态文明发展战略及其区域实现》《中国七大经济区产业结构研究》《国土开发与城镇建设》《攀西新跨越》等专著多部;在《人民日报》《光明日报》《管理世界》等报刊发表文章若干篇;作为项目负责人已完成国家社科基金项目"我国七大经济区产业结构比较研究"、"长江上游生态屏障建设研究"、"长江上游经济带与生态屏障共建及其协调机制研究"、国家社科基金重大项目"我国生态文明发展战略及其区域实现研究"、国家社科基金重点项目"城市生态文明建设协同创新研究"。邓玲教授从事经济学研究 30 余年，以"为地方经济作点切实贡献"为宗旨，率领学生们深入各地深入调查研究，培训讲学，建言献策，参与完成"攀西经济区发展规划"、"成渝经济区南部城市群发展规划"等上百个区域规划的编制和研究工作，完成了数十份咨询报告，为国民经济规划编制和区域经济发展做出了积极的贡献。

邓翔教授是四川大学经济学院副院长，欧盟"让·莫内讲席教授"，教育部"新世纪优秀人才"、四川省学术技术带头人，担任中国区域科学学会副理事长、中国统计学会常务理事、中国宏观经济教育学会常务理事。邓翔讲授先后在哈佛大学经济系做博士后研究，在剑桥大学土地经济系、慕尼黑大学经济系做访问学者，有广阔的国际视野，对当代宏观经济学的发展有深刻把握和洞见。主要研究领域为国家和区域经济增长和发展、经济趋同，经济发展政策，宏观经济的微观基础等问题。主要学术贡献：是国内最早将增长理论的趋同理论应用于中国地区增长和系统分析中国区域差距及其动态变迁的学者之一，提出了建立区域市场一体化和区域政策转型等建议；长期致力于宏观经济的微观基础及其行为分析，包括家庭的消费储蓄行为和企业的定价行为分析。主持完成国家自然科学基金项目 3 项、归国人员留学启动基金项目 1 项和欧盟资助的大型国际项目子课题 2 项；完成多项政府部门委托的规划和咨询项目，先后获得省部级优秀成果一等奖 1 次、二等奖 2 次、三等奖 4 次。主要著作有《经济趋同理论与中国地区差距的实证研究》（独著）、《经济转型期中国居民消费储蓄行为及其影响》、《中国地区分工与专业化研究》、《论集聚与经济增长》、《宏观与开放视角下的金融风险》（合著）；先后在《经济研究》、《经济学季刊》、《管理世界》、《经济学动态》、《经济学家》及 Journal of Management Science and Statistical Decision，Annales Universitatis Apulensis Series Oeconomica 等期刊上发表论文 60 多篇。

张红伟教授曾任四川大学经济学院副院长、四川大学教务处处长，博士生导师，四川省学术技术带头人，任中国宏观经济教育学会副会长、四川省宏观经济学会副会长、中国人民银行货币政策委员会调查问卷专家、教育部经济学教学指导委员会委员、国家社科基金项目同行评议与结题鉴定专家及四川大学公共经济与公共管理研究中心主任。张红伟教授长期坚持以马克思主义政治经济学为指导，研究宏观经济调控、金融理论与货币政策、经济波动与经济发展、产业结构调整与区域经济发展等领域的理论和现实问题；多年来持续关注在市场经济体制下，政府如何通过运用经济、法律、行政等手段调节和干预经济运行状态和经济关系，来保证国民经济的持续、快速、健康、协调发展；致力于民生问题研究，尤其是立足西部研究农民工流动、欠发达地区经济增长、农村金融发展等问题，从普惠金融等角度构建城乡全域金融发展体系；经常参加四川省及市区县发展规划制定，为四川省新农村建设献计献策；多年来密切关注和深入分析经济周期波动、金融波动、金融风险管理、宏观金融调控等系列问题的相互关系。主持参与 10 余项国家等各级研究课题，出版《国民经济管理学》（四川省"十二五"规划教材）、《货币金融学》（国家"十二五"规划教材）等 4 本教材，《金融波动论》《四川对外开放研究》《宏观与开放视角下的金融风险》等 6 部专著；获得省级哲学社会科学成果一等奖 2 项，二等奖 1 项，三等奖 4 项；获国家级教学成果二等奖 3 项，省级教学成果一等奖 5 项。张红伟教授目前是四川省重点学科国民经济管理专业的学术带头人，国民经济管理国家级一流本科专业建设点负责人，留校以来一直活跃在国民经济管理学科建设、人才培养与科学研究第一线，为国民经济管理重点学科发展和专业建设积极作为。

四、教学实践育才

（一）教学育人目标明确

四川大学国民经济管理系成立近 40 年来，为适应时代的变迁和社会的需要，进行过多次教学改革。最初是按照经济管理一体的大管理理念进行专业设置和课程设置，随着 1998 年的院系和学科调整，四川大学经济学院和管理学院分设，国民经济管理专业放在经济学院，国民经济学是应用经济学下的二级学科。这一时期国民经济学专业定位不是非常明确，专业特色不够突出，培养的学生与其他专业的区分度不高。同时，随着政府机构改革的不断深入，进政府经济管理部门的就业路径越走越窄，政府直接吸纳该专业毕业生的大门逐渐关闭；企事业单位普遍不清楚国民经济管理专业学生的特点，所以在接受国民经济管理专业的毕业生时也非常犹豫。

进入 21 世纪，随着全球化、信息化和学习型社会的到来，整个社会对经济类人才教育在发展战略、布局结构、培养目标等方面提出了新的要求。国民经济管理专业自身的发展迫切要求进行专业建设和人才培养模式的改革。系上当时开展了若干次讨论和专题研讨会，在认真分析社会需求模式改变、系和学院现实情况、展望经济类本科人才发展趋势的基础上，我们认识到，要对国民经济管理专业进行准确的专业定位并建立起符合社会发展需要的人才培养模式，必须要对整个社会的人才需求、学生的内在需求有准确的把握。

在以往的教学改革中，我们更多的是立足于高校自身的专业要求来设计和完善教学计划，主要考虑的是师资力量和课程建设，缺乏对人才需求方细致和全方位的调查，这可以说是高校课程设置的通病。我们在新一轮国民经济管理专业教学改革中，按教育部关于"转变教育思想、更新教育观念、改革人才培养模式、实现教学内容、课程体系、教学方法和手段的现代化"的总要求，遵循四川大学提出的教改要"面向市场，服务社会，优化结构，提高质量"的原则，对标国内顶尖、国际一流的专业建设标准，准确定位专业人才培养目标。

目前，四川大学国民经济学学科的人才培养目标明确为：培养具有扎实的经济学理论基础，掌握现代分析方法，熟悉中国经济运行与改革实践，知识面广、适应性强、多元包容，有家国情怀、有系统性综合性思维、有开阔国际视野、有宏观经济分析与决策能力的扎根中国大地的新时代国家治理和经济管理高素质人才。这一人才培养目标是适应提升国家治理能力，建立科学有效的宏观调控体系新发展要求而提出的。

（二）教学改革提升教学质量

一是不断改革课程体系和教学计划。按照四川大学的统一部署，每 5 年进行培养方案的大调整，每次调整既要按照模块填空保证教学计划的规范性，同时又必须按照专业发展和经济发展实践需要，与时俱进地增设新课程，调整陈旧内容。专业课程分为必修课和选修课，必修课力求理论扎实，选修课力求形式多元化。在最新的 2023 年教学计划调整中，适应当前国家对战略规划人才的需求，增设"国民经济发展战略与规划"作为必修课，同时突出该专业在宏观经济运行分析与政策分析方面的优势，整合开设了"宏观经济模型""国民经济分析方法"两门必修课，适应当前数字经济快速发展，开设"数字经济发展与治理"作为必修课，"面向经济与金融的 Python 编程"作为选修课。特别注重强化学生社会实践能力培养，开设"城乡融合发展与绿色创新实践"课程培养学生观察社会、研究现实问题的基本素质。

二是将课程思政理念深度融入专业课程教学，多种方式强化价值引领。在国民经济管理、区域经济学、发展经济学等专业核心课中挖掘思想政治教育元素并贯穿教学过程，培养学生关注中国现实问题的经世济民情怀。国民经济管理、区域经济学、财政学、宏观经济学目前都是四川大学课程思政榜样课。开展读书会，邀请本科生进科研团队，安排专业教师担任本科班主任以强化师生联系和价值引领。

三是积极推进探究式—小班化教学、非标答案考试和"金课"建设等多种形式的教育教学改革，提升专业人才培养质量。积极推进互动式—小班化教学，必修课全面实现小班化教学，多位教师在各级各类教学竞赛中获奖；加强全过程考核，推进非标答案考试；积极开展两性一度的"金课"建设，建成一批有突出特色和影响力的课程，张红伟教授主讲的货币金融学、杨艳教授主讲的国民经济管理被评为国家级线下一流课程。

四是加强教材建设。教材建设与教学内容的改革相辅相成，互相支撑。最初的教材是不成体系的，石柱成、廖君沛主编的《社会主义宏观经济分析与调控》作为国民经济管理课程的教材，在 20 世纪 90 年代影响了一大批学人。四川大学全程参与了自 20 世纪 90 年代开始的国民经济管理专业的全国性改革，参编了教育部国民经济管理专业"面向 21 世纪课程教材"的编写任务，杜肯堂教授作为负责人主编了《区域经济管理学》，张红伟、杨艳、龚勤林、张蕊参编了《国民经济管理学》、《可持续发展战略学》和《宏观经济数量分析方法与模型》，这套教程 2002～2004 年由高等教育出版社陆续出版，影响了一代国民经济学学子。一批中青年教师编写并陆续出版了一套基础课和专业课教材：吴丰教授主编于 2004 年出版的《市场营销管理》、陈永新教授主编于 2005 年出版的《证券投资学》、李杨主编于 2007 年出版的第二版《西方经济学》；张红伟、杨艳主编于 2008 出版的《国民经济管理学》被列为四川省"十二五"规划教材，张红伟主编的《货币金融学》被列为国家"十二五"规划教材。

（三）师资队伍整齐保证教学水准

四川大学国民经济学学科发展的保障是有一支老中青结合、政治过硬、教学科研得力、关爱学生的稳定师资团队。不仅有老一辈的石柱成、杜肯堂、廖君沛、邓玲等先生，现有教育部教指委委员、国家级教学成果特等奖获得者、宝钢优秀教师特等奖获得者、教育部新世纪人才、国务院政府特殊津贴专家、国家级教学名师、四川省教书育人名师、天府万人计划社科精英、四川省学术技术带头人、欧盟让·莫内讲座教授，还有充满朝气的献身国民经济管理人才培养和专业建设的一大批青年才俊。

1984 年建系后，国民经济管理系按照大管理思路建立师资队伍，这支队伍年轻、充满活力，在宏观经济管理和企业管理领域，在理论分析和管理实践领域都有专门的师资配置。后来，由于院系调整，留在经济学院的主要是集中于国民经济学和区域经济学研究领域的教师，有将近 10 年主要依靠原有的师资力量维持教学科研。

最近 10 年，四川大学国民经济学学科发展加速，高端人才引进和本土培养并举，近年从海内外名校引进 9 名青年教师，构建起一支年龄学历结构合理、热爱教学、能力过硬的队伍。坚持"老带新、新助老"，形成积极互动的教学科研团队，一方面为青年教师配备导师，提供多种培养项目；另一方面针对中年教师实施多种教学科研能力提升计划。基层教学组织活动制度化、常态化，坚持隔周一次基层教研活动；严格执行教学检查和听课制度。重视师德师风建设，加强教师专业化培训，实施各类人才培育计划，考核中实行师德师风一票否决制；新教师持"双证"上岗。

以国民经济学专业为依托的宏观经济分析与调控团队 2018 年获批为四川省社会科学高水平研究团队，2019 年评为四川省巾帼建功立业先进团队，2020 年评为校先进党支部。

国民经济管理国家级一流本科专业负责人张红伟教授是国家级教学名师，国务院政府特殊津贴专家，四川省学术和技术带头人，四川省教书育人名师，"天府万人计划"天府名师，宝钢教育奖优秀教师特等奖获得者，任教育部经济学教学指导委员会委员，教育部高等学校教学信息化与教学方法创新工作指导委员会委员，中国宏观经济管理教育学会副会长，四川宏观经济学会副会长；邓翔教授是欧盟"让·莫内讲席教授"，教育部"新世纪优秀人才"、四川省学术技术带头人；年轻的贾男教授是第十二批四川省学术技术带头人，2018 年入选四川省"天府万人计划"社科菁英；杨艳教授2014 年获得四川大学"唐立新教学名师奖"；路征教授 2018 年获得四川大学"五粮春青年教师优秀教学奖"；段海英副教授获得 2019 年四川大学第五届"星火校友奖教金"二等奖。此外，还有多位教师获得四川大学"课堂教学质量优秀奖""青年教师优秀教学奖"等。当前，国民经济学师资团队团结整齐、坚守铸魂育人、潜心教学科研、结构合理、和谐互助，有力地保证了教学高质量高水准。

（四）教学与科研成果显著

为了提升教书育人质量，我们支持老师教书育人的同时必须站在科研前沿，鼓励专业教师申请教改项目推动教学发展与改革，以前沿科研和教学成果反哺和引领一流本人才培养。四川大学国民经济学科的一大特色是教研与科研协同建设，重视科研赋能教研，聚力提质教学。一是鼓励立项高水平科研项目，发表高水平学术成果，依托高水平科研凝练专业课程特色，打造精彩激情课堂，积蓄教学素材。二是鼓励科研成果进课堂，强化学生科研能力训练，完善师生科研互动机制。三是鼓励开展教学研究项目，发表教研教改论文，探索教学育人新思路、新方法、新路径。将课程思政、教研教改、创新创业教育、学位论文指导等纳入教学质量考核体系。本专业教师近年来共获得国家级、省部级科研课题等各类项目 100 余项（见表 1）。

表 1　　　近 20 年四川大学国民经济学科所获国家级科研项目

项目来源	立项时间	项目名称	负责人
教育部重大攻关项目	2004 年	西部地区构建产业链统筹城乡发展研究	杜肯堂
国家社科基金重大项目	2007 年	我国生态文明发展战略及其区域实现研究	邓玲
国家自然科学基金"政策研究重点支持项目"	2017 年	"一带一路"与西部发展	邓翔
国家社科基金一般项目	2003 年	长江上游经济带与生态屏障的共建及协调机制研究	邓玲

续表

项目来源	立项时间	项目名称	负责人
国家社科基金一般项目	2004 年	西部欠发达地区县域经济增长点研究	张红伟
国家自然科学基金项目	2006 年	经济转型期中国居民的消费、储蓄行为及其对宏观经济的影响	邓翔
国家社科基金一般项目	2006 年	西部地区构建产业链统筹城乡发展研究	龚勤林
国家自然科学基金项目	2007 年	地区专业化与产业集聚的动因及其对生产率变动的影响	邓翔
国家自然科学基金项目	2011 年	沿海制造企业内迁决策：基于区域的企业成本效率动态比较研究——以珠三角企业为例	张蕊
国家社科基金一般项目	2012 年	资源环境约束下西部产业结构调整优化研究	黄勤
国家社科基金一般项目	2013 年	新型工农城乡关系统筹构建研究	龚勤林
国家自然科学基金项目	2014 年	新兴市场经济周期与波动的特征及启示	邓翔
国家社科基金一般项目	2016 年	我国政府规制效率对企业制度性交易成本的影响研究	杨艳
国家社科基金一般项目	2018 年	大数据时代中国应对科技与金融深度融合的风险管控研究	张红伟
国家社科基金一般项目	2018 年	世界经济不确定性的测量、对中国金融风险效应及传导机制研究	王文甫
国家自然科学基金青年项目	2018 年	中国企业出口产品升级路径与机制研究——基于企业与区域互动的视角	周沂
国家自然科学基金青年项目	2020 年	内生不确定性与中国经济波动研究	祝梓翔
国家社科基金一般项目	2020 年	成渝地区双城经济圈城乡融合发展研究	龚勤林
国家社科基金一般项目	2021 年	基于准自然实验的社会组织综合性扶贫效应及可持续性研究	路征
国家社科基金一般项目	2022 年	"市场＋政府＋社群"协同治理框架下数据要素高质量供给的系统规制研究	杨艳
国家社科基金一般项目	2022 年	双碳目标下西部地区高耗能制造业低碳转型研究	黄勤
教育部人文社科项目	2022 年	建立健全稳定脱贫长效机制的政策体系研究——返贫风险测度与政策效应评估	贾男
国家社科基金一般项目	2023 年	地方政府"土地财政＋土地金融"融资模式的经济影响机制及转型路径研究	高然
国家社科基金一般项目	2023 年	增强内生动力促进农村低收入群体稳定增收的理论机理与政策模拟	贾男

续表

项目来源	立项时间	项目名称	负责人
国家自然科学基金项目	2023 年	中国区域产业升级路径与微观机制研究：企业网络外部性的视角	周沂
国家自然科学基金项目	2023 年	输入型通胀的宏观经济效应研究：通胀风险、价格分化和货币政策分析	祝梓翔

　　国民经济学是和社会经济发展结合非常紧密的学科，由于承担了一系列和经济改革进程密切相关的横向纵向课题，教师们能及时把本学科最新发展引入教学，反映本学科领域新成果，做到教学内容新颖，信息量大。在教学中将自己的研究方法和科研成果展示给学生，极大地激发了学生学习的主动性，重视将课本知识应用于宏观经济社会的发展管理当中。老师们完成科研的过程中，与政府部门和众多企业建立了良好的合作关系，由此建立了比较稳定的学生实习基地。学生在这些实习基地更深入更真实地接触到现实经济的运行，因此能写出高质量的学年论文和毕业论文。

　　四川大学国民经济学科在长期的教学科研中认识到，加强高校科研的教学转化，以科研促进教学是提高教学质量的重要途径：科研成果能充实和改革教学内容、科研活动能促进师资队伍建设和教学环境的改善，从而形成"科研水平提高—教学质量提高—学生质量提高"的良性循环。把这些经验做法加以总结推广，又取得了一系列的教学成果（见表2）。

表 2　　　　四川大学国民经济学科教师所获省部级以上教学成果奖

序号	项目名称	所获奖励名称等级	时间	负责人或主要参与者
1	以课堂教学改革为突破口的一流本科教育川大实践	高等教育国家级教学成果特等奖	2018 年	张红伟
2	研究型综合大学经济类拔尖创新人才国际化培养探索与实践	高等教育国家级教学成果二等奖	2014 年	张红伟、龚勤林、杨艳
3	综合型大学经济类本科人才培养模式及课程体系改革研究与实践	四川省第六届高等教育教学成果二等奖	2005 年	张红伟、龚勤林
4	研究型大学科研与教学互动培养经济类拔尖创新人才的探索与实践	四川省第八届高等教育教学成果二等奖	2018 年	龚勤林、杨艳
5	高校经济学课程考试方式改革与创新研究	四川省第八届高等教育教学成果二等奖	2018 年	杨艳、段海英

序号	项目名称	所获奖励名称等级	时间	负责人或主要参与者
6	"以赛带练—以赛促教—以赛比学"财经类创新创业人才培养的探索与实践	四川省第九届高等教育教学成果一等奖	2022 年	龚勤林、曾武佳、邓丽
7	研究型大学"财经＋"拔尖创新人才培养的探索与实践	四川省第九届高等教育教学成果一等奖	2022 年	龚勤林、周沂

五、英才辈出

国民经济学发轫于新中国经济建设的人才需求和理论指导，在改革开放时代继续承担新世纪人才培养和理论指导的作用。四川大学国民经济学在 40 年的发展历程中，始终坚持以马克思主义为指导，坚持扎根中国大地，坚持培养理论基础扎实和规范分析技能兼备的综合性经济管理人才。

四川大学国民经济管理专业于 1982 年率先在全国招收本科生，一直以来，依托于四川大学强大的平台和专业负责的师资力量，吸引了大量抱有家国情怀、治理国家经济想法的年轻人加入。通过科学的培养方案设计、课程设置、学分分布和学术训练，培养出一大批具有扎实的经济学理论基础，掌握现代分析方法，熟悉中国经济运行与改革实践，知识面广、适应性强，有家国情怀、系统性综合性思维、开阔国际视野、宏观经济分析与决策能力的栋梁之材。

在校学生科研能力和科研成果较为突出。一是科研论文发表上成果突出，本科阶段已在 CSSCI 期刊上发表论文，二是在"互联网＋"大学生创新创业大赛、大学生创新创业训练计划、全国"挑战杯"、全国英语竞赛、全国高校学生商业案例分析大赛等全国性大赛中屡获大奖。如国民经济管理专业 2016 级本科生涂宏辉参与的项目"薪公益——保障农民工工资支付项目"获得第四届中国"互联网＋"大学生创新创业大赛银奖，2018 级本科生白昊霖参加的真探科技创业团队获得第六届中国"互联网＋"大学生创新创业大赛银奖。毕业生继续深造率持续上升。每年有学生输送到北京大学、清华大学、中国人民大学以及海外名校深造，这些院校对本专业学生的专业知识和科研能力普遍满意。

毕业生专业认可度高。各地各部门各机构开始认识到国民经济学专业的独特人才优势，积极招收该专业毕业生入职。国民经济管理专业的本科生知识面广、发展后劲足，国民经济学的研究生适应了社会对国民经济学高层次人才的特殊需求，在国家宏观调控职能不断加强和体系不断完善、国家规划体系不断改进和完善的大环境中，国民经济学科知识和技能也有了用武之地。就业单位行业分布较为广泛，居于前三位的是：国企、金融机构、政府部门，具体工作包括政府经济管理、投资管理、行业分析等。很多单位提到本专业学生在校期间就积极参加教师科研项目、案例分析等实践活动，对他们迅速进入适应工作有很大帮助；学生专业素养高，视野开阔，分析能力强，提升空间大；对本专业学生的综合评价基本为"优"。

本专业在长期的办学历程中培养了大批政界学界商界翘楚，如四川省副省长郑备、四川省政府秘书长曾卿、四川省巴中市委副书记喻在岗等，为国家及地方经济建设提供了有力的人才和智力支持。

六、发展展望

国民经济学是在中国经济建设和改革开放伟大历史实践中不断发展的本土化的经济学科。在未来的发展中，四川大学将努力把国民经济学科建设成为拥有显著学术与社会影响力及良好声誉的国家一流学科。建设好一流国民经济管理本科专业，这是一个系统工程，需要在几个重要方面予以突破，包括突破传统国民经济管理专业人才培养理念、优化国民经济管理专业课程建设体系、加强国民经济管理专业教师队伍建设。实现了这三个方面的突破，对于顺利推进"一流国民经济管理本科专业"建设，具有纲举目张的作用。

首先，将依据经济社会发展需要，面向时代前沿，不断优化课程体系，形成适应国民经济发展需要的人才培养方案，注重培养学生在我国经济发展中的使命感，加强大学生科研训练、创新实验计划。通过比较国内外一流大学同类专业的培养方案，对标对表，形成综合性和专业性相结合、文科素养和理科知识相结合的人才培养方案。

其次，狠抓教学质量，以质量工程建设带动学科建设。通过实施一系列管理制度，构建教学质量控制平台。定期开展教学大纲的修订、教材的选用、师资的配备、课堂教学质量、实践性环节教学质量、教学内容和手段的改革、考核方式和试卷质量等方面的调查，进一步完善教学质量保障机制。积极鼓励教师申报国家级、省部级课题，开展应用性社会科学研究，激励学生参与教师科研项目充当科研助手。坚持理论研究与应用研究相结合的科研导向。

最后，进一步提升学科社会影响力。凝练国民经济学科特色；充分依托现有省级教学科研团队打造有影响力的教学名师和学科带头人；教学团队建设坚持开放、动态发展的理念，要根据专业人才培养的规律和趋势，不断吸收教学改革的新思想、新方法，根据教学内容改革的实际需要，吸收优秀教师参与到教学团队中来；举办专业建设和人才培养系列研讨会，聚焦力量突出专业特色并形成一批专业成果，利用新媒体平台做好专业宣传，动态维护更新专业建设信息，展示专业教师的教学科研成果、学子风采和发展业绩。

The Development History of the Discipline of National Economics at Sichuan University

—Growing Together with China's Reform and Opening Up

Yang Yan

Abstract：This paper summarizes the historical evolution of the discipline of National Economics of Sichuan University in the great historical practice of China's economic construction, reform and opening up. Furthermore, the article distills the open and inclusive characteristics of the discipline, which is based on Marxist economic theory and combines with contemporary macroeconomics, as well as integrating regional economic theory with the economic development of China's western region. The scholars' research and teaching achievements, which are based in China and rooted in the western region, are also presented. In the end, it proposes a path to build the National Economics at Sichuan University into a nationally first-class discipline with significant academic and social influence and a good reputation.

Keywords：National Economics, History of the Discipline, Sichuan University

中南财经政法大学国民经济学科发展史

——从国民经济计划专业到国民经济学专业（1953 年至今）

张鸿武　谢　靖*

摘　要： 本文主要回顾和梳理了中南财经政法大学国民经济学科的发展史。从国民经济学科的历史沿革来看，该学科先后使用了国民经济计划、国民经济管理、国民经济学等专业名称。2000 年，经过办学资源的整合，中南财经政法大学国民经济学专业办学层次形成了本科、硕士、博士完整的招生培养体系。2001 年，国民经济学获批为湖北省省级重点学科。在学人学术贡献上，中南财经政法大学国民经济学科汇聚了一批使命感强、学风严谨扎实并重视理论联系实际的优秀学者，产出了许多具有较大影响力的科研成果，为经济社会发展做出了重要贡献。近些年，中南财经政法大学国民经济学专业的办学重点在于高层次的研究生教育，力求培养更多适应新时代发展需要的国民经济管理高端人才。

关键词： 国民经济计划　国民经济管理　国民经济学　学科发展史

一、学科历史沿革

中南财经政法大学前身是 1948 年以邓小平为第一书记的中共中央中原局创建，并由第二书记陈毅担任筹备委员会主任的中原大学。全国高等院校调整期间，以中原大学财经学院、政法学院为基础，先后整合中南六省河南大学、中华大学、中山大学、湖南大学、广西大学、南昌大学等高校优质的财经、政法教育资源，于 1953 年 5 月分别成立中南财经学院和中南政法学院。1958 年 9 月，中南财经学院和中南政法学院及中南政法干校、武汉大学法律系合并成为湖北大学。1971 年 12 月，湖北大学改名为湖北财经专科学校。1978 年 1 月，更名为湖北财经学院。1984 年 12 月，以湖北财经学院法律系为基础，恢复重建中南政法学院。1985 年 9 月，湖北财经学院更名为中南财经大学。2000 年 5 月 26 日，中南财经大学和中南政法学院合并组建为新的中南财经政法大学。

＊ 张鸿武（1977～），湖南益阳人，教授，博士生导师，经济学博士，研究方向：技术经济学、能源与环境经济学、宏观经济学，电子邮箱：hongwuzhang@ zuel. edu. cn；谢靖（1985～），河南信阳人，副教授，经济学博士，研究方向：国际贸易、数字经济，电子邮箱：xj@ zuel. edu. cn。

中南财经政法大学"国民经济学"专业前身为 1953 年开始设立的"国民经济计划"专业。从 1953 年起开始招收国民经济计划专业学生，1973 年复招。1983 年，国民经济计划专业被国务院批准为全国首批硕士研究生的招生点之一。1992 年，本科专业更名为国民经济管理。2000 年，国民经济管理专业调整到经济学院，组建了新的国民经济系。之后，国民经济学于 2001 年获批为湖北省省级重点学科。

20 世纪 50 年代到 60 年代初，全国高校只有中国人民大学和我校招收和培养国民经济计划专业学生，我校作为我国高校中同专业建立较早、人才培养层次较为齐全、人才培养规模较大的教学实体之一，同时也推出了一系列具备影响力的教材。自 1953 年以来，坚持"服务国家发展、立足社会需要"的人才培养定位，70 年间陆续建立健全多层次的人才培养规格和体系，培养学生数量众多，为我国社会主义现代化建设输送了大批有用人才。

（一）国民经济计划专业（1973~1992 年）

受"文化大革命"的影响，1966 年起全国高校普遍停止办学。从 1973 年开始恢复招生，国民经济计划专业是学校在"文化大革命"期间恢复招生的少数几个专业之一。进入 20 世纪 80 年代，国民经济计划专业的办学规模明显扩大，办学层次、办学质量得到显著提高。

1981 年，国民经济计划教研室被湖北省教委授予文教系统先进教研室。1982 年，国家计委投资 80 万元，委托国民经济计划专业开办全国计划系统干部专修科。1983 年，国民经济计划专业被国务院批准为全国首批硕士研究生的招生点之一。1984 年，国民经济计划专业被指定为中央广播电视大学国民经济计划学和国民经济综合平衡两门课程的主讲教学单位。

（二）国民经济管理专业（20 世纪 90 年代）

20 世纪 90 年代，是我国市场化改革逐步深入以及市场经济体制建立的开端，国家通过计划手段调控经济的力度趋弱，因此，国民经济计划专业在财经学科中的地位有所下降，面临着必须通过改革才能继续发展的新形势。1992 年，国民经济计划专业正式更名为国民经济管理专业。

（三）国民经济学专业（21 世纪）

20 世纪末的后几年，国民经济管理专业曾经走过艰难的历程。当时从全国总体情况来说，办学形势不乐观，专业发展明显不景气，有的学校出现停招状况。1997 年，国家教育部调整公布的本科招生目录中取消了国民经济管理专业，因此，出现了全国性的办学危机，面临的是专业停招，国民经济管理专业也打算在 1998 级之后停招。经过学校及本专业教师的努力，1999 年初，我校被教育部批准为全国 7 所可以招收国民经济管理专业本科生的高校之一。2000 年，国民经济管理专业受到学校的重视，调整到经济学院，组建新的国民经济学系。2000 年，经过办学资源的整合，国民经济学专业办学层次上逐渐齐全，形成了本科、硕士、博士完整的招生培养体系。2001 年，国民经济学获批为湖北省省级重点学科。

二、学人学术贡献

中南财经政法大学国民经济学科汇聚了一批使命感强、学风严谨扎实并重视理论联系实际的优秀学者，产出了许多具有较大影响力的科研成果，为经济社会的发展做出了重要的贡献。

（一）对国民经济学理论的学术贡献

20 世纪 50 年代至 60 年代初，全国高校只有中国人民大学和中南财经政法大学招收和培养国民经济计划专业学生。中南财经政法大学的国民经济计划专业教师，既要办好本专业，还要承担经济管理类各专业的国民经济计划学课程的授课任务。本专业教师陈立国、叶景哲、关其学等在《经济研究》等刊物上发表关于国民经济综合平衡、社会主义经济发展中的速度与比例等方面的论文，在学术界产生了一定的影响，受到有关方面的重视。他们被邀请参加了国家计委和国家科委联合下达的国家重点课题"长江三峡投资经济效益研究"和"长江三峡水利枢纽工程"的经济论证工作。这段时期，本专业教师为计划及有关部门人才培养做出了突出贡献，并积极开展学术研究和完成国家重点课题，产生了较大的社会影响，也为本专业后期的发展打下了良好的基础。

20 世纪七八十年代，国民经济计划专业的办学规模明显扩大，办学层次、办学质量得到提高。1984 年，中南财经政法大学国民经济计划专业被指定为中央广播电视大学国民经济计划学和国民经济综合平衡两门课程的主讲教学单位。这两门课程的教材编写和录播授课都由国民经济计划专业教师承担，承担该任务的教师主要有：汪廷忠、叶景哲、陈远敦、孙永德、谢伯龄、王锐、张怀富、刘昌平、江勇。

20 世纪 90 年代以后，江勇教授是国民经济学学科建设中一位突出的代表性学者。江勇老师撰写的《开展电视教学的几点体会》，分别发表和收入《高等财经教育》杂志和湖北高校《电化教学文集》。1990 年，江勇老师在第三次全国高校计划学研究会代表大会上当选为常务理事兼副秘书长，所撰论文《论计划经济与市场调节相结合》被评为 10 篇优秀论文之一。1993 年 4 月，江勇老师参加全国高校计划学研究会以"计划学革新与发展"为主题的常务理事会，所提交的论文《计划学面临危机的原因分析》（会后发表于《中央财经大学学报》1993 年第 6 期），受到与会者重视，当即由学会名誉会长、前中国人民大学李震中副校长点名要他在会议上发言，随后学会副会长、著名计划学专家雷起荃教授（西南财经大学）提议江老师牵头组织高校中青年教师出版一本适合新时代宏观经济管理教学需要的教科书。1994 年，江勇老师主编的《宏观经济管理》教材获中国宏观经济管理教育学会优秀科研成果一等奖。1994 年 6 月，江勇老师的论文《计划学革新的几点思考》，收入魏礼群主编的《社会主义市场经济与计划模式改革》文集，由中国计划出版社出版。1995 年 1 月，江勇老师应邀出席了在哈尔滨召开的中国改革与发展战略第二次理论研讨会，提交的论文《我国区域经济发展战略思考》荣获优秀论文一等奖，其减缩版《区域经济发展宜各有侧重》，发表于《光明日报》理论版，并由《人大复印资料》转载。1995 年 5 月，由江勇老师牵头筹备，国民经济管理教研室为主筹办，联合武汉大学、湖北计划学院组织的首届中国宏观经济管理教育学会（原全国高校计划学研究会）在我校召开。会议的成功召开，为该专业在社会主义市场经济新形势下的发展创造了良好条件。会后，江勇老师撰写的综述《关于宏观调控的理论探讨》，发表于 1995 年 6 月 28 日《光明日报》理论版。1996～1997 年，江勇老师受邀参加国家计委政策研究室主持的国家社科基金课题研究，课题完成的主要成果是 1999 年 11 月由中国计划出版社出版的专著《发展计划学》。1999 年 6 月，江勇老师参著《解剖中国经济》。此外，江勇老师还在国家权威期刊《管理世界》《统计研究》《宏观经济研究》《光明日报》理论版及高校学报等杂志发表了数篇关于计划学、国民经济管理的学术论文，其中多篇由《人大复印资料》转载，并获得国家统计局、中国宏观经济管理教育学会、湖北省社科联等颁发的优秀科研成果奖。

（二）对服务社会的贡献

借助于国民经济学学科长期形成的优势和特点，我校多名教师被邀请参加国家计委和国家科委联合下达的国家重点课题"长江三峡投资经济效益研究"和"长江三峡水利枢纽工程"的经济论证工作。不少教师还担任过地方政府的咨询顾问，不少地方政府邀请系里教师帮助地方政府编制发展规划。国家计划（规划）部门组织历次周期性编制全国国民经济和社会发展五年计划（规划）工作，都有本学科教师以各种形式参与其中。通过参与各项活动，本学科教师的研究成果和学术观点得到了相关部门的重视与采纳。

1984 年，国民经济计划专业被指定为中央广播电视大学国民经济计划学和国民经济综合平衡两门课程的主讲教学单位。这两门课程的教材编写和录播授课都由国民经济计划专业教师承担。

1995 年 6 月，江勇老师受教育部全国高等教育自学考试指导委员会聘请，参加全国《宏观经济管理学》课程统一命题，任命题组组长。他主编的《宏观经济管理学》由武汉大学出版社于 1976 年、2002 年、2011 年先后出了三版，供全国高等教育自学考试和众多高校教学使用。

1996 年 7 月，江勇老师被教育部全国高等教育自学考试指导委员会聘请为专家组成员，赴广东、广西两地检查成人教育工作。

1999 年 3 月，江勇老师应邀参加教育部《国民经济管理专业课程结构及主要教学内容改革》课题研讨，并被聘任高等学校国民经济管理专业主干课程教材编委会成员。

迄今为止，国民经济学学科取得了一大批获得社会高度评价和荣誉的科研成果。近年来，本学科教师承担了国家哲学社会科学基金、国家自然科学基金、教育部等部委项目，取得了大量具有重要影响力的研究成果，在《中国社会科学》《经济研究》《管理世界》《中国工业经济》《中国社会科学评价》《经济学（季刊）》等杂志发表了有影响的论文。通过开展国民经济管理论坛、双周学术研讨会等学术活动，提高学科的影响力和声誉，开展国民经济学的学术研究，推广了研究成果在国民经济管理实践中的应用。

三、教学实践成果

自 1953 年国民经济计划专业建立，至今健康发展 70 年，培养毕业的学生分布在全国各地各行各业。本专业能培养出大批适应社会需要的高层次人才，得益于教师辛勤的教学实践活动。

（一）教学先行内化于心

早在 20 世纪 50 年代，国民经济计划专业就成为当时全国社会主义经济学教学科研的高地。我校在办好国民经济计划专业的同时，也承担着学校经济管理类各专业的国民经济计划学课程的授课任务。与教学工作同步，本专业教师陈立国、叶景哲、关其学等老师，多次发表关于国民经济综合平衡、社会主义经济发展中的速度与比例等方面的论文，在学术界产生了一定的影响。

1973 年，国民经济计划专业恢复招生之后，分散在全国各地的教师重聚财大校园。在充分吸收了过去 20 多年国民经济计划管理的经验教训基础上，国民经济计划专业的办学规模明显扩大，办学层次、办学质量得到提高。改革开放后，传统的计划管理体制、体系、方法越来越不适应新的国家经济管理实践和国民经济运行的要求。建立在传统计划管理体制、体系、方法基础之上的国民经济计划学教材内容必须改革，必须总结和吸收改革开放以来的经验教训，必须吸收国外市场经济好的管理经验和宏观经济政策理论。于是从 20 世纪 80 年代中期以后，本系的教师骨干开始摸索建立适应新实践的新的学科教材体系。

科研先行是学科重生的第一步。国民经济计划专业教师常常把组织学生专业实习和社会实践活动与组织集体科研攻关活动结合在一起，产生教学相长教研互动的功效，形成了先有社会调研实习活动，后有教材教学课程建设内容的鲜明特点。这种教材和课程教学因为具有较为扎实的社会调研科研基础，因此理论紧密联系实际，在课堂上教师讲授言之有物，学生爱听易懂。

重视实践教学是本专业的历史传统。20 世纪 90 年代以前，专业实习的主要场所是国家计划机构及各地计划部门。进入市场经济体制以后，专业开始探索按照市场原则根据双方共同需求尝试建立相对固定的社会实践基地。经过努力和各方协调，该专业陆续在河南省、广东省、福建省、浙江省、河北省等地，与各级政府和企业签约建立了正式的社会实习实践基地，每年安排大三学生到签约单位开展专业实习活动，为期在一个月左右。每次社会实践活动都经过认真准备和组织安排，学院主管教学的领导、教学骨干或学生班主任亲自带队。师生们深入社会基层通过实习坐班或实习调查等方式，学到了书本上学不到的知识，也印证了课堂上所学知识的价值所在。师生直接参与到当地一些具体工作，并将实习成果汇报给实习基地机构，对其工作也有很大帮助。

教材是教学的基本依据和工具。1985 年，原国民经济计划教研室一分为二，成立了计划原理和计划办法两个教研室，当时面临师资年龄和职称等结构不尽合理、校内和校外、计划专业和非计划专业、本科生和研究生多层次、教学任务重的多重困境，使得我们必须对教材进行大刀阔斧的改革，通过教材编撰确立科学合理的教学体系和内容。因此，为适应学科专业转型的需要，本专业教师陆续推出了反映时代需要的一系列教材。例如，在汪廷中、陈远敦等老教授带领下，国民经济计划专业教师公开出版了多本教材，其中，《国民经济计划管理学导论》《社会发展计划管理学》荣获财政部优秀教材二等奖。

（二）悉心培养人才辈出

高校里的优秀专业最终应当体现在优秀人才的培养上。自 1953 年专业建立以来，国民经济学专业陆续建立健全了多层次的人才培养体系。1953 年 9 月起开始招收本科生，1983 年，我校国民经济计划专业被国务院批准为全国首批硕士研究生的招生点之一，2001 年，国民经济学获批为湖北省省级重点学科。国民经济学人才培养定位于服务国家发展和社会需要的应用性、战略性和复合型人才，因此，毕业学生大多活跃在各行各业一线。在众多优秀毕业学生中，既有逐步从基层走到领导岗位的领导干部，也有叱咤商场的企业精英。

从专业人才培养的走向来看，培养出来的优秀人才大多集中在政界和商界，这在一定程度上反映出该专业的人才培养规格和特色，也是历史条件使然。在计划经济时代，该专业大部分毕业生按照计划分配去了政府机关和各级计划部门，由于这种职业生涯而使得本系的人才多数成为国家的综合型管理人才。到了市场经济时代，人才市场供求规律开始引导人力资源流向，本专业毕业生在人生舞台上择业比较丰富多彩，改变了过去比较单一的国家机关和企事业单位毕业去向。但是由于学生术有专攻，习得的知识和技能仍然大部分与国民经济如何运行和如何管理相关联，因此职业取向大体与这种知识结构背景有关，社会各界也是以此为准来挑选和任用学生。久而久之，该专业的优秀毕业学生大多成为治国理政精英，或者是工商财经精英，而与理论经济学专业的优秀毕业生大多成为学界大咖相比，形成鲜明特色。这种相对密集的职业生涯体现出了一种专业人才培养特色：作为专门培养社会经济战略型人才的学科专业，本科专业其实是战略人才培养摇篮，硕士研究生专业是战略人才培养温床，博士研究生专业是战略人才培养基地。

四、未来发展展望

我校的国民经济学专业能够在近 70 年的发展历程中，总体状态良好，一直在全国处于领先地位，其主要原因在于以下三大方面：

其一，久负盛名的中南财经政法大学为专业发展提供了有利条件。

其二，教师勤奋敬业，教学科研成果优秀，同时积极参加社会办学活动，为专业建设和发展增强了竞争力和影响力。

其三，学校领导重视和支持，对促进专业的健康发展，至关重要。

国民经济学科进入了 21 世纪的新发展阶段。学科面临各种发展机遇，也需要迎接新的历史性挑战。

中国国民经济学科是伴随着我国经济社会的不断变迁而逐渐成长起来的，有效吸收了西方经济学和政治经济学的基本理论与研究方法，研究对象、研究方法与研究内容多元化趋势明显，具有较高的开放性、本土性和实践性，从而使其呈现出顽强的生命力。但是也应注意到，在当代中国西方经济学日益主流化的背景下，国民经济学发展相对迟缓，甚至存在被边缘化的危险。

为更好推动中国国民经济学科发展，可从以下几方面入手：

一是要处理好国民经济学与马克思主义政治经济学、西方经济学等其他经济学科的关系，处理好本土化与国际化关系。虽然国内学术界对将国民经济学与政治经济学区别看待已基本达成共识，与国外的"国民经济学"也进行了明确的学科分割，即国民经济学名称上存在一定的国外色彩，实际上具有鲜明的中国特色，更倾向于"本土经济学""中国特色应用经济学"。但是，在国民经济学科建设中，既需要坚持运用马克思主义政治经济学理论、立场、观点和方法，使国民经济学科更体现中国经济社会发展情况，又需开放吸收西方经济学理论及经验教训，兼容并包，推动国民经济学理论创新。

　　二是国民经济学研究的核心内容应向更强调宏观特性和中国实际相结合的方向倾斜。既需要稳定国民经济学在国家宏观经济调控、战略规划、国民经济核算等传统领域的优势地位，同时，也要针对新时代中国经济社会发展中出现的一些新问题，如经济发展质量不高、环境污染严重、人口红利消退、产业结构不合理、区域发展不协调等方面，展开深入研究。

　　三是应多方面推动国民经济学科体系建设。进一步从战略层面确立国民经济学科在经济学科体系中的地位，突出国民经济学科作为应用经济学下第一位排序的引领性，制定系统的学科发展规划，规范学科理论体系、框架结构、研究方法；有效整合学科建设资源，构建国民经济学科集群；突出学科建设特色方向；推动国民经济学科人才队伍建设，学术梯队培育，通过多种形式为国民经济学科发展提供人才保证，为国家经济社会发展做出新的重要的贡献。

参 考 文 献

［1］ 江勇：《我和国民经济学专业》，载《国民经济评论》2020 年第 2 期。

［2］ 赵凌云主编：《中南财经政法大学学科学术发展史》，中国财政经济出版社 2003 年版。

［3］ 江勇：《我校的国民经济学专业》，载《思园》2021 年第 1 期。

History of National Economics discipline in Zhongnan University of Economics and Law

—From National Economic Planning Major to National Economics Major (1953 – present)

Zhang Hongwu　　Xie Jing

Abstract：This paper mainly reviews and sorts out the development history of national economics discipline in Zhongnan University of Economics and Law. From the point of view of the historical evolution of the discipline of national economy, this discipline has successively used the national economic planning, national economic management, national economics and other professional names. In 2000, through the integration of educational resources, Zhongnan University of Economics and Law established a complete enrollment and training system for undergraduate, master and doctoral programs in National Economics major. In 2001, national economics was rated as a provincial key discipline. In terms of academic contributions, the Department of National Economics of Zhongnan University of Economics and Law gathers a group of scholars who are full of faith and career pursuit. They have a strong sense of mission of the Times and a rigorous and solid style of study. They attach importance to the combination of theory and practice, and have launched batches of influential scientific research achievements in different times. In recent years, the major of National Economics in Zhongnan University of Economics and Law focuses on high-level graduate education, and strives to cultivate more high-end talents of national economy management to meet the needs of development in the new era.

Keywords：National Economic Planning, National Economic Management, National Economics, History of Discipline

烟台大学国民经济学研究生教育
和学科建设历程回顾

宋 岩 李晓光 *

摘 要：以烟台大学经济管理学院与中国人民大学国民经济管理系合作开办国民经济管理专业在职研究生班为预演，以申报国民经济学二级学科硕士学位授权点为开端，烟台大学国民经济学研究生教育和学科建设经历了初建阶段（2007~2011年）、蓝海阶段（2011~2015年）、转型拓展阶段（2016~2020年），最后，实现了向应用经济学一级学科硕士学位授权点的跃升。

关键词：国民经济学 烟台大学经济管理学院 研究生教育 学科建设

一、烟台大学国民经济学研究生教育之预演和启动

可能许多人没想到，早在20多年前烟台大学就做过一次国民经济学研究生教育的预演。1999年世纪之交，当时的烟台大学经济管理学院顺应高校教师提升自身水平的形势需要，由时任院长乔传福教授与中国人民大学国民经济管理系时任系主任教授刘成瑞老先生协商，合作开办了国民经济管理专业在职研究生班。2000年一批烟台大学的教职工和烟台市的在职管理人员参加了研究生班的学习，其中许多学员已经成长为烟台大学教学科研和中层干部的骨干力量。

虽然在与人大合作的过程中，烟台大学经济管理学院仅是对研究生班的招录运行给予协助和提供教学条件保障，但是，也对开展研究生教育和国民经济管理专业的研究生教学有一定的感性认识及合作办学经验，并为烟大经管学院在烟台市赢得了更高的声誉度。

时光转到2005年，当时烟台大学没有沉浸在上一年教育部高等学校本科教学工作水平评估获得优秀成绩的喜悦之中，而是及时地将工作重点转向了拓展二级学科硕士点和冲击一级学科硕士点的努力拼搏。这一轮硕士点申报动员的热潮，也让我们经管学院倍感紧迫。

学院班子在多次召集教学科研骨干教师讨论之后，确定申报国民经济学二级学科硕士学位授权点。但是，我院老师的科研成果比较分散，偏于微

———————

* 宋岩，（1969~），山东省乳山人，烟台大学经济管理学院院长，教授；李晓光，（1959~），黑龙江省牡丹江人，烟台大学经济管理学院退休教师，教授，曾任烟台大学国民经济学专业硕士研究生指导教师。山东省烟台市264005。

观，感觉所撰写出来的申报材料非常需要有内行专家予以指导修正。

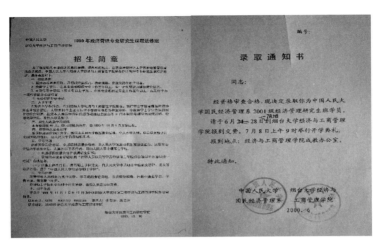

图 1　烟台大学与中国人民大学合作开办国民经济管理专业
在职研究生班的招生简章和录取通知书

2005 年秋季，时任院长乔传福教授出面邀请时任中国人民大学国民经济管理系主任的刘瑞教授来烟台大学给我院师生举办学术讲座，同时也恳请对我院申报国民经济学二级学科硕士学位授权点的相关材料给予审阅和指导。刘教授不辞辛劳，付出了很多心血和劳累，一页一页地审阅申报材料，把原来的成果材料重新分组归类，做了大的结构上的调整和修改，翻新了申报材料的框架和主体内容，对我院申报国民经济学硕士点取得成功起到基础性关键作用，鄙人作为当年的现场见证者没齿难忘。后来，我院又请教了兄弟院校特别是中国宏观经济管理教育学会的许多相关专家学者，获得了很多宝贵意见建议和大力支持，承此厚谊，我院心存感激。

二、烟台大学国民经济学研究生教育
和学科初建阶段（2007~2011 年）

2006 年，我院正式申报国民经济学二级学科硕士学位授权点，并成功获批。然后，我院立刻着手制定《国民经济学专业攻读硕士学位研究生培养方案》，当时主要考虑到要尽量紧贴国民经济学专业的主流内容，设立了如下三个研究方向：

01 经济发展的战略与规划

02 宏观经济调控与区域发展

03 社会经济发展与制度设计

并列入《烟台大学 2007 年硕士研究生招生专业目录》。

2007 年主要考虑到我院国民经济学专业研究生培养必须密切结合山东省、烟台市的经济和社会发展实际，贯彻科学发展社会和谐的理念，以及老师们当时的科研基础和成果，在上报《烟台大学 2008 年硕士研究生招生专业目录》相关材料时，对国民经济学专业研究方向做了调整：

01 地方经济发展与宏观经济政策的协调

02 地方产业经济发展与产业政策

03 社会经济发展与体制改革和制度创新

04 公司制度创新与经济发展

这四个研究方向延续使用到 2010 年发布的《烟台大学 2011 年硕士研究生专业目录》。

从 2007 级至 2011 级国民经济学专业硕士研究生指导教师有乔传福教授、杨欢亮教授、李晓光教授，专业方向的负责分工大致为：乔传福负责地方经济发展与宏观经济政策的协调方向，李晓光负责地方产业经济发展与产业政策方向，杨欢亮负责社会经济发展与体制改革和制度创新方向，乔传福、杨欢亮负责公司制度创新与经济发展。这段时间所培养的研究生硕士学位论文题目基本上都围绕着地方区域经济和产业经济发展的实际开展，部分题目涉及的领域有：山东半岛城市群竞争力、山东省循环经济发展、胶东半岛房地产行业与经济增长、江苏沿海经济一体化、行政垄断与我国行业收入差距等。

2010 年 5 月份，我院承办了中国宏观经济管理教育学会常务理事会暨国民经济学专业学科设置研讨会，学会专家齐聚烟台，讨论了国民经济学学科地位的巩固和提高等课题，也为我院国民经济学研究生教育和学科建设提出了宝贵的指导意见和建议，增添了风采。

图 2　2010 年中国宏观经济管理教育学会常务理事会在烟台大学召开

三、烟台大学国民经济学研究生教育和学科建设的蓝海阶段（2011～2015 年）

2011 年 1 月 4 日，国务院批复《山东半岛蓝色经济区发展规划》，山东的海洋经济和沿海区域经济发展正式列为国家战略，也是山东有史以来第一次获得国家级规划专门支持。纳入蓝色经济区的各地一片欢欣鼓舞，烟台大学还设立了海洋经济研究中心。我院国民经济学专业研究生培养的研究方向也相应地做了一个调整，把原来“地方产业经济发展与产业政策”修改为“蓝色经济发展与产业政策”。2011 年秋季学期发布的《烟台大学 2012 年硕士研究生招生专业目录》所列出的研究方向为：

01 地方经济发展与宏观经济政策的协调

02 蓝色经济发展与产业政策

03 社会经济发展与体制改革和制度创新

04 公司制度创新与经济发展

这些研究方向一直持续到 2015 年。专业目录发布时，专业方向负责分工大致为：李晓光教授、孙志毅副教授负责地方经济发展与宏观经济政策的协调方向，李晓光教授、孙志毅副教授负责蓝色经济发展与产业政策，杨欢亮教授负责社会经济发展与体制改革和制度创新方向，杨欢亮教授负责公司制度创新与经济发展方向。

2011 年秋季学期，烟台大学组织部署研究生培养方案修订工作，根据山东半岛蓝色经济区建设的形势需求，烟台大学经济管理学院在 2011 版的《国民经济学专业攻读硕士学位研究生培养方案》增设了相关的选修课，比如，“海洋经济与管理专题”“蓝色经济发展专题”“交通经济与区域发展专题”“资源与环境经济学专题”等。研究生毕业时的硕士学位论文有相当多的题目涉及山东半岛蓝色经济发展，比如，烟台临港主导产业发展、烟台市海洋产业态势与发展、烟台城市旅游竞争力、渤海环境污染及其治理、山东半岛海洋渔业发展、山东半岛蓝色经济区陆海产业联动发展、发展铁路交通产业推进新型城镇化建设等。

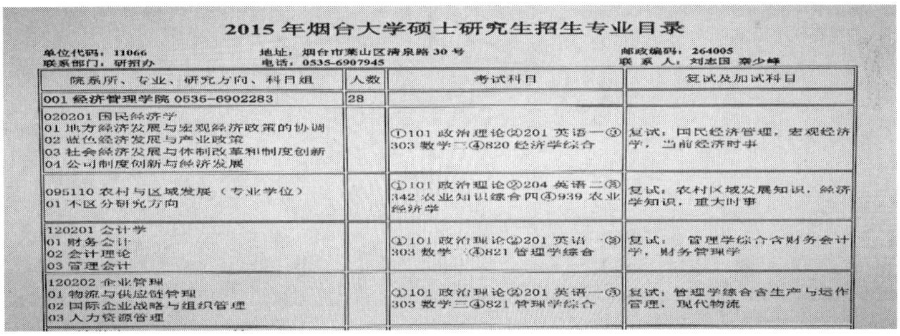
2015 年烟台大学硕士研究生招生专业目录

单位代码：11066　地址：烟台市莱山区清泉路 30 号　邮政编码：264005

联系部门：研招办　电话：0535-6907945　联 系 人：刘志国 秦少峰

院系所、专业、研究方向、科目组	人数	考试科目	复试及加试科目
001 经济管理学院 0535-6902283	28		
020201 国民经济学 01 地方经济发展与宏观经济政策的协调 02 蓝色经济发展与产业政策 03 社会经济发展与体制改革和制度创新 04 公司制度创新与经济发展		①101 政治理论②201 英语一③303 数学三④820 经济学综合	复试：国民经济管理，宏观经济学，当前经济时事
095110 农村与区域发展（专业学位） 01 不区分研究方向		①101 政治理论②204 英语二③342 农业知识综合四④939 农业经济学	复试：农村区域发展知识，经济学知识，重大时事
120201 会计学 01 财务会计 02 会计理论 03 管理会计		①101 政治理论②201 英语一③303 数学三④821 管理学综合	复试：管理学综合含财务会计学，财务管理学
120202 企业管理 01 物流与供应链管理 02 国际企业战略与组织管理 03 人力资源管理		①101 政治理论②201 英语一③303 数学三④821 管理学综合	复试：管理学综合含生产与运作管理，现代物流

图 3　2015 年烟台大学国民经济学专业硕士研究生招生信息

我院老师们积极响应山东省政府的号召，投入山东半岛蓝色经济区建设发展的研究，获得了一批省级课题立项和山东省蓝黄“两区”建设重大课题研究立项，取得了一批相关研究成果的优秀奖项。

2012 级国民经济学专业硕士研究生指导教师增加了孙志毅副教授（2014

年升正教授）和侯国栋副教授；2014 级国民经济学硕士研究生指导教师增加了崔占峰副教授（2015 年升正教授）；2015 级增加了曲延芬副教授和张益丰副教授（现为南京林业大学教授）。

四、烟台大学国民经济学研究生教育和学科建设转型拓展阶段（2016～2020 年）

　　面对我国经济发展的新常态，2015 年国家提出了供给侧结构性改革的战略决策，为了适应新的经济社会发展形势，烟台大学国民经济学专业研究生培养的研究方向做出了适当调整，2015 年秋季发布的《烟台大学 2016 年硕士研究生招生专业目录》所列出的研究方向为：

　　01 宏观经济政策与地方经济发展

　　02 区域经济与城乡一体化

　　03 经济统计与金融分析

这些研究方向一直持续到 2020 年。

　　为了落实国务院学位委员会、教育部关于《学位授权点合格评估办法》和《关于开展学位授权点合格评估工作的通知》的要求，按照烟台大学的统一部署，我院于 2016 年和 2018 年先后两次组织对国民经济学二级学科硕士学位授权点进行合格评估。其中，2018 年 7 月我院邀请国务院学位委员会学科评议组成员、辽宁大学经济学院博士生导师林木西教授，中国宏观经济管理教育学会会长、中国人民大学经济学院博士生导师刘瑞教授等国民经济学领域专家学者进校现场评估，给出了诊断性评议意见及改进建议，为我院国民经济学研究生教育和学科建设日后的转型拓展，聚力提升提出了指导性建议。

图 4　2018 年 7 月烟台大学国民经济学二级学科硕士学位授权点合格评估

　　2016 级国民经济学专业硕士研究生指导教师增加了于光辉教授；2017 级增加了王君美副教授；2019 级增加了秦昌才副教授；2020 级增加了彭徽副教授（2023 年升正教授）。

　　烟台大学经济管理学院国民经济学专业硕士研究生教学任课教师还有李

艳丽副教授（曾任学院研究生秘书）、李勇副教授、李强副教授、王少瑾副教授、施嘉岳副教授。

图 5　2018 年 5 月烟台大学国民经济学专业研究生硕士学位论文答辩

五、烟台大学实现向应用经济学一级学科硕士学位授权点的跃升

随着国家高质量发展理念和双循环新发展格局战略部署的推进，拓宽学科领域，提升人才培养档次，已成为研究生教育的紧迫需求。烟台大学经济管理学院抓住机遇，整合力量，搭建平台，宋岩院长领导部署，组织申报，张广毅书记大力支持，孙志毅教授、崔占峰教授以及投资学系和国际经济与贸易系乃至全院教职工积极配合，鼎力合作，于 2021 年 10 月成功获批"应用经济学"一级学科硕士学位授予权。

2022 年 9 月发布的《烟台大学 2023 年硕士研究生招生专业目录》明确了我院"应用经济学"一级学科硕士研究生培养的研究方向为：

01（全日制）城乡经济与区域发展

02（全日制）贸易投资与经济增长

03（全日制）绿色发展与金融运行

图 6　2023 年烟台大学应用经济学一级学科硕士研究生招生信息

烟台大学经济管理学院经济学领域的成长得益于 20 多年来国民经济学学科建设形成的基础和发展空间，与各兄弟院校和中国宏观经济管理教育学会各位领导和专家学者长期的关爱指导和真诚帮助密不可分。"桐花万里丹山路，雏凤清于老凤声"，期待烟台大学"应用经济学"一级学科继续得到业内专家学者们和学会的大力支持，吸纳了众多新生力量的烟大经济管理学院一定会继续积极参与和支持学会活动，激励后辈，奋发努力，奔赴如花似锦的大好前程。

A Review of the Graduate Education and Discipline Construction of National Economics at Yantai University

Song Yan   Li Xiaoguang

Abstract：Taking the collaboration between the School of Economics and Business Administration of Yantai University and the Department of National Economic Management of Renmin University of China to establish an in-service graduate program in the field of national economic management as a rehearsal, starting with the application for a second level master's degree authorization point in national economics, the graduate education and discipline construction of national economics at Yantai University have gone through the initial construction stage (2007 – 2011), blue ocean stage (2011 – 2015), transformation and expansion stage (2016 – 2020), and finally, We have achieved a leap towards granting master's degrees in applied economics as a first level discipline.

Keywords：National Economics；School of Economics and Management，Yantai University；Graduate Education；Discipline Construction

云南民族大学国民经济管理专业发展简况[*]

聂顺江　　熊云飚　　蒋益民

摘　要: 云南民族大学 (原名云南民族学院) 1977 年开始招收经济管理专业本科生,1987 年又在国民经济计划与管理硕士点招收国民经济宏观调控研究方向的硕士研究生。经过 10 多年的建设和发展,1993 年在经济管理本科专业正式招收国民经济管理方向的本科生。但根据 1998 年的《普通高等学校本科专业目录》,学校原有经济管理本科专业被撤销,国民经济管理教育失去存在的学术和制度基础。学校结合学校自身情况,1999 年开始将国民经济管理人才培养转移到国民经济学硕士点,并建成了国民经济学省级重点学科。

关键词: 云南民族大学　国民经济管理　专业发展

一、国民经济管理专门人才培养概述

云南民族大学是一所培养各民族高级专业人才的综合性大学,是教育部、国家民族事务委员会与云南省人民政府共建的省属重点大学。学校创建于 1951 年 8 月 1 日,原名云南民族学院,是中华人民共和国最早成立的民族高等院校之一,2003 年 4 月更名为云南民族大学。建校以来,学校始终受到党和国家领导人的高度重视和亲切关怀。党和国家领导人毛泽东、刘少奇、朱德、邓小平、江泽民、胡锦涛、习近平接见过我校师生代表;周恩来、彭德怀、陈毅、班禅额尔德尼·确吉坚赞、李岚清、李铁映、司马义·艾买提等亲临学校视察,关心各族师生的成长进步和学校的建设发展。学校首任正副院长由云南省人民政府副主席周保中和张冲两位将军担任。自建校以来,经过 70 多年的发展,学校已经形成涵盖哲学、经济学、法学、教育学、文学、历史学、理学、工学、管理学、艺术学 10 个学科门类的学科专业体系,包含 2 个一级学科博士点、16 个一级学科硕士点、16 个专业硕士点和 76 个本科专业。

早在 1977 年我校就开始高层次经济管理专业人才的培养,并在当时的经济管理本科专业设置了国民经济管理方向招收和培养本科生;1979 年经批准招收了政治经济学研究生班研究生,1986 年正式获得国民经济计划与管理

---

* 本文在写作过程中查阅了相关档案文献,但由于时间跨度较长,数据资料不全,如有错漏,还请批评指正。

硕士点，并于当年招生，1997 年调整为国民经济学硕士点；2011 年获得应用经济学一级学科硕士点。1999 年新建经济学本科专业招生，经济管理专业本科停办，下设的国民经济管理方向也停止招收本科生。此外，1993～2005 年的 13 年，还招收了乡镇企业管理、边境贸易管理和电算会计等不同专业方向的经济管理专科生。

二、国民经济管理专门人才的培养历程

（一）国民经济管理专业基础奠定阶段（1977～1982 年）

经济管理系设立于 1977 年，当时仅设有经济管理一个本科专业。由于专业面向既有宏观经济管理部门，又有微观经济组织，而且专业教师的学术背景也较为分散，因而人才培养目标的设定同时兼顾了宏观经济部门和微观经济组织的管理需要，没有设置专业方向。与培养目标相适应，课程设置中既有国民经济学、发展经济学、区域经济学、农业经济、财政学、货币银行学等偏重于宏观经济管理的课程，也有企业管理、市场营销、会计原理、工业会计、审计学、工业生产技术基础等偏重于微观经济管理的课程。

这一阶段，共计招收了经济管理本科专业学生 167 人。此外，还于 1979 年根据当时的规定，经特殊批准招收了政治经济学研究生班研究生 2 人，1981 年 2 人顺利毕业。爱新觉罗·恒顺毕业后留校任教，后来担任了经济管理系副主任，并被遴选为国民经济计划与管理硕士生导师；王筑生毕业后到云南省民族研究所工作，后到美国纽约大学石溪分校继续学习，1991 年获得博士学位后在伊利诺伊大学香槟分校工作，1993 年回国，分别在中央民族大学、云南民族大学和云南大学工作，领头申报了云南大学民族学硕士点和博士点，为云南大学民族学学科的建设做出了贡献。

应该说，不管是国民经济计划学还是国民经济管理学，当时仍然具有良好的外部发展环境，主要原因是指令性的国民经济计划仍然是国家宏观管理的重要手段，国有微观经济组织的管理也还有极强的计划性，而且国民经济计划学和国民经济管理学两个专业均是原国家教委的普通高等学校本科专业目录内专业，1991 年还有国内高校分别申请获准了国民经济计划学本科专业和国民经济管理学本科专业。但由于当时我校经济管理专业处于初建时期，基础比较薄弱，经济管理专任教师严重短缺，相当部分教师都是从企业"挖"来的，严格地说，还不完全具备国民经济管理学专业或国民经济计划学专业的开办条件，但培养宏观经济管理专门人才的初衷一直没有放弃过。

（二）国民经济管理专业课程集中阶段（1983～1989 年）

随着 1983 年经济管理专科的招生，以及乡镇企业管理、边境贸易管理

等专业方向的陆续开班，微观经济管理课程的数量和课时有了大量的增加，一方面解决了微观经济管理课程相关教师课时量不足的问题，经济管理专业宏观经济管理相关课程的课时不再被"挤占"；另一方面使微观经济管理课程任课教师转移到了专科人才的培养上来，为宏观经济管理课程的开设腾出了空间。另外，1986 年国民经济计划与管理硕士点获准设立，极大地促进了经济管理专业人才培养目标的转变，服务进一步偏向宏观经济管理部门，并逐步开设了劳动经济学、国民经济统计学、西方经济学流派等课程，还促进了相关课程教学水平的提高。

此阶段招收国民经济计划与管理硕士研究生 7 人，研究生班研究生 15 人，遴选了徐敬君教授、孙绍湘教授和张成娴教授 3 位教师为首批硕士研究生导师。招收经济管理本科生 389 人，经济管理专科生 209 人。首位硕士研究生汝莹于 1989 年毕业。汝莹毕业后长期任教于四川大学，任会计与金融系教授，硕士生导师，中国高教公共关系学会理事，四川省城市经济学会理事等，一直从事金融学、财务管理、会计学等专业教学科研工作。

这一时期，国家宏观经济政策已经逐渐发生了变化。1982 年 9 月中共十二大会议提出了"计划经济为主，市场调节为辅"的原则；1984 年 10 月十二届三中全会进一步明确，中国经济改革的目标是建立"社会主义有计划商品经济"；1987 年 10 月中共十三大明确提出要运用计划调节和市场调节两种手段，逐步建立"国家调节市场，市场引导企业"的机制。这些变化给我校国民经济计划学或国民经济管理学的专业设置和人才培养带来困难，也给刚刚获得的国民经济计划与管理硕士点的研究方向设置带来了挑战。经过讨论最终根据导师的专业背景设置了国民经济宏观调控、企业管理和市场营销三个方向，在研究生阶段也延续了宏观管理和微观管理相结合的特色。

（三）国民经济管理专业方向设置阶段（1990～1998 年）

1993 年，原国家教委印发了《普通高等学校本科专业目录》，根据这一目录，经济学类专业下设了国民经济管理本科专业。虽然这时候设置国民经济管理本科专业的外部环境已经发生了较大变化，但我校开展宏观经济管理人才培养的初衷始终没有变化。在学校各有关部门的大力支持下，从 1993 年开始，在经济管理本科专业设置了国民经济管理专业方向。在满足经济管理本科专业基本要求的前提下，按照国民经济管理专业的要求培养本科生，当年招收一个班 50 人。另外，还在经济管理本科专业同时设置了财政金融方向，按照同样的处理方法招收和培养财政金融方面的专门人才。从 1990 年到 1998 年的 9 年间，共招收经济管理专业本科生 685 人，其中，国民经济管理方向招收了 309 人。

1997 年，我校设置了劳动经济学本科专业，是经济管理系的第二个经济学类本科专业，但存在的时间不长。教育部 1998 年颁布的《普通高等学校本科专业目录》将原经济学、国民经济管理、工业经济及劳动经济（部分）专业等本科专业统一合并成了经济学本科专业，国民经济管理已经成了目录外专业，设立的条件有所提高。国内除了少数几所大学以外，其他学校也不再保留国民经济管理本科专业。

在学校的支持下，学院 1998 年申请并获准国民经济学为省级重点学科。根据教育部 1998 年颁布的《普通高等学校本科专业目录》及其新旧专业对照表，1999 年对劳动经济学本科专业进行了分拆，将劳动经济学（宏观部分）整合为经济学本科专业，将劳动经济学（微观部分）整合为人力资源管理专业。至此，我校经济管理专业也不再招收本科专业学生。

在此期间，国民经济计划与管理（1997 年改为国民经济学）硕士研究生招收 96 人。增补了刘家贵教授、孙国昌教授、茶洪旺教授、和云教授、吴兰仙教授、徐永林教授、爱新觉罗·恒顺副教授、施金寿副教授等多位教师为该硕士点研究生导师。

（四）集中培养国民经济学研究生阶段（1999 年至今）

经过 1999 年的专业整合，我校经济管理系拥有了经济学、人力资源管理两个本科专业和国民经济学一个硕士点，其中国民经济学为省级重点学科。2002 年学校以此为基础成立了经济与工商管理学院，学院设置后发展很快，分别于 2002 年、2004 年和 2006 年连续申报并获准设立了财务管理、工商管理和会计学 3 个本科专业，2003 年申报并获准设立了区域经济学、劳动经济学、会计学和企业管理四个硕士点，2006 年申报获准了金融学硕士点。此时，经济与工商管理学院已经拥有了经济学、工商管理、会计学、财务管理和人力资源管理五个本科专业和国民经济学、区域经济学、金融学、劳动经济学、会计学、企业管理 6 个硕士点，并拥有国民经济学省级重点建设学科。

为了进一步推动国民经济学学科的发展，加强国民经济学省级重点学科的建设，在中国人民大学、云南省教育厅和学校的大力支持下，国民经济学于 2001 年顺利成为我校与中国人民大学合作共建学科，此后，中国人民大学为我校培养了 4 名国民经济学专业的博士，目前大多已经担任学院领导，成为学科专业发展的中坚力量；中国人民大学还安排多位教师为我校国民经济学硕士点讲授部分课程，极大地提高了我校国民经济学研究生的培养质量。在重点学科建设期间，中国人民大学刘瑞教授、刘起运教授、陈璋教授、武少俊教授，华中科技大学张培刚教授，武汉大学谭崇台教授，中国社科院宋养琰教授等知名专家来我校开展讲座、传经送宝，开阔了师生的眼界，有力推动了我校国民经济学科的建设和发展。

由于经济与工商管理学院的学科专业涵盖了经济学和管理两大学科门类，而且学院规模也比较大，给管理带来了一定的难度。考虑到经济与工商管理学科发展的实际，2006 年学校以经济学本科专业和国民经济学、区域经济学、劳动经济学和金融学硕士点为基础，成立了经济学院，经济学的学科专业走上独立发展的道路。2011 年获得了应用经济学一级学科硕士点，并在此基础上陆续设置了国际贸易学、数量经济学、国防经济学等二级学科。虽然教育部 2012 年和 2023 年颁布的《普通高等学校本科专业目录》都又将国民经济管理专业从目录外专业作为特设专业纳入本科专业目录内，但设置国民经济管理本科专业的内外条件已经不容易达到，学校便将国民经济学专门人才的培养放在了硕士研究生层面上。

从 1999 年到 2023 年的 25 年间，我校国民经济学硕士点（原国民经济计划与管理硕士点）所属市场经济与宏观调控、宏观经济运行与调控研究、产业政策与产业结构研究、民族地区经济发展与实现共同富裕研究等研究方向累计招收和培养研究生 520 余人。

三、国民经济管理专门人才的未来展望

虽然我们始终认为国民经济管理高层次管理人才的培养在任何时候都具有重要的意义，但由于 1998 年教育部的《普通高等学校本科专业目录》在事实上撤销了国民经济学专业（并入了经济学专业），即便要设置该专业，也只能作为目录外专业处理，申报目录外专业的条件和程序一般都比较复杂。虽然后来又纳入了本科专业目录，但作为特设专业处理，在申报和建设方面都有一定的不便之处。另外，国务院学位办在 2018 年之后的《授予博士、硕士学位和培养研究生的学科、专业目录》也已经没有二级学科的设置，国民经济学二级学科硕士点在目录内也已经不存在。

不过，国民经济管理本科专业申报的大门并没有关闭，只要社会有需要，学校有条件，每年都可以按照特设专业申报设置。另外，根据二级学科硕士点自主设置的现行规定，在应用经济学一级学科之下仍然设置国民经济学二级学科的做法得到了普遍的认可，新一轮研究生专业目录的相关调整和归并涉及的主要是上一级目录，对此不应当有太大的影响。根据这一实际，我校将在强化经济学本科专业建设的基础上，进一步加大国民经济学硕士点的建设力度，积极推进国民经济管理理论与地方经济管理现实问题的结合，采用国民经济学的相关方法分析解决地方现实经济问题；进一步设法引进高层次人才，夯实国民经济学高层次人才培养的基础条件，进一步提升人才培养的质量、科学研究的能力和社会服务的水平。

参 考 文 献

[1]　张俊等：《地方性院校国民经济管理专业应用型人才培养的研究》，载《吉林工商学院学报》2013 年第 6 期。

［2］林蕙青:《实施新本科专业目录　扎实提升高等教育质量》, 载《中国高等教育》
　　2013 年第 3 期。

［3］任兴祥等:《本科专业目录调整与招生专业的关系》, 载《宁波大学学报 (教育科学
　　版)》1999 年第 4 期。

［4］教育部:《普通高等学校本科专业目录 (2023)》, 2023 年 4 月。

［5］教育部:《普通高等学校本科专业目录 (2012)》, 2012 年 9 月。

［6］教育部:《普通高等学校本科专业目录 (1998)》, 1998 年 7 月。

［7］国家教委:《普通高等学校本科专业目录 (1993)》, 1993 年 7 月。

［8］云南民族大学校友会秘书处:《云南民族大学云南民族大学校友录 (1951—2011)》,
　　2011 年 9 月。

Introduction to Development of the National Economy Management Program in Yunnan Minzu University

Nie Shunjiang　　Xiong Yunbiao　　Jiang Yimin

Abstract: Yunnan Minzu University started enrolling students in the undergraduate program of Economic Management in 1977 and enrolling students focusing on the field of macroeconomic regulation in the master's degree program of National Economy Planning and Management in 1987. After more than ten years of development, the university started recruiting undergraduate students majoring in the field of national economy management in the undergraduate program of Economic Management in 1993. However, according to the "Directory of Undergraduate Programs in General Higher Education Institutions" in 1998, the university's original undergraduate program in Economic Management was revoked, leading to the loss of the academic and institutional basis for national economy management education. In response to the situation, the university began transferring the training of national economy management professionals to the master's degree program of National Economics in 1999 and made the program a provincial key discipline.

Keywords: Yunnan Minzu University, National Economy Management, Program History

德国国民经济学及其高教特色浅谈

李晓光[*]

摘　要：德语单词 Volkswirtschaftslehre 和 Nationalökonomie 都用于代表经济学科整体称谓，分别等价地对应于英美的 Political Economy（重商学派、古典学派和新古典学派时期）和 Economics（现当代时期），又因为它们内含的德语区经济思想和理论特色以及复合词分解成分的语源含义，可翻译为国民经济学。德国国民经济学思想内容有五大特色：（1）财库国政学时期的国民经济学；（2）德国历史学派国民经济学；（3）德国规秩自由主义国民经济学（弗莱堡学派）；（4）德国社会政策；（5）德国社会市场经济国民经济学。接着进行德国国民经济学高校专业设置特色的案例探讨：莱比锡大学、汉堡大学；国民经济学专业特色课程设置案例探讨：弗莱堡大学、科隆大学。最后，对中德国民经济学做简单比较。

关键词：国民经济学　专业设置特色　特色课程设置　Volkswirtschaftslehre　德国

一、关于国民经济学称谓之讨论

德语有两个单词与汉语的国民经济学很相近，即 Volkswirtschaftslehre 和 Nationalökonomie。单词 Volkswirtschaftslehre 是德语本土词汇，可分解为三个部分：（1）Volk，意思是大众、国民、人民；（2）wirtschaft，意思是经济，两部分合起来得到 Volkswirtschaft，《德汉词典》译为国民经济（杨业治等，1987），英国《柯林斯词典》德译英在线网页译为 national economy[2]；（3）lehre 有学说、理论、教育、讲课等含义；三个部分合起来得到 Volkswirtschaftslehre，比较权威的德语词典《杜登词典》在线网页解释为 Bedeutung：Wissenschaft, Lehre von der Volkswirtschaft，即含义：关于国民经济的科学、学科、学说、理论[3]。所以，无论字面上，还是逻辑上都可译为国民经济学。

单词 Nationalökonomie 分为两个部分：（1）National，意思是民族的、国民的、国家的、全国的，来源于拉丁语；（2）Ökonomie，意思是经济、经济

---

　*　李晓光（1959~），男，黑龙江省牡丹江人，教授，烟台理工学院经济管理学院，研究方向：国民经济学、区域经济政策。

学，来源于希腊语。合起来的单词 Nationalökonomie，《杜登词典》说其等于 Volkswirtschaftslehre，即国民经济学[4]。德语区学术界经常使用这两个单词作为经济学科的整体称谓。

从法国早期重商主义学者安托万·蒙特克雷蒂安（Antoyne de Montchrétien）1615 年的《政治经济学论著，于 1615 年献给国王和王太后》（Traité de l'oeconomie politique, dediéen 1615 au roy et à la reyne mere du roy）[5]到英国重商学派的詹姆斯·斯图尔特（James Steuart）之《政治经济学原理探究》（Inquiry into the Principles of Political Economy, 1767）[6]，又到古典自由学派杰里米·边沁的《政治经济学手册》（Manual of Political Economy, 1790 – 1795）[7]，再到新古典学派的威廉·杰文斯的《政治经济学理论》（The Theory of Political Economy, 1871）[8]、里昂·瓦尔拉斯的《纯政治经济学基本理论；或社会财富理论》（Éléments d'économie politique pure；ou, Théorie de la richesse sociale, 1874）[9]、维尔弗雷多·帕累托的《政治经济学指引》（Manuale d'economia politica, 1906）[10]，英法学术界 250 余年来经济学科整体称谓一直是政治经济学（political economy）。直到阿尔弗雷德·马歇尔（Alfred Marshall）1890 年出版著作《经济学原理》（Principles of Economics）[11]第一次推出"经济学"（economics）这个词汇，英美法学术界乃逐渐接受其作为经济学科的整体称谓，而政治经济学则降为一个学科分支的称谓。

德语区学术界最早使用"Nationalökonomie"作为经济学科整体称谓的著作是尤利乌斯·索丹（Julius Soden）1805 年出版的《国民经济学：对国民财富来源及其输运手段的哲学探讨》（Die National – Oekonomie：ein philosophischer Versuchüber die Quellen des Nationalreichtumsund überdie Mittel zudessen Berförderung）[12]。最早使用"Volkswirtschaftslehre"作为学科整体称谓的著作是卡尔·劳（Karl Rau）1826 年出版的《国民经济学基本原理》（Grundsätze der Volkswirtschaftslehre）[13]。最早直接使用"Politischen Ökonomie"的著作是弗里德里希·韦伯（Friedrich Weber）1813 年出版的《政治经济学教程》（Lehrbuch der Politischen Oekonomie）[14]，比大卫·李嘉图的《政治经济学及赋税原理》还早 4 年。还有 1841 年德国经济学历史学派先驱者弗里德里希·李斯特（Friedrich List）出版的《政治经济学的国民体系》（Das Nationale System der Politischen Ökonomie）也影响深远[15]。此后很长时间里德语区经济学界在表达学科总体称谓时，若所论对象处于新古典及更早时期（对应于 Political Economy），则主要使用 Volkswirtschaftslehre、Nationalökonomie 和 politischen Ökonomie；在所论对象处于近现代时期（对应于 Economics），则主要使用 Volkswirtschaftslehre 和 Nationalökonomie。20 世纪 90 年代后期以来，许多人在使用 Wirtschaftswissenschaft 这个单词，意思是经济科学，经济学，《柯林斯词典》德译英在线网页译为 Economics[16]。现在

当所论对象明确为政治经济学时才可能使用 politischen Ökonomie。

正是由于学科总体称谓上的实际用法，德译英词典"Linguee"把 Volkswirtschafts-lehre 对应于 economics（经济学）、macroeconomics（宏观经济学）和 political economy（政治经济学），《德汉词典》更翻译为（资产经济的）政治经济学；把 Nationalökonomie 对应于 economics、national economy（国民经济）和 political economy[17]。如此用意下，把 Volkswirtschaftslehre 和 Nationalökonomie 做这种对应或翻译没有错，但是，这并不意味着德国学者研究写作和讲授的经济学（Volkswirtschaftslehre 或 Nationalökonomie）就等同于英法美的经济学或政治经济学（economics 或 political economy），相反，自重商主义早期以降 400 年来，德语区经济学研究和教育教学一直具有自己的来源和自己的特色，与英法美有明显差异。正是这些内涵的差异和差异的历史持续使得德语区学者大量且主要地使用 Volkswirtschaftslehre 或 Nationalökonomie 这两个词汇，以阐述和论述具有自身特色的德国经济学科，而不是单一地使用 politischen Ökonomie 这个词汇。为了明确地突出和显示德国经济学科的特色和特点，把 Volkswirtschaftslehre 和 Nationalökonomie 翻译为国民经济学是符合德国经济学实际的，也是符合语言学逻辑的，并将此译法和用法作为后续行文探讨的约定。

二、德国国民经济学思想理论特色及其历史发端背景

（一）德语区国民经济学源头——财库国政学特色简述

与英法重商主义（mercantilism）时期和思想大致相对应的是德语区的财库国政学，即 Kameralismus，该单词词典上翻译为（重商主义）财政学，国内有人非正式地称之为宫房主义，因为该单词与王侯的宫廷或财库 Kammer 有关。财库国政学文献最早可上溯到曾任萨克森大公国司法官的梅尔基奥尔·冯·奥赛（Melchiors von Osse）1556 年写出的《致萨克森选帝侯奥古斯托大公的政治遗嘱》（Testament gegen Hertzog Augusto Churfürstenzu Sachsen）[18]，它阐述了建立笃信上帝的智慧的理性的合乎天道法理的行政和司法所需的四大智慧学问，即军事、卓越、经济和政治等才智和能力的学问，完整地描述了关于人口政策、经济活动、教育事业、军事、司法、内部管理等多方面相互联系的国家治理行为。

另一个财库国政学早期主要人物乔治·欧伯莱希特（Georg Obrecht）1606 年出版《政治思考与讨论：地区和人民状况的改善，校准政策优化，优先考虑摄政者与君王的年收入和满足感之低成本增加和有益支出的扩大》（Politisch Bedencken und Discurs, von Verbesserung Land und Leut, Anrichtung gutter Policey, und vornehmlich von nutzlicher Erledigung grosser Ausgabenund billicher Vermehrung eines jeden Regenten und Oberherren jährlichen gefählen und einkommen)[19]，他去世后的 1617 年又整理出版了《五个不同的政治秘要》（Fünff underschiedliche Secreta Politica）[20]。欧伯莱希特 1575 年担任斯特拉斯堡大学法学教授，1593 年任校长，1604 年担任奥地利大公、波希米亚国王、匈牙利与克罗地亚国王、神圣罗马帝国皇帝鲁道夫二世的法律顾问。欧伯莱希特利用自己的职位为创建和发展财库国政学做了大量工作，除了研究如何维护和扩大王侯财库、有效进行国家的区域管理、财政管理，还研究人口统计情况、火灾保险情况，提出建立国家儿童保险制度扩大财政融资渠道的设想。为了使用财库国政学来培训合格的国家管理人员，又研究吸纳及综合了法律和法学、财政学、国民经济学、名称为"警察学"（Polizei-wissenschaften）的国家管理学，甚至还有农业和工商业生产的技术等。所以，这个 Kameralismus 并不是英美重商主义的德语区变体，而是以提高封建领主国家收入为主要目的，支持经济发展，同时促进人间幸福和臣民福利的汇集综合学科的财库国政学。

英法重商学派最早的著作是法国人让·博丹（Jean Bodin）1568 年出版的《回应马莱斯特瓦悖论》（La Response de maistre Jean Bodinadvocaten la Cour au paradoxe de M. de Malestroit touchant renchérissement de toutes choses et le moyend'yremédier, Paris, Martin Le Jeune, 1568）[21]，论述了贵金属大量流入欧洲造成整体物价上涨的现象，反驳了"贵金属是市场价值的真实公平的判定标准"的错误观点，讨论了自由贸易和出口的益处，指出了不顾市场规律由皇家敕令设定货币价值的谬误。

比较而言，德语区的财库国政学（Kameralismus）的学术著作时间上要至少不晚于英法重商学派，但是研究的内容宏大且全面也比较深入，还独具自己的风格，其原因在于德语区还处于封建诸侯分散治理的特殊状态。

从 1556 年到历史学派出现之前，德语区早期经济学的主流就是财库国政学思想，只是后来出现了"国政学"的称谓（Staatswissenschaft，也可叫国家学）。比如，克里斯钦·佛斯（Christian Voss）等 1796 年出版《一般国政学手册》（Handbuch der allgemeinen Staatswissenschaft）共 6 册，它并不是完全纯粹的政治学书籍，其中第三册的标题为 "Th. Politik. Theoretischer Theil. 2bd. Staatswirthschaftslehre. Cameralfinazlehre"其中出现"国家经济学"（Staatswirthschaftslehre）和"国库财政学"（Cameralfinazlehre）的字样[22]。这说明"国政学"是高度综合的学科，既有国家政治国家管理的内容，又有国家经济国民经济的内容。再后来又出现"国民经济学"（Nationalökonomie 1805[23]，Volkswirtschaftslehre 1826[24]）的称谓，当时都包含着浓厚财库国政学的气息和内容，这形成了德语区初期国民经济学的独特风格。

当然，英国重商主义政策及其世界影响超过德语区，那是因为后来发生了"光荣革命"，颁布"权利法案"以及更后来的大机器生产工业革命等，再配以重商政策，使得经济快速增长，殖民地贸易繁荣，势力范围遍及全球。

（二）德国经济学历史学派国民经济学特色简单回顾

德国经济学历史学派产生于英国经济繁荣古典经济学派兴旺之时，表现出与之分庭抗礼的国民经济学特色，其开端可追溯到先驱者弗里德里希·李斯特于 1827 年出版的《美国政治经济学大纲》（Outline of American Political Economy）[25]和 1841 年出版的代表作《政治经济学的国民体系》。后者阐述了工业化强国与工业弱国之间现实经济关系状况与古典经济学派世界经济观论点的差别与冲突，提倡落后国家要利用贸易保护政策，维护和支持自己的幼稚产业发展。

德国经济学历史学派早期主要人物威廉·罗舍尔（Wilhelm Roscher，1817–1894）于 1843 年出版的著作《国家经济教程概论：依循历史方法》（Grundriß Zu Vorlesungen Über Die Staatswirtschaft：Nachgeschichtlicher Methode）[26]可以看作经济学历史学派正式的开山之作，这里 Staatswirtschaft 可译为社会化较高的国民经济，或者国家经济，书中确立了实证研究而非规范研究的历史研究方法论。1854~1894 年出版五卷本的系列著作《国民经济体系》（System der Volkswirtschaft）构想了历史演化的循环式阶段论，其中第一卷《国民经济学基础》（Die Grundlagen der Nationalökonomieenthaltend，1854）[27]还被翻译成英文版，书名为《政治经济学原理》。

德国经济历史学派中期主要人物古斯塔夫·冯·施穆勒（Gustav von Schmoller，1838–1917）与其他同道在 1872 年组建了"社会政策协会"（Verein für Sozialpolitik）[28]，积极研讨德国的社会经济政策；于 1900 年出版了《一般国民经济学概论》（Grundriß der Allgemeinen Volkswirtschaftslehre）[29]，探讨了国民经济和社会的本质上的心理、道德习俗和法律基础，讨论了国民经济学的学术文献和方法的历史发展，把土地、人员（劳工）、技术等经济要素看作是国民经济的普遍表象来加以研讨，还分析了国民经济的历史状态、主要功能机构以及它们的生成的起因。

德国经济历史学派后期最著名的人物当属马克斯·韦伯（Max Weber，1864–1920），其主要著作《新教伦理与资本主义精神》《经济与社会》早已举世闻名。在其身后出版的《社会科学方法论》（The Methodology of the Social Sciences，1949）一书中[30]，韦伯认为，经济学应该是一门很广阔的科学或学科，它不仅要涵盖经济现象，还要包含那些可能影响经济的非经济现象［称为"经济相关现象"（economically relevant phenomena）］，还应该包括那些受到经济现象影响的非经济现象［称为"经济为条件现象"（economically conditioned phenomena）］，充分地表现了德国经济学历史学派的包罗万象、宏大叙事的志趣和风格。历史学派在德国流行的时期有很强的与英法古典和新古典学说分庭抗礼的味道，他们不认可把经济活动和现象作为自然物体，切断其历史文化社会政治的诸多联系，而孤立地观察其变化和运动，并提取出普遍适用的经济规律，这种分析研究方法；不赞成自由竞争的市场经济学说，提倡国家干预和发展经济的政策和调控平衡的政策。这段时期德国学术界和高等教育界里流行的国民经济学也自然具有浓重的历史学派色彩。

但是，历史学派的理论光环并没能给一战时期的德国带来好运，也无法解释当时德国超级通货膨胀等糟糕局面，后来还陷入了纳粹泥潭。面对惨烈的现实，一些居住在弗莱堡附近的德国学者深入思考，另辟新途，开创了德国国民经济学新的学派。

（三）弗莱堡经济学派及规秩自由主义思想发端简述

20 世纪 30 年代初，德国阿尔伯特—路德维希弗莱堡大学（Albert - Lud-wigs - Universität Freiburg）聚集了一批志趣相近的经济学和法学学者，形成了弗莱堡学派，发展出规秩自由主义思想（Ordoliberalismus）。以沃尔特·奥伊肯教授（Walter Eucken）1932 年发表的论文"国家结构与资本主义危机"为标志[31]，弗莱堡学者们开始研究在一个自由社会里经济与国家之间的权力分布状况和对比关系，以后逐步展开研究自由与社会规秩之间的相互关系、相互作用、相互支撑等基本问题。20 世纪 30 年代中后期，沃尔特·奥伊肯与弗朗茨·鲍姆（Franz Böhm）和汉斯·格罗斯曼—多尔斯（Hans Großmann - Doerth）三人共同编辑出版了系列出版物《经济规秩》（Ordnung der Wirtschaft）。第一册以弗朗茨·鲍姆的名字发表了三位出版者的前言"作为历史任务和法律创造的经济规秩"（Die Ordnung der Wirtschaftalsgeschichtli-che Aufgabe und rechtsschöpferischeLeistung），简称"我们的任务"（Unsere Aufgabe）[32]。他们表达了对德国历史学派和无原则相对主义的摒弃，认为经济宪法的关键思想应该来自对现实政治—法律问题和政治—经济问题及其解决方法的探讨和研究，而且这样的任务必须有法学和经济学的相互配合协调合作。1938 年奥伊肯又出版了《国民经济学向何处去？》的小册子（Nationalökonomiewozu？）开始探索从根本上既区别于集中管理的经济体制[33]，又有别于放任不管的自由经济的维护和促进竞争的所谓"竞争规秩"（Wettbewerbsordnung），启动了规秩理论的研究（Ordnungstheorie）。奥伊肯于 1940 出版的《国民经济学基础》（Die Grundlagen der Nationalökonomie）指出要获得对现实经济的科学认识[34]，必须以观察分析日常经济生活和活动为出发点，探讨和研究经济规秩（Wirtschaftsordnung）及其创立问题、在此规秩以内各类经济过程的运行问题，以及各类经济主体、经济过程之间的相互联系关系和相互作用影响问题。

弗莱堡学派认为，首先要建立经济社会值得向往之理想的、功能效力强且合乎人道尊严的规秩。严格区分经济规秩和经济过程，经济规秩引导塑造出经济框形（Form），社会经济在框形里面运转活动，表现为各种各样的具体经济过程。经济政府可以影响经济框形，但是不可以干涉干扰经济过程。经济竞争规秩（Wettbewerbsordnung）要既能够实现经济效率，又可以保护人民不受政府权力和经济垄断权势的强迫和干扰，实现自由，这才是理想的经济规秩。要构建功能效力强的经济竞争规秩必须遵守 7 项立宪原则，首要的是形成完备竞争市场上发挥功能效力的价格体系。为了保证经济竞争规秩能够持久长远地发挥功能效力，在上述立宪原则的基础上又推出涉及 5 大领域的政策措施。以奥伊肯为代表的弗莱堡学派所创立的规秩自由主义为二战之后德国建立和实行社会市场经济（Sozialen Marktwirtschaft）体制和政策奠定了思想基础和理论指导。

（四）德国社会政策（Sozialpolitik）发端及历程简述

从俾斯麦时代创立到"二战"后联邦德国发扬光大的社会政策是德国国民经济的一大特色，也对国民经济学的科研和教学产生深远影响。1863 年，拉萨尔领导成立"全德工人联盟"（Allgemeinen Deutschen Arbeitervereins），声张工人权益，要求改善工人境遇。1869 年，倍倍尔和李卜克内西领导创建"社会民主工人党"（Sozialdemokratischen Arbeiterpartei）主张开展推翻体制的革命活动[35]。面对风起云涌的工人运动，俾斯麦任首相的北德邦联（Norddeutschen Bund）于 1869 年颁布"工商业管理条例"（Gewerbeordnung），设立保护童工和青少年劳工的条款、对工人的生命和健康危险提供保险的条文，有缓和社会矛盾之目的，也有改善工人条件和权益的目的。随着德国统一，1871 年这一条例推广至德国全域。1878 年修改和改善管理条例，增加禁止雇佣 12 岁以下童工和孕产妇劳动保护的条文，并且派遣工厂检查员维护监督和执行管理条例。

1871 年出台企业责任法（Haftpflichtgesetz），规定矿山、工厂的经营管理者对生产经营事故所造成的过失和债务负有责任，并对相应的损失赔偿负有义务和责任，由此明确了生产经营及工伤事故的法律规章。

1881 年 11 月德国凯撒威廉一世在国会发表"凯撒公告"（Kaiserlichen Botschaft），指出治愈社会损伤不能仅仅采用压制社会民主骚动的方式，而是要平衡地寻求对工人的幸福和福利予以正面的资助和支持，宣告了德国社会保险的立法动议，在法律上提出了德意志社会国家宪章（die Gründungsurkunde des deutschen Sozialstaats）。1883 年德国引入医疗保险，1884 年意外事故保险。1889 年德国国会通过"伤残保险法案"和"养老保险法案"，1891 年养老金保险[36]。

1919 年 7 月德国国民大会通过魏玛国家宪法（WeimarerReichsverfassung），8 月 14 日生效，魏玛共和国确定为联邦型民主制法治国（Rechtsstaat）和社会国（Sozialstaat）。基本继承和改善了原来的社会保险的规定，并进行了拓展和深化，1927 年建立失业保险。至此，德国法定社会保险体系的四大基础：养老金、医疗、意外事故和失业保险已经建立起来。再者，魏玛共和国宪法和其他法律法规也对社会抚恤供养（soziale Versorgung）、社会救济（Sozialfürsorge）做出明确规定，在法律层面奠定了社会保障体系的基础。再加上劳工保护政策、住房政策等，魏玛共和国构建了社会政策体系的大致框架[37]。

二战之后，新成立的联邦德国恢复和完善社保与社会政策体系，1951 年出台《保护员工被解雇法》（Kündigungsschutzgesetz），1952 年《孕产妇员工保护法》（Mutterschutzgesetz）和《企业宪章法》（Betriebsverfassungsgesetz），1956 年德意志工会联合会（Deutsche Gewerkschaftsbund）倡议恢复一周 5 天 40 小时工作制，提出口号"星期六属于作为父亲的我"（"Samstags gehört Vati mir"），这一愿望在后续十几年的时间里分行业陆续得以实现。1957 年阿登纳政府（Adenauer）推行养老金改革，实行养老金直接转移拨款制（Umlageverfahren），出台《权利平等法》（Gleichberechtigungsgesetz）。1963 年 1 月出台《联邦休假法》（Bundesurlaubsgesetz）。1969 年基民盟与社会民主党联盟政府推出《（病假）持续支付工资法》（Lohnfortzahlungsgesetz）[38]。此后 50 多年来的德国政府不断地扩展和完善社会政策，适应国内国际新形势的变化和发展，设立了环境生态、气候变化、可持续发展等方面社会政策。

（五）德国社会市场经济发端简述

二战之后，德国建立和实行了社会市场经济体制及其相关政策措施，并形成了社会市场经济形态，成功地从战争废墟上恢复重建并发展成为兼顾公平和国民福利的世界一流经济强国，为德国国民经济学的教学科研提供了广阔深厚的富有特色的经济社会背景。1947 年时任明斯特大学国民经济学和文化社会学教授的阿尔弗雷德·穆勒—阿马克（Alfred Müller - Armack）1947年出版的著作《经济导控与市场经济》（Wirtschaftslenkung und Marktwirtschaft）在第二章的标题中首次公开出现了"社会市场经济"的字样（Soziale Marktwirtschaft），视为其思想理论的开端[39]。1948 年 6 月 19 日时任德国英美双占区经济管理局主任的路德维希·艾哈德（Ludwig Erhard）通过无线电广播宣布除了几种基本生活用品规定最高限价之外，大多数商品价格放开，废除配给制；6 月 20 日启动由德意志马克（Deutsche Mark）替换国家马克（Reichsmark）的货币改革，德国经济改革及社会市场经济的构建由此开始[40]。

艾哈德和穆勒—阿马克都曾深受规秩自由主义思想的影响，1947 年 11 月艾哈德曾邀请弗莱堡学派代表人物奥伊肯参加货币与信贷特别办公室的专题会议，并作为高级顾问专家出席专门听证会，德国社会市场经济优先建立和保护经济自由与市场竞争规秩的思想来源就是弗莱堡学派理论。

艾哈德和穆勒—阿马克都是抗议宗的新教基督徒，而且除了国民经济学的科研和教学之外，穆勒—阿马克教授的学术专攻方向是宗教社会学，他们都深受基督教伦理的影响。基督教伦理倡导的平等、公正、团结、博爱的理念成为社会市场经济建立和维护社会平衡、社会救助及社会和谐之调节机制的精神来源。

社会市场经济通过抑制垄断鼓励竞争激发经济活力，防止经济巨头干扰扭曲市场不当获利乃至俘获政治权力；又通过适当的平衡的经济调节政策措施寻求充分就业、稳定价格、对外经贸平衡和稳健经济增长等经济效益目标；还通过社会保障援助以及收入调节等政策措施以求社会公平团结和谐均衡之目标；力图建立一种既区别于高度集权的计划经济又有别于放任不管的自由经济的"第三种形式"的高效公正和谐的独具特色的经济社会体制和形态。

二战之后，德国社会市场经济体制和政策保障促进了经济增长社会均衡，学术界和高校也开展了大量的理论和政策研究，充实了国民经济学的内容并纳入教育教学之中，形成了自己新的国民经济学特色。

三、德国高校经济管理学科国民经济学专业设置特色简介

为了更清晰地观察国民经济学专业所处的位置，有必要从一个较高层次和较宽的视野来看整个学科里面的专业设置。下面从学科（专业）分类角度以及内容涵盖范围从大到小分层分类角度，探讨德国高校经济管理类教育的学科（专业）及国民经济学专业设置情况及特色。

（一）经济管理学科之下的专业分置

经济管理学科对应的德语单词是 Wirtschaftswissenschaften，《德汉词典》及其他词典都译为经济学（英语译为 Economics）[41]，20 世纪 80 年代已经用它作为经济学科整体称谓。但是，从德国高校经济管理类学科（专业）设置和分类的实际内容来看，它并不是指中国（或英美体系）学术界所熟知的狭义的经济学或经济学科，而是涵盖了经济学和管理学两大学科内容，可以直接称 Wirtschaftswissenschaften 为经济管理学科。在德国大学的学科或专业介绍当中，Wirtschaftswissenschaften（经济管理学科）进一步划分为两个学科，即 Volkswirtschaftslehre（国民经济学或经济学）和 Betriebswirtschaftslehre（工商管理学、管理学或企业经济学），如图 1 所示。

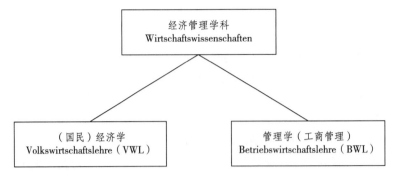

图 1　经济管理学科（Wirtschaftswissenschaften）划分（国民）经济学和工商管理学

　　下面我们通过具体例子，来实际了解德国大学经济管理学科（专业）设置学位的情况。

　　（二）德国莱比锡大学经济管理学科设置本科和研究生专业及学位情况

1. 莱比锡大学经济管理学科的院系和学士学位设置

　　德国莱比锡大学设立经济管理学院（Der Wirtschaftswissenschaftlichen Fakultät），该学院招生约 2 100 人，下设 14 个系（所）分别为：

　　Institut für Empirische Wirtschaftsforschung（实验经济研究所）

　　Institut für Grundlagen des Bauens und Planungsmanagement（建筑与规划管理系）

　　Institut für Handel und Banken（商业与银行系）

　　Institut für Immobilienmanagement（房地产管理系）

　　Institut für Infrastruktur und Ressourcenmanagement（基础设施与资源管理系）

　　Institut für öffentliche Finanzen und Public Management（公共财政与公共管理系）

　　Institut für Service und Relationship Management（服务与关系管理系）

　　Institut für Stadtentwicklung und Bauwirtschaft（城市发展与建筑经济系）

　　Institut für Theoretische Volkswirtschaftslehre［理论（国民）经济学系］

　　Institut für Unternehmensrechnung, Finanzierung und Besteuerung（企业会计财务税收系）

　　Institut für Versicherungslehre（保险学系）

　　Institut für Wirtschaftsinformatik（经济信息技术系）

　　Institut für Wirtschaftspädagogik（经济教育系）

　　Institut für Wirtschaftspolitik（经济政策系）

　　该经济管理学院为本科生共开设三个专业的学士学位，第一个就是经济管理专业理学学士学位（Bachelor of Science Wirtschaftswissenschaften），第二个是经济信息技术专业理学学士（Bachelor of Science Wirtschaftsinformatik），第三个是经济教育专业理学学士（Bachelor of Science Wirtschaftspädagogik）[42]。

2. 莱比锡大学经济管理专业合一的本科教育教学及国民经济学方向

莱比锡大学的经济管理专业理学学士学位（Bachelor of Science Wirtschaftswissenschaften），是经济管理合为一体的专业，而非英美高校体系那样分立经济学、管理学专业。注意，我们有很多经济管理学院，这只是行政合一，学术专业上还是分开的，国家规定的经济学和管理学分立。

莱比锡大学经济管理专业攻读理学学士学位的本科生从入学到毕业拿到学位证书，需要进行 6 个学期（Semester）的学习、实习和论文写作。其中前 4 个学期主要为必修课学习，第 1 学期就开设一门经济管理学科导论（Einführung in die Wirtschaftswissenschaften）必修课。从第 1 学期到第 4 学期期末还要学习 4 门工商管理学方向的必修课程（Pflicht Betriebswirtschaftslehre），分别是会计技术（Technik des Rechnungswesens）、外部与内部会计（Externes und internes Rechnungswesen）、营销与服务（Marketing und Services）、投资与税收（Investition und Besteuerung）。从第 2 学期到第 4 学期期末要学习 5 门国民经济学方向的必修课程（Pflicht Volkswirtschaftslehre），分别是微观经济学（Mikroökonomik）、宏观经济学（Makroökonomik）、统计与概率计算（Statistik und Wahrscheinlichkeitsrechnung）、计量经济学（Ökonometrie）、国家与经济（Staat und Wirtschaft）。

第 5、6 学期要进入必选领域课程学习、专业关键技能训练（实习、实践）、学院间学科间交叉综合关键能力训练（关键能力训练模块、国际学习体验、经济类英语学习等），最后一学期还要完成学士学位论文（Bachelorarbeit）。其中，部分备选的必选课如下：

Aktuelle Themen in der Versicherungswirtschaft（保险经济学现实课题）

Betriebliches Umweltmanagement（企业环境管理）

Competitive Strategy（竞争策略）

Energiemanagement（能源管理）

Finanzmarktanalyse in der Wirtschaftspraxis（经济实践的金融市场分析）

Geld-und Währungstheorie（货币与货币制度理论）

Innovationsmanagement & Innovationsökonomik（创新管理与创新经济学）

Internationale Rechnungslegung（国际会计财务报告）

Kostenrechnungssysteme und Kostenmanagement（成本会计制度与成本管理）

Microeconomic Analysis of Old Indian Texts（古老印地安文本的微观经济分析）

Regulierungsmanagement（调控管理）

Service Innovation（服务创新）

Unternehmensführung（企业领导与治理）

本科学生的选修课、技能训练、学位论文都是围绕着一定的专业能力资格方向（Qualifizierungsrichtungen）来选择和进行的。莱比锡大学经济管理专业理学学士学位向学生推荐如下 4 个专业能力资格方向：

Nachhaltigkeits-und Energiemanagement（可持续发展与能源管理）

Banken und Versicherungen（银行与保险）

Unternehmensrechnung, Finanzierung und Besteuerung（企业会计、财务与税收）

Volkswirtschaftslehre（国民经济学）[43]

可以看出，莱比锡大学本科生教育统一设立一个庞大的经济管理专业理学学士学位，而国民经济学只是其下属的一个最偏重于经济学的专业方向，而可持续发展与能源管理和银行与保险这两个方向则经济学与管理学混合成分比较强，至于企业会计、财务与税收方向则十分偏向于管理学专业了。

对 Wirtschaftswissenschaften 的含义再探讨：（1）理解为经济管理学科，如此则 Volkswirtschaftslehre 理解为（国民）经济学（Economics），Betriebswirtschaftslehre 理解为工商管理学（Business Administration）。但是，这与用 Wirtschaftswissenschaften 作为与经济学（Economics）对应的称谓，有一些矛盾。（2）按照某些德国人的用法，把它理解为经济学（Economics），那么，它下含两大学科：① Volkswirtschaftslehre（国民经济学）；② Betriebswirtschaftslehre（企业经济学）。但如此一来，这里的经济学（Wirtschaftswissenschaften）涵盖的比英美的经济学（Economics）多出来一块工商管理学。

3. 莱比锡大学经济管理学院硕士学位设置及国民经济学专业

莱比锡大学经济管理学院在 4 个专业设立了学术型理学硕士学位：（1）国民经济学专业理学硕士学位（Master of Science, Volkswirtschaftslehre）；（2）企业经济学或工商管理专业理学硕士（Master of Science Betriebswirtschaftslehre）；（3）经济信息技术专业理学硕士（Master of Science, Wirtschaftsinformatik）；（4）经济教育专业理学硕士（Master of Science, Wirtschaftspädagogik）。另外，还在 3 个专业方向上设置了继续教育的硕士研究生教育项目如下：

一是可持续发展方向国际联合硕士项目（Joint International Master's Programme in Sustainable Development），莱比锡大学与奥地利的格拉茨（Graz）、荷兰的乌特勒支（Utrecht）、意大利的威尼斯（Venedig）、瑞士的巴塞尔、日本的广岛等大学和学院合作，共同推出跨学科研究型导向的研究生教育项目，成功毕业者将获得理学硕士学位（Master of Science in Sustainable Development）。

二是中小企业提升与培训硕士教育项目（Das Masterstudium in Small and Medium – Sized Enterprise Promotion and Training），参加者需要具有至少 2 年

工作经验，B1－Level 的英语水平。成功毕业者可获得工商管理专业硕士学位（Master of Business Administration，MBA），这是典型的与英美体系接轨的专业硕士教育项目。

三是国际能源经济学与工商管理硕士项目（Das Masterstudiumin International Energy Economics and Business Administration），毕业者获得理学硕士学位（Master of Science）。但此项目是以前德国与俄罗斯合作的国际联合培养研究生教育项目，由于俄乌战争，项目已经于 2022 年中断。

需要提醒的是，公元 2000 年以前德语区大多数高校延续了四五百年的传统主流大学教育模式是直读硕士学位（Diplom），没有英美体系那种学士学位（Bachelor）。而且很早以前德国大学的国民经济学专业（Volkswirtschaftslehre）与企业经济学或工商管理专业（Betriebswirtschaftslehre）就已经分门立户，各自单独培养，并不混同在经济管理学科（专业）（Wirtschaftswissenschaften）这个大的门头之下。进入 21 世纪以后，德国高校纷纷向英美高校的学位学制转型。

目前，莱比锡大学国民经济学专业理学硕士研究生培养的具体专业方向为：应用计量经济学（Applied Econometrics），发展经济学（Development Economics），环境与可持续发展（Environment and Sustainability），货币、信贷与银行（Money，Credit and Banking），经济政策（Economic Policy）[44]。

（三）德国汉堡大学经济管理分设的国民经济学专业和学位设置情况

德国是联邦制国家，各个州在文化教育、高等院校制度等方面有很大自主权，汉堡是一个城市州，汉堡大学成立于 1919 年，近几年学生规模一直维持在 42 000 人左右，是北德规模最大的高等学府。汉堡大学分别设立有经济与社会科学学院（Fakultät für Wirtschafts-und Sozialwissenschaften）和企业经济或工商管理学院（Fakultät für Betriebswirtschaft）。经济与社会科学学院设有如下专业系：国民经济学系（Fachbereich Volkswirtschaftslehre）、社会经济系（Fachbereich Sozialökonomie）、社会科学系（Fachbereich Sozial-wissenschaften）、汉堡卫生健康经济学中心（Hamburg Center for Health Economics）、可持续社会研究中心（Center for Sustainable Society Research）。其中，社会科学系设有如下专业：社会学（Soziologie）、政治学（Politikwissenschaft）、犯罪学社会研究（Kriminologische Sozialforschung）、传媒与沟通科学（Journalistik und Kommunikationswissenschaft）。

1. 汉堡大学国民经济学专业本科教育

汉堡大学国民经济学系本科生教育开办国民经济学专业理学学士（Bachelor of Science Volkswirtschaftslehre）、中国经济与文化专业文科学士（Bachelor of Arts in Wirtschaft und Kultur Chinas），以及一个辅修的国民经济学专业文科学士（Bachelor of Arts Volkswirtschaftslehre）等项目。国民经济学

专业理学学士不明确区分具体专业方向，它的特色是要求学生学习增补专业课程（Ergänzungsfach），开设工商管理专业、哲学专业、政治学专业的课程供学生选择。

社会经济系开办了社会经济专业文科学士（Bachelor of Arts Sozialökonomie），还开办一个辅修的工商管理专业文科学士（Bachelor of Arts Betriebswirtschaftslehre）。

2. 汉堡大学国民经济学专业研究生教育

汉堡大学国民经济学系开办经济学专业理学硕士（Master of Science in Economics），注意这里没有使用 Volkswirtschaftslehre 这个单词。该项目与英国埃塞克斯大学（University of Essex）联合培养研究生，一年德国学习，一年英国学习，毕业时可以拿到汉堡大学的经济学专业理学硕士，还可以根据学生最后的专业方向再拿到一个英国埃塞克斯大学理学硕士学位，可选择的专业方向如下：

经济学专业理学硕士（M. Sc. Economics）

计算经济学及金融市场与政策理学硕士（M. Sc. Computational Economics, Financial Markets and Policy）

应用经济学与数据分析理学硕士（M. Sc. Applied Economics and Data Analysis）

货币与银行理学硕士（M. Sc. Money and Banking）

经济学与计量经济理学硕士（M. Sc. Economics and Econometrics）

行为经济学理学硕士（M. Sc. Behavioral Economics）

国民经济学系还开办了一个跨学科研究导向的政治经济哲学专业理学硕士（Master of Science in Politics, Economics and Philosophy）。

汉堡大学社会经济系开办了劳动经济社会专业文科硕士（Master of ArtsArbeit, Wirtschaft, Gesellschaft）。还与汉堡大学工商管理学院（Fakultät für Betriebs-wirtschaft）、汉堡卫生健康经济学中心、汉堡大学埃彭多夫医学院合作，推出联合培养的卫生健康经济学与康护管理专业理学硕士（Master of Science in Health Economics & Health Care Management）。还开办了一个跨学科研究导向的公共与非营利部门研究理学硕士（Master of Science Interdisziplinäre Public und Nonprofit Studien）。还开办了一个比较偏向于管理学专业的人力资源管理与人事政策文科硕士（Master of Artsin Human Resource Management und Personalpolitik），创新与工商业可持续发展理学硕士（M. Sc. Innovation, Business and Sustainability）[45]。这里奇特的是社会经济系反倒是开了一些偏管理的研究生专业，可能是考虑到未来学生就业需求吧。

出于相互比较的考虑，再看一下汉堡大学企业经济或工商管理学院（Fakultät für Betriebswirtschaftslehre）本科生和研究生教育开办专业的情况。首先，开办了企业经济或工商管理专业（Betriebswirtschaftslehre）的理学学士和理学硕士。还与汉堡应用科学学院（Hochschule für Angewandte Wissen-schaften Hamburg）以及汉堡海穆特－施密特大学合作开办了经济工程学专业理学学士和理学硕士。还开办了经济信息技术（Wirtschaftsinformatik）理学学士和理学硕士，经济数学（Wirtschaftsmathematik）理学学士和理学硕士。还开办了商务职业教育学校教师教育学学士学位和教育学硕士学位［Le-hramt an Beruflichen Schulen（Handelslehramt）］，还与汉堡大学信息技术系（Fachbereich Informatik）开办 IT 管理与咨询方向（IT－Management und－Consulting）的信息技术理学硕士（Master of Science in Informatik）[46]，这算是管理学院研究生教育的一个创新。

（四）弗莱堡学派大本营——弗莱堡大学国民经济学教育教学特色

弗莱堡大学经济与行为科学学院（Wirtschafts-und Verhaltenswissen-schaftliche Fakultät）下属的经济管理系（Institut für Wirtschaftswissenschaften）既可授予国民经济学理学学士（Bachelor of Science Volkswirtschaftslehre），又可以授予公共与非营利管理方向的管理学理学学士（Bachelor of Science Be-triebswirtschaftslehremit Schwerpunkt Public and Non－Profit Management）。

弗莱堡大学是规秩自由主义思想的发源地和大本营，其经济管理系许多教授都继承传统又与时俱进，其中拉斯·菲尔德教授（Prof. Lars P. Feld）既是沃尔特·奥伊肯研究所所长，又自 2003 年来陆续担任过德国财政部、议会及多个专家咨询委员会的顾问委员，开展了大量关于德国当前经济社会热点问题的理论和政策研究，并适时融入于教育教学之中。目前经济管理系设立的与弗莱堡学派理论思想紧密相关的科研方向有 6 个，即：（1）"经济政策与规秩经济学"；（2）"制度经济学与规秩政策"；（3）"网络经济学与相关政策"；（4）"发展中国家经济政策"；（5）"财政学与社会政策"；（6）"气候变化及应对政策"。这些科研方向都可以为本科生和研究生教育培养提供前沿素材和专业引导。

其国民经济学专业利用良好的资源条件开设了许多与经济社会实际乃至国际现实紧密联系的特色课程，比如特色基础课"国民经济政策与财政学"，其中"规秩政策"（Ordnungspolitik）是具有弗莱堡学派特色的内容。还在国民经济政策方面的深度学习中开设特色系列讲座，比如 2023 年春夏学期公布的有：（1）"公共财政的政治经济学"；（2）"歧视的经济分析"；（3）"社会服务的经济与政治"；（4）"无条件基础收入的基本问题"；（5）"市场的道德边界"；（6）"公共政策面对的全球经济挑战"等。选修课特色课程已开设的有：（1）"欧盟经济学"；（2）"法与经济学"；（3）"环境政策"；（4）"消费者政策"；（5）"乌克兰战争及其后果"；（6）"规秩政策问题系列课"等。

弗莱堡大学经济管理系还可授予国民经济学理学硕士学位（Master of Science Volkswirtschaftslehre）和公共与非营利管理方向的管理学理学硕士

（Master of Science Betriebswirtschaftslehremit Schwerpunkt Public and Non–Profit Management）。一个独特的情况是这里的管理学硕士研究生培养的专业方向只有公共与非营利部门管理，并不包含工商企业管理，而国民经济学硕士研究生培养的专业方向却既有经济学方面的内容，又有工商管理方面的内容。国民经济学理学硕士研究生培养的专业方向为：

一是经济学方面：（1）立宪经济学与竞争政策（Constitutional Economics and Competition Policy）；（2）国际经济学与发展经济学；（3）公共部门经济学与国际税收；（4）实验经济学；（5）网络经济学与 IT 风险管理。

二是工商管理方面：（1）会计财务与税收；（2）商业大数据分析；（3）公司治理商业伦理和营销；（4）劳动、人力资源管理与组织。

此外，弗莱堡大学经济管理系还开设了一个英语授课主要面向国际学生的经济学理学硕士项目（Master of Science in Economics），其主要专业方向为：（1）经济学与政治学；（2）金融学；（3）信息系统与网络经济学。还开办了国际税收方向的 MBA 项目[47]。

（五）德国社会市场经济根据地——科隆大学国民经济学专业方向及课程特色

科隆大学是德国社会市场经济理论和政策研究的重要基地，德国市场经济的"精神之父"穆勒—阿马克于 1950 年曾担任科隆大学经济政策研究所负责人，经济国政学（Wirtschaftliche Staatswissenschaft）教授；1963 年 10 月从德国经济部欧洲事务国务秘书职位退出后，还作为荣誉教授在科隆大学进行过教学活动。德国社会市场经济在科隆大学影响深远，在国民经济学专业教育教学的专业方向模块设置和课程设置中都有明显的反映。

科隆大学经济与社会科学学院下设 12 个专业领域，其中有：（1）国民经济学专业领域（Fachbereich Volkswirtschaftslehre）；（2）健康经济学专业领域；（3）经济教育与经济区领域；（4）社会学和社会心理学领域；（5）政治学专业领域；（6）媒体与技术管理专业领域，以及其他 6 个与工商管理相关的专业领域等，还设立一个商学院，与伊拉斯谟大学鹿特丹管理学院合作开办 EMBA 专业硕士项目。

科隆大学经济与社会科学学院国民经济学专业领域下设 1 个经济学系（Department of Economics）和经济政策研究所等 8 个研究所与中心，设置国民经济学理学学士学位。专业方向有：（1）国民经济学与大数据分析；（2）经济学与工商业；（3）经济学与政治社会等 3 个特色方向。

开设的特色专业课程有国民经济学与大数据分析板块：（1）宏观经济学与货币金融市场；（2）经济政策；（3）制度经济学与经济政策咨询；（4）行为经济学；（5）生态经济学；（6）能源气候变化与可持续性；（7）能源市场及其监管。

经济学与工商业板块有：（1）企业与经济伦理；（2）企业发展；（3）合作

经济；（4）共同经济（Solidarisches Wirtschaften）。

经济学与政治社会板块特色课程有：（1）政治学及分析方法；（2）政治制度比较分析；（3）比较政治经济；（4）国际关系；（5）欧洲政策；（6）微观社会学；（7）宏观社会学；（8）心理学；（9）经济学与社会学定量方法；（10）社会政策；（11）经济增长教育与不平等；（12）健康医疗体系；（13）媒体经济学；（14）经济地理学等。

科隆大学经济与社会科学学院还授予国民经济学理学硕士学位，主要专业方向有：（1）市场设计与市场行为；（2）市场与经济政策；（3）实验与数据分析；（4）能源与气候变化。

该学院还开办一种硕博连读研究生项目，先授予经济学研究理学硕士学位（Master of Science in Economic Research），拿到硕士学位后可直接进入博士阶段研究，将结合该学院下属的多个研究所和研究中心的最新研究课题开展研究，主题集中于市场与公共政策、社会与经济行为、行为管理科学等方面[48]。科隆大学经济政策研究所还经常与路德维希·艾哈德基金会、康拉德·阿登纳基金会合作举办专题讲座。

四、中德国民经济学简单比较

第一，在计划经济时期，从为政府规划计划监控管理调度国民经济职能服务的角度看，我们的国民经济学颇近似于德语区当年的"国家经济学"（Staatswirthschaftslehre），当然两者思想理论的内涵和时代背景是根本不同的。当时的德语区大小诸侯公国封建割据，农业、手工业、商业逐渐发展，财库国政学（Kameralismus）下属的所谓国家经济学只不过是为了小诸侯国王室利益服务的封建领地经济学和财政学。而我们计划经济时期的国民经济学则是为全国人民利益服务的关于国民经济计划及其执行和运行以及国民经济发展的学问。在当时理论上占绝对优势的是政治经济学，实践上则是国民经济学占绝对优势。套用今天的话语，当时的理论经济学就是政治经济学，而应用经济学就是国民经济学。

第二，改革开放以后，我们照搬了美国式经济学与管理学两大学科分立的做法，国民经济学是经济学（Economics）下面一个分支。进入了社会主义市场经济，政府对经济的宏观调控，对经济运行密切监测，对国家以及区域和地方经济中长期发展规划、产业和行业发展规划一直高强度地进行着。这也给我们的国民经济学提供了相当大的活动空间，也赋予其中国特色。而德国的国民经济学（现在常用 Volkswirtschaftslehre）一直都作为经济学科整体称谓与英美的 Political Economy（古典、新古典）、Economics（马歇尔以降至今）等价对应。又由于德国国民经济学在不同历史时期的特质内容而先与英法，后与英美的经济学体系持异对望。德国社会市场经济比我们少了"主义"二字，思想基础和实际做法各有不同，他们偏重于立法和执法来保证竞争性市场体制的确立和良好运行，实现社会保障和社会公平，力求生态环境保护和可持续发展；我们则长期秉承行政主导的传统，方针政策引路，随机应变，灵活调控。体制不同，干预经济的方式力度不同，中德两方的国民经济学思想理论也各有特色，异彩纷呈。

第三，现在我们的国民经济学狭义上重点着眼于规划监测调控管理国民经济，广义上则包含很多内容，像技术进步、产业发展、区域发展、可持续发展、社会保障、财政金融、货币、国际经济等诸多经济政策及其相关理论。这与德国的国民经济学相差并不太多，从宏观角度看，两者涵盖的范围基本一样，当然，内含的思想观点有些可能差异较大。德国国民经济学可能就是多出微观经济理论和计量经济学这两块。

第四，中德双方都在根据自己的国情和实际，探索各自的国民经济学高等教育教学的特色之路。比如，都在根据各自学校的具体情况和研究基础、结合所处地区的经济社会特点、国家层面的形势背景和地方面临的关键问题等，设置一些特色专业方向，开设一些特色课程、特色讲座等。

参 考 文 献

［1］［17］［41］ 杨业治等：《德汉词典》，上海译文出版社 1987 年版，第 1362 页、第 1423 页。

［2］［16］ Harper Collins Publishers Ltd. Collins Dictionary ［EB/OL］［2023 - 05 - 04］. https：//www. collinsdictionary. com/dictionary/german - english/volkswirtschaft. https：//www. collinsdictionary. com/dictionary/german - english/wirtschaftswissen-schaft.

［3］［4］ Dudenredaktion. Duden - Die deutsche Rechtschreibung ［EB/OL］. ［2023 - 05 - 04］. https：//www. duden. de/rechtschreibung/Volkswirtschaftslehre. https：//www. duden. de/rechtschreibung/Nationaloekonomie.

［5］ Montchrestien, Antoine de (1615). Traieté de l'æconomie politique, dedié en 1615 au roy et à la reyne mere du roy ［M］. Imprint：Paris, E. Plon, Nourrit et cie, 1889.

［6］ James Steuart (1767). An Inquiry into the Principles of Political Economy ［M］. LONDON：Printed for A. Millar, and T. Cadell, in the Strand, 1767.

［7］ Jeremy Bentham (1790 - 95). Manual of Political Economy ［M］. Quinn, Michael, ed. Writings On Political Economy, vol. 1. The Collected Works of Jeremy Bentham. Schofield, Philip, ed. Oxford：Oxford University Press, 2016. Oxford Scholarly Editions Online, 22 Mar. 2018. Web. 4 Oct. 2021.

［8］ William Stanley Jevons (1871). The Theory of Political Economy ［M］. London：Macmillan, 1888, 3rd ed.

［9］ Léon Walras (1874). Eléments d'économie politique pure：ou théorie de la richesse sociale ［M］. Paris：Guillaumin et Cie, 1874 - 1877.

［10］ Vilfredo Pareto（1906）. Manuale di Economia Politica con una Introduzione alla Scienza Social［M］. Milan：Società Editrice Libraria，1906.

［11］ Alfred Marshall（1890）. Principles of Economics［M］. London：Macmillan and Co.，1890.

［12］［23］ Julius Graf von Soden（1805）. Die Nazional-oekonomie：Ein Philosophischer Versuch，Über Die Quellen Des Nazionalreichthums，Und Über Die Mittel Zu Dessen Beförderung［M］. Leipzig：J. A. Barth，1805–21. 1：2ff.

［13］［24］ Karl Heinrich Rau（1826）. Grundsätze der Volkswirthschaftslehre［M］. Heidelberg：C. F. Winter，1826.

［14］ Friedrich Benedict Weber（1813）. Lehrbuch der politischen Oekonomie［M］. Breslau：C. F. Barth，1813.

［15］ Friedrich List（1841）. Das nationale System der politischen Ökonomie［M］. Verlag：Tübingen，J. G. Cotta'scher Verlag，1841.

［18］ Melchiors von Osse（1556）. Testament gegen Hertzog Augusto，Churfürsten von Sachsen［M］. Halle im Magdeburgisch：Zu finden in der Rengerischen Buchh，1717.

［19］ Georg Obrecht（1606）. Politisch Bedencken und Discurs：von Verbesserung Land und Leut，Anrichtung gutter Policey，und vornehmlich von nutzlicher Erledigung grosser Aussgaben und billicher Vermehrung eines jeden Regenten und Oberherren jährlichen gefählln und einkommen…［M］. / durch Georgium Obrechtum. Gedruckt zu Strassburg：［publisher not identified］，1606.

［20］ Georg Obrecht（1617）. Fünff underschiedliche Secreta politica von Anstellung，Erhaltung，vnd Vermehrung guter Policey vnd von billicher，rechtmässiger vnd nothwendiger Erhöhung eines jeden Regenten jährlichen Gefällen vnd Einkommen［M］. Hernacher im Jahr 1617 zum Truck befördert vnd biss anhero in Geheim gehalten，nunmehr aber zu männigliches Nutzen publicirt vnd mit nothwendigen Registern verbessert. Strassburg In Lazari Zetzners…zufinden 1644.

［21］ Jean Bodin（1568）. La Response de maistre Jean Bodin advocat en la Cour au paradoxe de Monsieur de Malestroit touchant renchérissement de toutes choses et le moyen d'y remédier［M］. Paris：Martin Le Jeune，1568.

［22］ Christian Voss（1796）. Handbuch der allgemeinen staatswissenschaft nach Schlözers grundriss bearbeitet［M］. Leipzig：In der Weidmannischen Buchh. 1796–1802.

［25］ Friedrich List（1827）. Outlines of American Political Economy，in a series of letters addressed by Friedrich List to Charles J. Ingersoll. To which is added the celebrated letters of Mr. Jefferson to Benjamin Austin，and of Mr. Madison to the Editors of the Lynchburg Virginian［M］. Philadelphia：Samuel Parker，1827.

［26］ Wilhelm Roscher（1843）. Grundriss zu Vorlesungen über die Staatswirthschaft：nach geschichtlicher Methode［M］. Göttingen：Druck und Verlag der Dieterichschen Buchhandlung，1843.

［27］ Wilhelm Roscher（1854）. Die Grundlagen der Nationalökonomie. Ein Hand-und Lesebuch für Geschäftmänner und Studiere［M］. Stuttgart und Tübingen：J. G Cotta'scher Verlag.

［28］ Gonçalo L. Fonseca（2015）. Gustav von Schmoller，1838–1917［OL］. http：//hetwebsite. net/het/profiles/schmoller. htm.

［29］ Gustav von Schmoller （1900）. Grundriß der Allgemeinen Volkswirtschaftslehre ［M］. Leipzig：Duncker & Humblot，1900.

［30］ Max Weber （1949）. The Methodology of the Social Sciences ［M］. New York. The Free Press，1949.

［31］ Walter Eucken （1932）. Staatliche Strukturwandlungen und die Krisis des Kapitalismus ［M］. Weltwirtschaftliches Archiv，Band 36，1932，S. 297 – 321.

［32］ Walter Eucken，BÖHM，Franz und GROßMANN – DÖRTH，Hans （1932）. Unsere Aufgabe. （Einleitung der Herausgeber） ［C］. In：BÖHM，Franz （1937）. Die Ordnung der Wirtschaft als geschichtliche Aufgabe und rechtsschöpferische Leistung. Stuttgart und Berlin：Kohlhammer. S. VII – XXI. （Ordnung der Wirtschaft，Heft 1）.

［33］ Walter Eucken （1938）. Nationalökonomie-wozu? Leipzig：Felix Meiner 1938. （Wissenschaft und Zeitgeist，Heft 10）.

［34］ Walter Eucken （1940）. Die Grundlagen der Nationalökonomie. Jena：Gustav Fischer 1940.

［35］ Duden Learnattack （2023）. Gründung der SAP – entscheidender Schritt zur Arbeiterpartei ［OL］. https：//www. lernhelfer. de/schuelerlexikon/geschichte/artikel/gruendung – der – sap – entscheidender – schritt – zur – arbeiterpartei#.

［36］ WDR （2023）. Otto von Bismarck – Die Sozialgesetze ［OL］. https：//www. planetwissen. de/geschichte/ersoenlichkeiten/otto_von_bismarck_der_eiserne_kanzler/pwiediesozialgesetze100. html.

［37］ Daniel Gürtler （2005）. Sozialpolitik in der Weimarer Republik （1918 – 1932）. München，GRIN Verlag ［M/OL］. https：//www. grin. com/document/111189.

［38］ Bundesministerium der Justiz. 1）Kündigungsschutzgesetz （KSchG） （1951） ［EB/OL］. https：//dejure. org/BGBl/1951/BGBl. _ I _ S. _ 499. 2）Gesetz zum Schutze der erwerbstätigen Mutter （Mutterschutzgesetz），（1952） ［EB/OL］. https：//dejure. org/BGBl/1952/BGBl. _I _ S. _69. 3）Betriebsverfassungsgesetz （1952） ［EB/OL］. https：//dejure. org/BGBl/1952/BGBl. _I_S. _681. 4）Gesetz über die Gleichberechtigung von Mann und Frau auf dem Gebiete des bürgerlichen Rechts （1957）. ［EB/OL］. https：//dejure. org/BGBl/1957/BGBl. _ I _ S. _ 609. 5）Bundesurlaubsgesetz （Mindesturlaubsgesetz für Arbeitnehmer） 1963 ［EB/OL］. https：//dejure. org/gesetze/BUrlG. 6）Gesetz über die Fortzahlung des Arbeitsentgelts im Krankheitsfalle und über Änderungen des Rechts der gesetzlichen Krankenversicherung （1969） ［EB/OL］. https：//dejure. org/BGBl/1969/BGBl. _I_S. _946.

［39］ Alfred Müller – Armack （1947）. Wirtschaftslenkung und Marktwirtschaft. Hamburg ：Verlag für Wirtschaft und Sozialpolitik，1947.

［40］ Anne Sudrow （2018）. Kleine Ereignisgeschichte der Währungsreform ［OL］. https：//www. bpb. de/shop/ zeitschriften/apuz/271679/kleine – ereignisgeschichte – der – waehrungsreform – 1948/.

［42］ Universität Leipzig （2023）. Wirtschaftswissenschaftliche Fakultät，Fachbereiche und Institute ［OL］. https：//www. wifa. uni – leipzig. de/fakultaet/fachbereiche – und – institute.

［43］ Universität Leipzig （2023）. Wirtschaftswissenschaftliche Fakultät，Studienangebot，Bachelor Wirtschafts-wissenschaften ［EB/OL］ https：//www. wifa. unileipzig. de/fileadmin/ Fakult% C3% A4t_Wifa/Fakult% C3% A4t/Studienb% C3% BCro/1_Studienangebot/Studienfuhrer _ Wirtschaftswissenschaften _ B. Sc. pdf （uni – leipzig. de）. https：// www. wifa. uni – leipzig. de/fileadmin/Fakult% C3% A4t_Wifa/Fakult% C3% A4t/ Studienb% C3% BCro/2_Studienorganisation/1_Studiengangsaufbau/2021 – 05_Studienablaufplan_BSc_WiWi. pdf.

［44］ Universität Leipzig （2023）. Wirtschaftswissenschaftliche Fakultät, Konsekutives Masterstudium; Weiterbildendes Masterstudium ［OL］. https：//www. wifa. uni – leipzig. de/ studium/studienangebot.

［45］ Universität Hamburg （2023）. Fakultät für Wirtschafts – und Sozialwissenschaften ［EB/ OL］. https：//www. wiso. uni – hamburg. de/ueber – die – fakultaet. html.

［46］ Universität Hamburg （2023）. Fakultät für Betriebswirtschaft ［EB/OL］. https：// www. bwl. uni – hamburg. de/ueber – die – fakultaet/aktuelles. html.

［47］ Albert – Ludwigs – Universität Freiburg （2023）. Wirtschafts – und Verhaltenswissenschaftliche Fakultät, Einrichtungen/Institute ［EB/OL］. https：//www. wvf. uni – freiburg. de/einrichtungen.

［48］ Universität zu Köln （2023）. Wirtschafts-und Sozialwissenschaftliche Fakultät, Zur Übersichtsseite Fakultät ［EB/OL］. https：//wiso. uni – koeln. de/de/.

Characteristics of "Volkswirtschaftslehre" and Its University Education in Germany

Li Xiaoguang

Abstract：Two German words, Volkswirtschaftslehre and Nationalökonomie, are usually equivalent to Political Economy in the period from mercantilism to classical and neoclassical school, and to Economics in the contemporary and morden time as the discipline title of economics theory and methodology as a whole. However, Volkswirtschaftslehre and Nationalökonomie can and should be translated as National Economy （Guomin Jingjixue in Chinese） because of their own five special characteristics of Cameralism, German historical school, Freiburg School of Ordoliberalism, German social policy and Social market economy. The special characteristics of National Economy major and curriculum in German universities are investigated through case study of four selected universities, i. e. Leipzig University, Hamburg University, Freiburg University and the University of Cologne. Finally, a brief comparision between National Economy （Guomin Jingjixue in Chinese） in Germany and in China is discussed.

Keywords：Volkswirtschaftslehre, National Economy, Characteristics of Majors, Characteristics of Professional Curriculum, Germany

新时代十年京津冀县域经济发展的
空间溢出效应研究

刘正鹤　袁富华[*]

摘　要： 党的十九大报告提出，中国特色社会主义进入了新时代，而在2013年习近平总书记在调研时提出了京津冀协调发展。经过10年的发展，京津冀地区的发展情况需要得到考察，特别是对于京津冀地区县域的发展，尤其值得关注。本文运用空间计量的方法，通过计算经济重心及其移动，莫兰指数以及空间相关性，并比较各空间计量模型，找到了符合京津冀地区在新时代十年发展的贴切的计量模型，并通过对空间杜宾模型的分解得到了各影响因素对县域经济发展的正的空间溢出效应，其中最明显的是产业结构，并提出了对研究的优化方法。

关键词： 京津冀一体化　经济重心　空间自相关分析　空间杜宾模型

一、引　　言

党的十八大以来，京津冀地区飞速发展。2013年习近平总书记在河北北戴河调研时提出了京津冀协调发展。2014年2月，习近平总书记专题听取了京津冀协同发展工作汇报，强调实现京津冀协调发展是一个重大国家战略。作为国家"十三五""十四五"时期的重大建设工程和全国区域建设典范，京津冀地区的发展不仅关乎着华北地区的命运，更是关系到全国经济发展的水平和格局。评价新时代十年京津冀地区的协同发展的水平，必须要从县域着手，而历来学界研究[1][6]发现京津冀地区县域经济发展存在溢出效应，而新时代溢出效应是否改变，又是如何改变，这是一个亟待解决的问题。

---

* 刘正鹤（1999～），男，香港中文大学太空与地球信息科学研究所硕士研究生，邮箱：1155205367@ link. cuhk. edu. hk；袁富华（1968～），男，中国社会科学院大学教授，博士生导师。

二、文献综述

空间溢出效应，即本地区的经济要素或经济活动会影响其他地区的发展，当前学界对于产生空间溢出效应的因素大致分为以下八类。（1）劳动力流动的外部性。劳动力受工作机会的影响，会在相邻县域内流动，劳动在区域内流动，集聚会产生正的空间溢出效应。（2）投资的外部性。周文通[1]认为本地经济受益于投资带来的新机会、新经济活动，具有先发优势，而对邻近地区不利，即产生负空间溢出效应。董艳会[2]，孙晓露[3]通过实证分析长三角地级市，福建省县域的数据，发现投资有正的空间效应。（3）地方政府公共支出。Elhorst[4]以法国 93 个部门的福利支出数据研究发现少数派政党比多数派政党执政会产生更大的福利支出。在中国，官员存在"升迁激励"，即与邻近地区的政府进行支出竞争[1]，对周边地区产生负的空间溢出效应。（4）产业结构升级。根据彭文斌[5]等的研究，京津冀地区产业结构有正的空间溢出效应，原因在于新时代以来，数字经济不断转型发展，以数字产业为龙头，以全产业链为纽带，经由各个市场相互耦合，相邻地区的产业升级能够促进本地区的经济发展。（5）基础设施建设。基础设施的不断完善，能够降低相邻地区的交通成本，通信成本，因此具有正的空间溢出效应。（6）金融资本的发展。根据学界研究，相邻地区金融运作为本地区和相邻地区经济发展提供各种便利条件与资金支持。融资渠道的扩张可提供充足资金，能够显著提高经济运行效率，因此也具有正的空间溢出效应[6]。（7）外贸依存度。据程开明[7]等的研究，外商直接投资会对周边城市的创新产出产生促进作用，而创新产出又会促进全要素生产率的提升，进而促进经济产出，因此具有正的空间溢出效应。（8）医疗卫生设施情况。根据卫平[8]等的研究，本地区医疗卫生设施情况会对相邻地区的医疗创新能力产生显著的空间溢出效应，根据陶春海等[9]的研究表明，医疗卫生的支出对地方经济发展具有正的空间溢出效应。

针对经济发展的空间溢出效应的研究，丁宏[10]构建产业同构指数，引入两种空间加权矩阵进行空间计量分析，研究产业同构对京津冀地区经济增长的影响。胡雪萍[11]等基于随机前沿模型 SFA 测算出各省的绿色技术创新水平，并通过空间计量模型发现绿色技术创新具有较强的空间溢出效应，对经济高质量发展呈现出"U"型非线性影响。姚璐[12]等构建金融集聚和区域经济增长的空间联立方程模型，利用广义空间三阶段最小二乘法检验了金融集聚与区域经济增长之间的空间交互溢出效应。郭兴磊[13]等运用 STIRPAT模型结合空间计量模型，评价了区域绿色经济发展水平，探究了金融集聚对其的影响并讨论了溢出效应的空间衰减边界。

关于经济中心分析方法，梁龙武[14]等采用改革开放以来省域人口和

GDP 数据，测算中国人口和社会经济中心变化态势，并探究各要素的影响机制。陈洪章等[15]采用经济重心分析方法分析黄河流域县域经济时空分异，发现黄河流域经济重心总体呈现稳定态势，偏移量较小，说明流域内经济体量存在差异，但差异正逐渐缩小。

本文创新点在于更新了数据，使用新时代十年的数据，是对京津冀一体化 2012~2021 年推进情况的考察，此外，还拓展了解释变量构建体系，较为全面地构建了影响县域经济发展的变量体系。

三、方法和模型

（一）空间异质性分析原理

1. 经济重心

经济重心是指在区域经济空间中，各个方向上的经济力量能够保持均衡的一点，可通过计量要素重心偏离几何中心的距离与方向，精准研判要素的空间分布规律和演变态势，已成为探讨区域发展过程中要素空间演化的重要分析工具。作为衡量区域要素空间分布状态的评价指标，区域重心的时序变化反映出区域发展的空间演变轨迹。本文通过计算京津冀地区 2012~2021 年县域人均 GDP 测算经济重心，并通过经济重心的移动来研判京津冀地区县域发展的总体趋势。重心坐标计算如式（1）所示：

$$X = \frac{\sum_{i=1}^{n} M_i X_i}{\sum_{i=1}^{n} M_i} \quad Y = \frac{\sum_{i=1}^{n} M_i Y_i}{\sum_{i=1}^{n} M_i} \tag{1}$$

式中，X、Y 分别表示总区域人口或经济重心经度和纬度数值；i 表示第 i 个研究单元；n 表示研究单元的总个数；M_i 是经济权重；n 为像元个数。

经济重心迁移距离计算公式如式（2）所示：

$$D = C \times \sqrt{(X_S - X_K)^2 + (Y_S - Y_K)^2} \tag{2}$$

式中，S、K 分别代表两个不同年份；X_S、X_K 分别代表第 S、K 年区域重心所在地理位置的经度；Y_S、Y_K 分别代表第 S、K 年区域重心所在地理位置的纬度；C 表示地理坐标与平面投影坐标之间的转换率。

2. 全局空间自相关

探索京津冀地区的人均在空间关系下的相互依赖性，即空间自相关，一般应用方法为使用全局莫兰指数 Global Moran's I。计算方法如式（3）所示：

$$I = \frac{n}{\sum_{i=1}^{n}\sum_{j=1}^{n} w_{i,j}} \frac{\sum_{i=1}^{n}\sum_{j=1}^{n} w_{i,j} z_i z_j}{\sum_{i=1}^{n} z_i^2} \tag{3}$$

式中，z_i 是要素 i 的属性值与其平均值的偏差（$x_i - \bar{X}$），$w_{i,j}$ 是要素 i 和 j 之间的空间权重，即空间权重矩阵，n 为要素总数。

由于公式中的分子通过方差进行了归一化，该指数的值将位于 $-1 \sim 1$ 之间。参与计算的要素点的属性值同时大于或小于均值计算结果为正，一个大于均值、一个小于均值计算结果为负。且两属性值与均值偏离越大，计算得的结果的绝对值也越大。

如果大量的点计算出的 Global Moran's I 结果为正，则表明高值聚集或者低值聚集，且指数越大聚集越明显；结果为负，表明高值和低值穿插交错，为离散，且指数绝对值越大离散越明显；结果趋向 0，表明存在大量抵消的情况，为随机。

3. 局部空间自相关

全局莫兰指数可以表征京津冀地区总体的空间分异情况，但是掩盖了一些细节。LISA（Local Moran's I Analysis）可反映局部区域的空间自相关情况，本质是将 Moran's I 拆解到各个局部单元。对某个空间单元，i、j 可表示为：

$$I_j = nz_i \times \frac{\sum\limits_{i=1}^{n} w_{i,j}z_j}{\sum\limits_{i=1}^{n} z_i^2} \tag{4}$$

式中，z_i 是要素 i 的属性值与其平均值的偏差（$x_i - \bar{X}$），$w_{i,j}$ 是要素 i 和 j 之间的空间权重，即空间权重矩阵，n 为要素总数。

（二）空间计量模型设定

1. 空间权重矩阵的设定

本文构建了两种空间权重矩阵，分别是邻接矩阵和地理反距离矩阵。其中邻接矩阵是县域之间存在相邻的边或点，则记为 1，不相邻的记为 0。另一种是地理反距离矩阵，地理反距离矩阵是一种二维矩阵，其中每个元素表示两个地点之间的距离或相似性。

2. 空间自回归模型（SAR）

空间自回归模型，即空间滞后模型表示被解释变量间存在依赖性，相邻地区被解释变量会通过空间传导机制影响本地的被解释变量，这就是溢出效应。空间自回归模型的表达式如式（5）所示：

$$Y = \rho WY + X\beta + \varepsilon \tag{5}$$

式中，Y 为被解释变量，X 为解释变量矩阵，W 是空间权重矩阵，较为常见的是邻接矩阵和地理反距离矩阵，鉴于京津冀地区相邻县域影响更密切，故使用邻接矩阵，ρ 是空间自回归系数，反映被解释变量的空间溢出效应，β 为回归系数向量，ε 为随机误差项矩阵。

3. 空间误差矩阵（SEM）

空间误差模型表示相邻地区的随机误差项会通过空间传导机制影响本地区被解释变量的变化，此外，遗漏变量和函数形式错误也会造成空间误差效应。空间误差矩阵的表达形式如式（6）所示：

$$Y = X\beta + \varepsilon \tag{6}$$
$$\varepsilon = \lambda W\varepsilon + \mu$$

式中，ε 为随机误差项，λ 为被解释变量的空间误差系数，μ 为随机误差项。

4. 空间杜宾模型（SDM）

空间杜宾模型，在空间自回归模型的基础上加入了相邻地区解释变量的影响，加入了自变量的空间滞后项，空间杜宾模型的表达式如式（7）所示：

$$\varepsilon = \lambda W\varepsilon + \mu Y = \rho WY + X\beta + \delta WX + \varepsilon \tag{7}$$

式中，δ 为空间回归系数，若考虑 $\varepsilon = \lambda W\varepsilon + \mu$ ，则该模型为一般的空间计量模型。

（三）京津冀地区县域经济发展空间计量模型

在第一节已经系统论述测度空间溢出效应的诸因素，本节遵循该思路，并根据三种经典空间计量模型，构建京津冀地区县域经济发展空间计量模型如下：经济产出（Y）由劳动力投入（L）、资本投入（K）及其他变量投入（CV）所决定：

$$Y_{it} = F_{it}(L, K, CV)$$

等式两端取对数，得到：

$$\ln Y_{it} = \beta_0 + \beta_1 \ln L_{it} + \beta_2 \ln K_{it} + \beta_j \sum_{j=1}^{k} \ln CV(J_{it}) + \varepsilon_{it} \tag{8}$$

考虑到变量存在的空间溢出效应，依次构建 SAR 模型、SEM 模型、SDM 模型。

SAR 模型：

$$\ln Y_{it} = \rho WY_{it} + \beta_1 \ln L_{it} + \beta_2 \ln K_{it} + \alpha_j \sum_{j=1}^{k} \ln CV(J_{it}) + \varepsilon_{it} \tag{9}$$

SEM 模型：

$$\ln Y_{it} = \beta_1 \ln L_{it} + \beta_2 \ln K_{it} + \alpha_j \sum_{j=1}^{k} \ln CV(J_{it}) + \varepsilon_{it} \tag{10}$$
$$\varepsilon = \lambda W\varepsilon + \mu$$

SDM 模型：

$$\ln Y_{it} = \rho WY_{it} + \beta_1 \ln L_{it} + \beta_2 \ln K_{it} + \alpha_j \sum_{j=1}^{k} \ln CV(J_{it}) + \delta_1 W\ln L_{it} +$$

$$\delta_2 W \ln K_{it} + \delta_3 W \sum_{j=1}^{k} \ln CV(J_{it}) + \varepsilon_{it} \tag{11}$$

$$\varepsilon = \lambda W \varepsilon + \mu$$

式中，i 表示第 i 个城市；t 表示年份；W 表示空间权重矩阵，根据京津冀地区实际情况，应使用邻接矩阵；Y 表示经济总产出，用 GDP 表示；L 表示劳动投入，用就业人口表示；K 表示资本投入，用全社会固定资产投资额表示；CV 包括其他的影响因素，包含对外开放水平、财政规模、产业结构、医疗状况、基础设施建设情况、金融资本发展情况。

四、实 证 分 析

（一）数据来源

本文中研究数据来自《中国县域统计年鉴》以及京津冀各县统计公报，其中所有变量及其统计分析如表 1 所示，所有数据均已按照消费者价格指数折合到 2012 年水平。

表 1　　　　　　　　　　　　　所有变量及统计分析

变量	意义	单位	样本数	均值	标准差	最大值	最小值
GDP	经济产出	万元	1 590	1 731 959. 53	3 897 556. 19	74 901 581. 52	194 134. 75
就业人口	劳动投入	万人	1 590	205 289. 33	95 313. 86	823 936. 00	39 728. 00
全社会固定投资额	资本投入	亿元	1 590	1 740 338. 92	3 464 703. 12	49 421 799. 45	140 972. 45
外贸依存度	对外开放水平	%	1 590	0. 010	0. 016	0. 149	0. 000
一般财政支出	财政规模	亿元	1 590	1 740 338. 92	3 464 703. 12	49 421 799. 45	140 972. 45
第二产业、第三产业增加值占 GDP 比重	产业结构	%	1 590	0. 836	0. 103	1. 268	0. 367
医疗机构床位数	医疗状况	万床	1 590	1 933. 31	1 361. 72	9 602	328
固定电话用户数	基础设施建设	万户	1 590	45 970. 08	45 693. 04	626 650. 00	310. 00
居民存贷款总额	金融资本发展	亿元	1 590	2 405 294. 92	2 787 179. 37	56 847 735. 01	271 722. 95

（二）空间异质性分析

1. 经济重心的移动

使用 ARCMAP10.2 中的"Spatial Statistics Tools"工具中的"Measuring Geographic Distributions"中的"Mean Center"工具，分别计算不考虑各县域经济状况的无权重中心和用 2012～2020 年每年各县域人均 GDP 的加权经济重心，观察其变化轨迹，经济重心的移动结果如表 2 所示。

表 2　　　　　　　　京津冀地区经济重心的移动

年份	经度	纬度
2012	116.851	39.36249
2013	116.3944	39.57943
2014	116.8997	39.35991
2015	116.866	39.36822
2016	116.8465	39.37495
2017	116.8384	39.3666
2018	116.8387	39.4004
2019	116.7972	39.44597
2020	116.763	39.44501
2021	116.6129	39.53315

经过经济重心移动可发现，京津冀地区经济重心基本分布在北京市大兴区，河北省廊坊市，其中除 2013 年比较反常外，其余年份的经济中心分布较为集中，近年来，尤其是疫情以来，纬度数（北纬）有逐渐上升的趋势，表明经济中心有向北移动的趋势，经度数（东经）有逐渐下降的趋势，表明经济重心有逐渐向西移动的趋势。

2. 空间自相关分析

经过经济重心分析，大致判断了京津冀地区县域新时代十年的经济重心迁移轨迹，大致了解了京津冀地区县域经济空间分布情况，但是还不能清晰地判断京津冀地区县域经济在空间上是否存在集聚效应，更无法进而判断是否存在空间溢出效应，因此还需要进一步的分析。

（1）全局自相关分析。

实际操作中，使用 ARCMAP10.2 中的"Spatial Statistics Tools"工具中的"Analyzing Patterns"中的"Spatial Autocorrelation（Morans'I）"工具，依据京津冀地区的地理状况，对于空间关系的概念化应选择共享边界、结点或重叠的面要素会影响目标面要素的计算（CONTIGUITY_EDGES_CORNERS）计算出 2012～2021 年每年的莫兰指数 z、p 值，结果如表 3 所示。

表 3　　　　　　　　　　京津冀地区人均 GDP 莫兰指数计算结果

年份	Moran's I	期望指数	标准差	z 值	p 值
2012	0.461243	−0.005917	0.002403	9.530172	0.000001
2013	0.484162	−0.005917	0.002356	10.097622	0.000001
2014	0.502483	−0.005917	0.002352	10.482089	0.000001
2015	0.514268	−0.005917	0.002317	10.806591	0.000001
2016	0.542448	−0.005917	0.002394	11.206537	0.000001
2017	0.486863	−0.005917	0.002270	10.343248	0.000001
2018	0.487462	−0.005917	0.002359	10.157498	0.000001
2019	0.444663	−0.005917	0.002422	9.156150	0.000001
2020	0.350113	−0.005917	0.002548	7.054562	0.000001
2021	0.332966	−0.005952	0.002470	6.818986	0.000001

从结果来看，每年的 Global Moran's I 均为正值，各年份 p 值均小于 0.001，且各年份 z 值大于临界 z 值，表明通过了显著性检验。京津冀地区县域经济在空间上存在聚集，聚集效应在 2012~2016 年增强，在 2017~2021 年逐渐下降。明显地，在"十三五"之前，2010 年首钢搬迁至河北省唐山市曹妃甸区，京津冀地区形成以北京、天津、唐山为核心的"经济核"，空间集聚效应很强。进入"十三五"时期，2013 年，习近平主席在北戴河考察时提出加强京津冀协同发展，2014 年 2 月，习近平总书记强调实现京津冀协调发展是一个重大国家战略。再到 2015 年，通州正式成为"北京市行政副中心"，京津冀三地在达成一系列协议之后，京津冀一体化展开。在经历短暂的集聚效应增强之后，由之前的"经济核""虹吸效应"慢慢转变为带动整个区域发展，这便可以解释莫兰指数在 2016 年之后逐渐下降，空间集聚效应逐渐下降。2017 年，中共中央、国务院再次提出建设河北雄安新区，这使得京津冀一体化进一步加强，空间集聚进一步下降。2020 年，新冠疫情暴发，经贸往来受阻，居民更倾向于居家活动，这使得京津冀县域的随机分布进一步加强，导致莫兰指数在 2020 年呈断崖式下降。

（2）局部自相关分析。

实际操作中，在 ARCMAP10.2 中的"Mapping clusters"工具中的"cluster and Outlier Analysis（Anselin Local Morans'I）"工具，依据京津冀地区的地理状况，对于空间关系的概念化应选择共享边界、结点或重叠的面要素（CONTIGUITY_EDGES_CORNERS）进行计算。经过分析，从 2012 年到 2021

年，京津冀县域仅出现了高—高集聚。在 2012 年，正如在前文中所分析的，由于 2010 年首钢搬迁至河北省唐山市曹妃甸区，京津冀地区形成了一北京、天津、唐山为三核的"经济核"，反映在 LISA 图中就是仅在天津市大部分县域，唐山市曹妃甸区，迁西县出现了高—高集聚。2015 年，北京建设通州为行政副中心，资源开始向通州区倾斜导致在 2018 年除了北京市顺义区外，在城六区也出现了高—高集聚。此外，在 2018 年，京津冀一体化的政策效果不甚明显，除北京市顺义区和城六区，仅在天津市大部分县域出现了高—高集聚。到了 2021 年，天津市的高—高集聚效应开始显著下降，唐山市的乐亭县出现高—高集聚，但是京—津—唐的三核格局还未改变，京津冀一体化还有很长的路要走。

（三）空间计量模型回归检验

经过空间自相关分析，京津冀地区县域经济在空间上存在很强的空间相关性，因此需采用空间计量的方法。为做出对比，还是先进行不考虑空间效应的 OLS 回归，对京津冀县域 2012～2021 十年的面板数据进行分析，以此和各空间计量模型的回归结果进行对比，OLS 检验结果如表 4 所示。OLS 回归的 R^2 值为 0.8670。

表 4   OLS 回归结果

解释变量	相关系数	标准误差	t 值	p 值
X1	0.2301977	0.0258231	8.91	0.000
X2	0.501135	0.0153842	32.57	0.000
X3	0.0225054	0.0051659	4.36	0.000
X4	0.0641284	0.0231032	2.78	0.006
X5	0.9157376	0.0727569	12.59	0.000
X6	0.0179217	0.0250017	0.72	0.474
X7	0.1141641	0.0114237	9.99	0.000
X8	0.2085912	0.0214138	9.74	0.000

对于究竟该使用何种空间计量模型，首先使用 LM 检验，其中 LMlag 和 LM error 统计量均在 1% 的水平下显著，则继续进行稳健的 LM 检验（Robust LM lag 检验和 Robust LM error 检验），Robust LM lag 和 Robust LM error 统计量均在 1% 水平下显著，表明应使用空间杜宾模型。

接下来进行豪斯曼 Hausmann 检验，来判断是选择固定效应模型还是随机效应模型。使用邻接矩阵 Hausmann 检验结果为 71.55，使用地理反距离矩阵是 75.48，表明拒绝原假设，选择固定效应模型。然后进行两次 LR 检验。第一次 LR 检验，判断应选择空间固定效应，时间固定效应，时空双固定效应。LR 检验统计量均在 1% 水平下显著，表明拒绝原假设，即双固定效应不能退化为空间固定效应和时间固定效应。进而，再进行 Wald 检验双固定效应 SDM 模型是否合理，Wald 检验统计量均在 1% 的水平下显著，说明 SDM 模型不能退化为 SAR 模型或者 SEM 模型。接下来，再进行第二次 LR 检验（对数似然比检验）来判断固定效应 SDM 模型能否退化为 SAR 或者 SEM。第二次 LR 检验结果表明，空间误差模型的 LR 检验统计量在 1% 水平下显著，表明该模型不能退化为 SEM 模型。空间自回归模型的 LR 检验不显著，说明 SDM 模型不能为 SAR 模型。所有检验的结果如表 5 所示。

表 5　　　　　　　　　　　　　　　　所有检验结果

	检验	统计量	p 值
Spatial error	Moran's I	16.136	0.000
	Lagrange Multiplier	253.469	0.000
	Robust Lagrange multiplier	67.608	0.000
	Lagrange Multiplier	240.807	0.000
Spatial lag	Robust Lagrange multiplier	54.946	0.000
	LRtest（both-ind）	57.98	0.0000
	LRtest（both-time）	1 313.85	0.0000
	WALDtest（SDM - SAR）	56.64	0.0000
	WALDtest（SDM - SEM）	81.93	0.0000
	LRtest（SDM - SAR）	172.57	0.0000
	LRtest（SDM - SEM）	157.92	0.0000

经过一系列分析，对于京津冀县域新时代十年的空间计量模型应采用双固定效应 SDM 模型。

（四）结果分析

1. 京津冀地区县域经济发展影响因素初步分析

根据前面的分析，应使用双固定效应 SDM 模型，该模型回归结果如表 6 所示。R^2 为 0.8783。

表 6   空间杜宾模型回归结果

	解释变量	相关系数	标准误差	t 值	p 值
main	X1	0.1823925	0.024327	8.51	0.000
	X2	0.262053	0.0121416	21.58	0.000
	X3	0.0158454	0.003552	4.46	0.000
	X4	0.2639624	0.0261312	10.10	0.000
	X5	1.388027	0.076544	18.13	0.000
	X6	0.0059962	0.0240785	0.25	0.803
	X7	0.123555	0.0114132	10.83	0.000
	X8	0.1772139	0.0226426	7.83	0.000
W_x	X1	−0.0339077	0.0445232	−0.76	0.446
	X2	0.0962761	0.0275961	3.49	0.000
	X3	−0.0192768	0.0069181	−2.79	0.005
	X4	−0.1296646	0.0506892	−2.56	0.011
	X5	0.0075671	0.1702784	0.04	0.965
	X6	−0.0243149	0.0509745	−0.48	0.633
	X7	0.0219822	0.024142	0.91	0.363
	X8	−0.0676071	0.0504009	−1.34	0.180
Spatial	rho	0.1313356	0.0356139	3.69	0.000

　　与 OLS 回归结果相比，空间杜宾模型预测的 R^2 更高，其中，Main 部分表示本地区解释变量对被解释变量（经济产出）的影响，通过显著性分析，发现除医疗水平变量外，其余变量均在 1% 水平下显著，通过了显著性检验，所有变量的相关系数均为正，表明该解释变量增加对本地区的影响均为正效应。

　　W_x 表示被解释变量的空间滞后项，表示本地区被解释变量对本地区及相邻地区的 GDP 的加权影响，通过显著性分析，发现资本投入，财政规模两项通过了 1% 的显著性检验，其中，资本投入的相关系数为正，表明随资本投入上升，产生了正的空间溢出效应，与假设一致，而财政规模的相关系数为负。表明财政规模产生了负的空间溢出效应，与假设一致。

2. 对空间杜宾模型的总效应的分解

　　空间杜宾模型得到（SDM）的回归系数包括空间溢出效应和反馈效应，即在"1."中的模型同时包含自变量和因变量的空间滞后项，需对其进行分解为直接效应，间接效应，总效应来进一步反映本地区各影响因素对京津冀地区县域经济发展的影响。对空间杜宾模型的分解结果如表 7 所示。

表 7　　　　　　　　　　　　　　空间杜宾模型分解效应结果

	解释变量	相关系数	标准误差	t 值	p 值
直接效应	X1	0.1821914	0.0214001	8.51	0.000
	X2	0.2644157	0.0105155	25.15	0.000
	X3	0.0156264	0.0037013	4.22	0.000
	X4	0.2642092	0.0276914	9.54	0.000
	X5	1.379116	0.08817	15.64	0.000
	X6	0.0060519	0.0227422	0.27	0.790
	X7	0.1248296	0.0119255	10.47	0.000
	X8	0.1735209	0.0230343	7.53	0.000
间接效应	X1	− 0.0130504	0.0488205	− 0.27	0.789
	X2	0.148022	0.0290608	5.09	0.000
	X3	− 0.0188662	0.0087211	− 2.16	0.031
	X4	− 0.1074239	0.0599937	− 1.79	0.073
	X5	0.2043265	0.1663086	1.23	0.219
	X6	− 0.0198878	0.0537948	− 0.37	0.712
	X7	0.0431564	0.0298891	1.44	0.149
	X8	− 0.0500695	0.0581847	− 0.86	0.389
总效应	X1	0.1691409	0.0516008	3.28	0.001
	X2	0.4124377	0.0320263	12.88	0.000
	X3	− 0.0032398	0.0094335	− 0.34	0.731
	X4	0.1567853	0.0621822	2.52	0.012
	X5	1.583443	0.1965947	8.05	0.000
	X6	− 0.0138358	0.0582629	− 0.24	0.812
	X7	0.67986	0.032232	5.21	0.000
	X8	0.1234514	0.0651403	1.90	0.058

除医疗水平变量外，其余变量的直接效应均通过了 1% 的显著性检验，观察相关系数，均为正数，表明劳动投入、资本投入、财政规模、外贸依存度、基础设施建设情况、产业结构、金融发展均对京津冀地区县域经济有显著正效应。

而仅有资本投入，财政规模两变量的间接效应通过了 5% 的显著性检验，观察其相关系数，资本投入会导致较强的辐射效应，能够对相邻地区产生正的间接效应，而财政规模的增加会导致资源的"虹吸效应"，使得间接效应显著为负。

直接效应和间接效应的综合作用导致了总效应。其中劳动投入、资本投入、外贸依存度、产业结构、基础设施建设情况均通过了5%的显著性检验，观察其相关系数，均为正，表明均对京津冀县域整体产生了正的空间溢出效应，其中空间效应最明显的是产业结构，非农产业增加值占 GDP 比重变动 1%，本地区县域经济产出增加 1.583%，促进作用非常明显，但值得注意的是非农产业增加值占比本身只能在 0~1 之间波动，因此变动幅度非常小。正的空间溢出效应在第二位的是基础设施建设情况，表明本地区的基建情况，特别是发达的通信设施建设，会促进地区间的沟通，提升区域整体的经济。

五、结论与讨论

（一）研究结论

本文采用经济重心、空间自相关分析、空间计量模型对京津冀地区县域经济发展的空间溢出效应进行了分析，得出的结论如下：

（1）经过经济重心及其迁移分析，党的十八大以来，京津冀地区县域经济重心的迁移有所变化，但是经济东部强于西部，北部强于南部的局面尚未得到改变，经济发展不均衡的情况依然存在。

（2）经过空间自相关分析，京津冀地区县域经济在空间上存在显著全局自相关，并进一步细致做出了局部自相关测算结果图，该结果表明京津冀地区县域经济存在聚集效应，聚集效应在 2012~2016 年增强，在 2017~2021 年逐渐下降。

（3）通过检验，验证空间杜宾模型为对新时代十年京津冀地区县域经济发展最合适的计量模型，进而通过对空间杜宾模型总效应的分解，发现劳动投入、资本投入、外贸依存度、产业结构、基础设施建设情况、金融发展水平均有正的空间溢出效应，其中溢出效应最明显的是产业结构，非农产业增加值占 GDP 比重变动 1%，本地区县域经济产出增加 1.583%。

（二）展望及建议

根据本文研究结果，各解释变量均对经济发展具有一定的空间溢出效应，这类似于"正外部性"的概念，即提高京津冀本地县域经济发展的各要素不仅有利于本地区，同时也有利于相邻地区，因此政策制定者在制定政策时，除考虑传统促进经济增长的策略如增加就业、提高资本投入等措施之外，还可采取其他措施，包括扩大外贸、着力加强改善产业结构、推进基础设施建设、提高金融发展水平等措施。若整个京津冀地区各县域能够普遍提升各经济要素质量效益，那么对邻近区域能够产生强的空间溢出效应，使区域经济得到加强。本研究在对县域经济发展的空间计量的变量选取方面较为完善，数据时效性较强，但是缺乏对计量模型的创新，同时还可将创新作为解释变量加入对京津冀地区县域经济的考察，此外还可考察京津冀地区整体对周边地区的空间溢出效应。

参 考 文 献

[1] 陈洪章，曾冰，郭虹. 黄河流域县域经济时空分异及影响因素——来自夜间灯光数据的检验 [J]. 经济地理，2022，42 (11)：37 - 44.

[2] 程开明，章雅婷. 中国城市创新空间溢出效应测度及分解 [J]. 科研管理，2018，39 (12)：86 - 94.

[3] 丁宏. 产业同构对区域经济增长的空间溢出效应——以京津冀地区为例 [J]. 首都经济贸易大学学报，2021，23 (5)：44 - 54.

[4] 董艳会，苏时鹏，詹礼辉，许佳贤，黄森慰. 福建省县域经济空间溢出效应分析 [J]. 福建农林大学学报 (哲学社会科学版)，2017，20 (1)：49 - 54.

[5] 郭兴磊，张倩. 金融集聚对绿色经济发展水平的空间溢出效应分析 [J]. 生态经济，2023，39 (5)：103 - 110.

[6] 胡雪萍，乐冬. 绿色技术创新促进了经济高质量发展吗？——基于空间溢出效应的视角 [J]. 福建论坛 (人文社会科学版)，2023，368 (1)：69 - 83.

[7] 李延军，史笑迎，李海月. 京津冀区域金融集聚对经济增长的空间溢出效应研究 [J]. 经济与管理，2018，32 (1)：21 - 26.

[8] 梁龙武，先乐，陈明星. 改革开放以来中国区域人口与经济重心演进态势及其影响因素 [J]. 经济地理，2022，42 (2)：93 - 103.

[9] 彭文斌，韩东初，尹勇，杨祎，石校菲，邝劲松. 京津冀地区数字经济的空间效应研究 [J]. 经济地理，2022，42 (5)：136 - 143，232.

[10] 孙晓露，闫东升. 长江三角洲经济增长空间溢出效应的测度与分解 [J]. 经济地理，2021，41 (1)：66 - 73.

[11] 陶春海，王玉晓. 政府卫生支出对区域经济的空间溢出效应研究——基于山东省 17 市的空间面板模型 [J]. 华东经济管理，2019，33 (3)：19 - 24.

[12] 卫平，薛冰. 医疗卫生资源对医院创新的空间溢出效应研究 [J]. 中国医院管理，2017，37 (8)：19 - 21.

[13] 姚璐，王书华. 金融集聚与区域经济增长的交互影响及空间溢出效应——基于空间面板联立方程的实证研究 [J]. 统计学报，2022，3 (1)：27 - 39.

[14] 周文通. 京津冀经济发展的空间溢出效应——基于动态空间计量的实证研究 [J]. 中国社会科学院研究生院学报，2016 (2)：45 - 52.

[15] Elhorst J P, Freret S. Evidence of Politicai Yardstick Competition in France Using A Two-regime Spatial Durbin Model with Fixed Effects [J]. Journal of Regional Science, 2010, 49 (5)：931 - 951.

The Study of the Spatial Spillover Effect of Economic Coordinate Development in the Decade of New Era in the County Regions of Beijing, Tianjin and Hebei

Liu Zhenghe   Yuan Fuhua

Abstract: The report of the 19th National Congress proposed that socialism with Chinese characteristics has entered a new era. In the Government Work Report of 2014, Li Keqiang, the then premier, put forward the slogan of "Beijing – Tianjin – Hebei integration". After ten years of development, the development situation of the Beijing – Tianjin – Hebei region needs to be examined, especially for the development of counties in the Beijing – Tianjin – Hebei region, which is particularly noteworthy. This article uses spatial econometric methods to calculate the economic center of gravity and its movement, Moran index, and spatial correlation, and compares various spatial econometric models to find a suitable econometric model that is in line with the development of the Beijing – Tianjin – Hebei region in the new era. By decomposing the spatial Durbin model, the positive spatial spillover effects of various influencing factors on the development of the county economy are obtained, with the most obvious being the industrial structure, and proposed optimization methods for the research.

Keywords: Integration of Beijing – Tianjin – Hebei, Economic Center of Gravity, Spatial Autocorrelation Analysis, Spatial Durbin Model

政府消费券如何促进经济增长的？

——以安徽省为例*

朱道才　张梦云**

摘　要：突如其来的新冠疫情给全球带来了巨大的经济危机，为了缓解经济下行压力，各国政府采取了各种措施来刺激经济增长。中国政府也不例外，发放消费券成为政府刺激消费的手段之一。本文以后疫情时期政府发放消费券的实际效果为研究对象，通过理论和实证分析，深入探讨了消费券对经济的拉动作用及其社会经济意义。通过选取中部地区安徽省份作为样本，建立包含虚拟变量的回归模型，我们发现消费券的发放对促进消费和拉动经济增长具有显著效果。同时，我们也发现了一些问题，例如消费券的设计和使用存在地区差异、发放范围和力度不够广泛等。针对这些问题，我们提出了优化建议，包括加强消费券发放的普及度和针对性、完善消费券的使用规则和加强监管等。以期能为政府部门制定更具针对性和实效性的经济激励政策提供借鉴。

关键词：新冠疫情　消费券　实证分析　安徽省

一、引　言

在 2022 年，面对着严峻的国际环境和国内改革发展任务，各地区部门在以习近平同志为核心的党中央的坚强领导下，展现出了高效统筹疫情防控的能力。有效应对内外部挑战，国民经济顶住压力持续发展。根据初步核算，2022 年的国内生产总值达到了 1 204 724 亿元，如果按照不变价格计算，同比上年增长了 3.0%。2023 年前三季度，我国经济运行总体上呈现持续恢复向好态势，GDP 增速同比增长 5.2%，与我国高质量发展阶段的潜在增长率基本相当，中国将继续保持稳健的经济增长态势，继续为全球经济增长做出重要贡献。

企业是就业之本，在我国社会经济发展中具有举足轻重的地位。要实现全面建设社会主义现代化国家的目标，必须高度重视企业发展，优化企业发展环境。重启消费，拉动经济增长成为稳定经济形势、保障就业的重中之

---

　*　基金项目：国家社科基金项目"农业绿色低碳转型与粮食安全融合发展机制及路径研究"（编号：23BJY150）。

　**　朱道才（1966 ~ ），男，安徽和县人，安徽财经大学教授，博导，主要研究方向为农村经济与区域发展，E-mail：daocaizhu@126.com；张梦云（2000 ~ ），安徽合肥人，安徽财经大学区域经济学专业硕士研究生，主要研究方向：区域经济理论与实践，E-mail：18297960871@163.com。

重。在这一情况下，许多地方政府开始陆续发放消费券，消费券作为一种消费凭证和政府短期财政工具，目的在于刺激消费，调节市场需求，促进经济发展、社会公平和民生改善。为推进疫后经济的回暖，国家政府部门联合众多电商平台及商家在部分地区发放了线上消费券，刺激了消费，带动了经济的发展。据安徽省商务局数据显示，政府 2022 年 2 月以来共发放了 16.8 亿元消费券，拉动新增消费高达 58.8 亿元。也就是说，每发放 1 元消费券就可为商家带来 3.5 元的新增消费。消费券是一种有用的经济政策工具，可以增加消费者支出、促进贫困地区的消费，以及用于应急救援。因此，政府可能会考虑发放消费券来推动经济增长和提高社会福利。

二、文 献 综 述

消费券属于政府对居民的转移支付，在现有的文献中，关于政府支出增加对民间消费、投资以及整体产出的影响，学界看法存在较大分歧。一些学者认为，政府支出增加会产生挤入效果，即政府消费和民间消费之间具有互补性；另一些学者则主张这种影响主要为挤出，即政府消费与民间消费相互替代。例如，Schclarek（2004）提出，无论在发达国家还是发展中国家，提高政府开支都会促进居民的消费；李晓嘉（2012）研究民生支出对城乡居民消费的影响，结果显示无论在城市还是农村，政府的民生支出对居民消费都存在明显的挤入效应。另外，Ho（2001）以 24 个 OECD 国家为样本，实证分析发现政府支出与民间消费具有替代关系；王宏利（2005）通过比较研究得出政府不同类型的支出与居民消费有着不同的关系：政府消费支出与居民消费之间具有替代性，而政府投资支出与居民消费之间具有互补性；楚尔鸣等（2007）利用 1998～2005 年的省级面板数据分析得出，经济建设支出和行政支出对居民消费起到了促进作用，而社会文教支出对居民消费起到了抑制作用。

两种观点的分歧主要源于理论依据的不同。如果以凯恩斯的需求理论为依据，政府支出增加可以提高产出并增加可支配所得，从而诱发当期消费；而如果根据永久收入假说以及符合李嘉图等值定理进行推理，政府增加支出会引发未来税收增加的预期，从而让人们尽量减少当期消费。

至于消费券本身的经济实效，学术界的说法也是多种多样的。一些学者认为消费券的刺激作用有限，例如 Hsieh et al.（2010）发现 20 世纪 90 年代日本居民领取消费券后，消费经济效用关系并不明显。为了充分发挥消费券的效用，王成等（2020）提出政府可以通过确定合理的政府补贴和居民支付缴费比例来发挥消费券的杠杆作用，从而使得新增税收充分抵消前期政府转移支付。此外，李博硕（2020）提议政府可以降低消费券使用门槛以及丰富消费券种类，发放多平台通用型消费券以便更多的消费者参与进来，从而拉动更大规模的消费。另外，熊伟（2020）认为财政法、经济法、社会法、竞争法、金融法等法律的多元规制可以指导政府消费券的发放和支付以达到国务院有关公平竞争审查的要求。

三、消费券概念界定

（一）消费券类型划分

消费券根据其功能和特点，可以分为以下四种类型：①政府消费券，即政府通过财政资金资助的公益性和红利性消费券；②社会消费券，这是单位或个人发放的，不具备公益性和红利性的消费券；③旅游消费券，即政府通过适当补贴，专门为本地旅游者提供的消费券；④教育培训消费券，这是专门针对教育培训费用支出的消费券。此外，在分发消费券时，通常会采用特定的渠道，并遵循一定的使用规则，例如设定消费券的有效期限、指定商家范围和不进行找零等。在领取消费券后，用户须及时使用，以避免过期情况的发生。

政府消费券的领取步骤因地区和政策之不同存在一定的差异。以下是常见的领取方式：第一种是在特定网站或 App 上在线申领：部分政府机构会通过官方网站或特定的 App 发布消费券领取公告，申请人可在网上完整填写并提交申请。第二种到指定地点领取：有时，政府消费券会直接在特定场所发放，申领者需前往指定地点进行领取。第三种是通过抽签或在线抢购获得：部分政府机构会采取抽签或在线抢购的方式来发放消费券，因此，有兴趣的申领者需要提前关注相关信息，并准时参与抽签或抢购活动。

（二）消费券理论作用机制

消费券对经济增长产生作用的基本经济学原理主要包括凯恩斯乘数理论和生命周期—持久收入消费理论。根据凯恩斯乘数理论，政府支出的增加将导致国民收入成倍数增长，从而对经济增长产生促进作用。在经济学中，这个倍数被称为乘数，与边际消费倾向之间存在稳定的函数关系，边际消费倾向越大，乘数效应就越强烈。在经济衰退或萧条时期，政府通过发放消费券，刺激居民的消费支出，从而扩大边际消费倾向，进一步增强政府发放消费券对经济增长的乘数效应。根据生命周期—持久收入消费理论，理性消费者会在持久收入范围内制定生命周期内消费最大化的决策，因此，收入的临时增加将被平均分配到一生的消费中。因此，消费者在将消费券消费完后，会将原本用于消费计划的收入转化为储蓄，或者在二级市场上将消费券兑换成现金并储蓄起来，从而对原有消费产生"消费替代效应"或"消费挤出效应"。因此，消费券的经济增长效应存在理论上的争议。从乘数效应角度来看，消费券将成倍地拉动经济增长；而根据消费理论，消费券对扩大消费和拉动经济的作用有限。

虽然消费券对经济增长的作用在经典经济理论中存在一定的争议，但越来越多的文献表明，普惠型消费券具有与大规模税收返还相似的功能，是一种比政府直接购买更有利的政策工具，对经济增长的乘数效应大于挤出效应，能够在短期内显著推动总需求扩张和拉动经济增长。

四、消费券的实证分析

前文对后疫情时期的消费券进行了理论层面的分析，详细探讨了消费券的种类划分和作用机制，为了更加深入地了解消费券对经济的实际带动效果，本文选取了安徽省作为实证研究的主要对象。同时，我们还对各行业消费券的发放比例以及其对经济的提振效果进行了深入的分析。为了更加深入地了解消费券对经济的实际带动效果，本文选取了长三角地区中的安徽省2022 年数据作为实证研究的主要对象。同时，我们还对各行业消费券的发放比例以及其对经济的提振效果进行了深入的分析。

在选取安徽省作为研究目标时，我们主要基于以下三点进行考虑：

第一，安徽省，省会合肥市，位于中国华东地区，东连江苏省，西接湖北省、河南省，南邻江西省，北靠山东省。安徽省还是全国重要的交通枢纽之一，拥有合肥、芜湖等大城市和黄山、九华山等著名旅游景点。近年来，安徽省不断加大改革开放力度，积极引进外资和先进技术，经济实力逐渐增强。由于其地理位置的优越性、人才集聚、市场化程度高等多种因素，使得安徽省成为全国重要的经济增长极和创新驱动发展的方面具有重要作用。这些优势为消费券投放效果提供了良好的环境基础，使得消费券能够在更大范围内刺激消费、提升市场活力，进而促进经济的稳定增长。

第二，新冠疫情的暴发对全球经济造成了严重影响，中国经济发展也遭受了巨大的冲击。由于人流、物流受限，企业停工停产，产业链供应链受到严重冲击，安徽省经济发展面临较大的压力。因此，研究安徽省消费券的拉动效果对于促进该地区的经济恢复和发展具有重要的现实意义和参考价值。通过消费券的发放，可以刺激居民的消费需求，带动相关产业的发展，进一步推动产业链供应链的稳定和优化。

第三，安徽省作为中国经济发展的重要引擎之一，其经济数据的丰富性和可获取性在国内处于领先地位。这为我们进行实证研究和数据分析提供了便利条件。通过对安徽省的经济数据进行收集、整理和分析，我们可以更加准确地了解该地区的经济发展状况、市场需求和趋势，进而为消费券政策的制定和实施提供科学依据和有效支撑。同时，这些数据也可以为我们提供安徽省与其他地区的比较研究提供参考。

通过深入的实证研究和数据分析，我们可以更加准确地评估消费券在各行业的实际效果，及其对经济恢复和发展的积极作用。同时，这也有助于我们更好地理解消费券在不同地区和行业中的效果差异，为政府和企业制定更加有效的经济刺激政策提供有益的参考。

（一）模型设定

按照凯恩斯消费—收入理论，消费主要取决于人们的收入，两者呈线性关系。因此本文选取安徽省的城镇居民人均可支配收入（Y）和城镇居民人均消费性支出（C）作为变量进行回归分析。因消费券发放总金额及时间仅有简要报道，消费券政策无法量化，因此本文引入虚拟变量 D，以消费券发放初始月份为分界点，发放前 D＝0，发放后 D＝1。建立带有虚拟变量的回归模型如下：

$$lnc_t = \beta_1 + \beta_2 lny_t + \beta_3 D \times lny_t + u_t$$

（D＝1，消费券发放之后；D＝0，消费券发放前）

式中，c_t 为剔除物价因素的 t 时期的城镇人均消费性支出，y_t 为剔除物价因素的 t 时期的城镇人均可支配收入，u_t 为随机扰动项，β_1、β_2、β_3 为待估变量系数。运用对数线性方程进行回归，使数据更加平稳，消除潜在的异方差问题；同时使解释变量的估计系数具有弹性的含义，表示百分比变化率。

本文提出如下假定：

原假设 H_0：$\beta_2 = \beta_3 = 0$；

备择假设 H_1：β_2、β_3 不全为零。

（二）数据的选择

第一，Y、C 的季度数据来自国家统计局网站，通过 EViews 软件将数据由低频转高频，运用二次插值法将季度数据转为月度数据。

第二，将季度数据剔除物价因素影响。消费者价格指数（CPI）数据来源于各地方统计局网站，以 2019 年同月作为不变的基期价格指数（即上年同月＝100）。将 Y/CPI 设为变量 y，C/CPI 设为变量 c。

第三，c 和 y 做取对数处理，变量分别设为 lnc 和 lny。

第四，将数据进行回归分析。根据回归方程结果，得到消费券发放前后消费对收入的弹性大小 e_0、e_1 以及 Δe；根据消费对收入的弹性公式：

$$e = \frac{\Delta C/C}{\Delta Y/Y} = MPC \times \frac{Y}{C}$$

可以得出边际消费倾向的变化值 $\Delta MPC = \frac{C}{Y} \times \Delta e$，从而计算消费券发放后乘数效应变化大小。

（三）安徽省消费券经济效益的实证分析

按照前文所述的方法对数据进行分析处理。安徽省第一批消费券于 2022 年 6 月发放，以 6 月为时间节点，定义虚拟变量 D。相关数据如表 1、表 2 所示。

表 1   2022 年安徽省 c 与 y 数据取对数处理

月度	c	y	lny	lnc	D × lny
1 月	18.443	32.388	3.478	2.915	0.000
2 月	24.335	42.334	3.746	3.192	0.000
3 月	30.743	53.181	3.974	3.426	0.000
4 月	37.137	64.009	4.159	3.615	0.000
5 月	44.395	76.337	4.335	3.793	0.000
6 月	51.585	88.555	4.484	3.943	4.484
7 月	59.094	101.725	4.622	4.079	4.622
8 月	66.979	114.866	4.744	4.204	4.744
9 月	74.132	126.470	4.840	4.306	4.840
10 月	81.857	138.767	4.933	4.405	4.933
11 月	89.801	151.146	5.018	4.498	5.018
12 月	97.037	162.045	5.088	4.575	5.088

表 2   安徽省人均消费支出和人均可支配收入数据 EViews 分析结果

Sample：1 12			
Included observations：12			
Variable	Coefficient	Std. Error	t − Statistic	Prob.
---	---	---	---	---
C	− 0.647945	0.023574	− 27.48564	0.0000
lny	1.024818	0.005968	171.7149	0.0000
D1	− 0.023746	0.043539	− 2.695176	0.0273
lny × D1	0.023746	0.009656	2.459301	0.0394
R^2	0.999959	Mean dependent var		3.912583
Adjusted R^2	0.999943	S. D. dependent var		0.534818
S. E. of regression	0.004031	Akaike info criterion		− 7.928366
Sum squared	0.00013	Schwarz criterion		− 7.76673
Log likelihood	51.57019	Hannan − Quinn criter		− 7.988209
F − statistic	64 539.26	Durbin − Watson stat		1.496683
Prob（F − statistic）	0.0000			

根据表 2 数据，通过 EViews 软件进行回归分析，得到如下结果：

$lnct = -0.647945 + 1.024818lny_1 - 0.117345D + 0.023746D \times lnyt$

$T = (-27.48564)　　(171.7149)　　　(2.459301)$

$R^2 = 0.999959　　F = 64\ 539.26　　DW = 1.496683$

虚拟变量的回归系数的 t 检验是显著的，且模型的拟合优度很高，说明安徽省的城镇居民人均可支配收入（Y）和城镇居民人均消费性支出（C）之间的线性关系，在政府发放消费券前在截距和斜率上都存在明显差异，因此如下引用虚拟变量：

政府发放消费券后：

$lnct = -0.76529 + 1.048564lnyt$，D = 1，2022 年 M06 – M12。

政府发放消费券前：

$lnct = -0.647945 + 1.024818lnyt$，D = 0，2022 年 M01 – M05。

根据回归方程结果 $e_0 = 1.024$，$e_1 = 1.049$，$\Delta e = \beta_3 = 0.025$。若安徽省城镇居民人均消费 1 000 元，城镇居民人均可支配收入 2 000 元，发行消费券而使边际消费倾向 MPC 发生改变的值为 $\Delta MPC = 0.025 \times 1\ 000/2\ 000 = 0.013$。大致估算，收入每增加 1 000 元，消费增加 13 元左右。在三部门市场经济中，消费乘数为 $\frac{\Delta y}{\Delta c} = \frac{1}{1 - \beta}$（β 即边际消费倾向 MPC）。当 β 增大时，消费乘数增大。消费券发放后，增加的乘数效应为 $\frac{1}{1 - MPC - \Delta MPC} - \frac{1}{1 - MPC} = 0.057$。

（四）各行业消费券发放情况

政府积极参与，搭建平台，为企业提供优惠和扶持，以此刺激消费复苏。通过这种方式，企业让利给消费者，为他们提供更多的优惠和福利，从而刺激消费需求，促进经济增长。2022 年以来，一轮接着一轮的消费券发放，取得了非常不错的成效。这些消费券不仅带动了消费的复苏，也为企业提供了更多的商机和销售机会。同时，政府还通过各种政策措施，鼓励企业创新和转型升级，提高产品质量和服务水平，为消费者提供更好的产品和服务。这些措施的实施，不仅促进了经济的复苏，也提高了人民的生活水平和幸福感。

根据合肥市商务局的最新统计数据，合肥各县区、平台及商家等机构已发放了总价值高达 1.6 亿元的各类消费券，涉及汽车、家电、百货、餐饮以及文旅等多个行业。全市总计发放的消费券金额达到 2.4 亿元，这一举措在很大程度上拉动了消费市场的增长，销售额超过 30 亿元。这些数据充分展示了消费券发放对激发市民消费热情、促进消费回补的积极作用。在宣城，政府与企业共同合作，通过政府搭台、企业让利的方式，在主城区成功组织了涵盖商超、餐饮、图书、家电、汽车、电商等多个领域的促消费专场活动。这些活动累计为消费者带来了 4.2 亿元的消费动力。其中，6 月的商超和餐饮促消费专场活动取得了显著成果，万达广场当月餐饮销售额实现了 1 433 万元，同比增长高达 91%。2022 年 7~11 月，宣城市政府与中国电信宣城分公司密切合作，通过翼支付平台持续发放了总价值为 100 万元的家电消费券。令人振奋的是，这些消费券的核销率高达 99.4%，这一数据充分显示了市民对家电消费的热情以及消费券的认可度之高。7 月和 10 月，宣城市还先后组织了两场汽车促消费专场活动。在这两场活动中，全市共售出近 1 500 辆汽车，这一喜人的业绩再次证明了促消费活动对刺激汽车消费市场的积极推动作用。

据统计，自 2022 年 6 月以来，全省各地纷纷围绕汽车、家电、餐饮等重点领域，积极发放消费券，总金额高达 6.8 亿元。从消费券的发放区域来看，目前合肥市和芜湖市已经发放了亿元级别的消费券，而阜阳和淮南等城市也发放了超过 5 000 万元的消费券。其他各市也纷纷推出了千万级别的惠民消费券，以刺激消费市场的活力。从支持的行业类型来看，消费券主要涵盖了商超、汽车、家电及通信产品、餐饮、旅游、文体和成品油七个行业类型。这些行业都是与百姓日常生活息息相关的领域，因此通过消费券的发放，可以有效地刺激这些行业的消费增长，从而促进经济的复苏和发展。在补贴幅度方面，汽车行业的补贴金额最大，每辆车平均可以获得 2 000 元的补贴。而家电及通信产品单笔消费超过 2 000 元也可以获得 200 元的补贴。至于餐饮、旅游、文体和日用消费品等领域的消费券，每张面值为 5~50 元不等。这些补贴和优惠措施可以有效地减轻消费者的经济负担，刺激消费需求增长，从而促进市场的繁荣和发展。

除了发放消费券，各类活动的举办也为消费复苏增添了动力。2022 年以来，安徽省实施皖美消费促进行动，围绕汽车、餐饮、电商等重点行业和领域开展"徽动消费"系列促消费活动；实施"皖美好味道·百县名小吃"行动计划，评选推出"皖美好味道·百县名小吃"省级特色美食 200 道、省级特色美食体验店 100 家等；启动第九届安徽文化惠民消费季，举办各类文旅惠民消费活动 200 余场。

此外，安徽省还出台了一系列政策措施，以进一步促进消费复苏。例如，加大对重点领域消费的支持力度，鼓励金融机构推出更加灵活的消费信贷产品，以及加大对小微企业的支持力度等。这些政策的出台，不仅有助于促进消费复苏，也有利于推动安徽省经济持续健康发展。在政府搭台、企业让利、以此刺激消费复苏的大背景下，安徽省的消费市场呈现出良好的发展态势。各类消费券的发放和各类促消费活动的举办，有效地激发了市民的消费热情，促进了消费回补。同时，安徽省还积极推动了"皖美消费"系列促消费活动和"皖美好味道·百县名小吃"行动计划等，进一步丰富了市民的消费选择，满足了市民对美好生活的向往。未来，安徽省将继续加大政策支持力度，出台更加优惠的政策措施，以进一步促进消费复苏。同时，安徽省还将积极推动各类促消费活动的举办，为市民提供更加优质的消费体验。相信在政府和企业的共同努力下，安徽省的消费市场将会迎来更加美好的明天。

五、结论与建议

（一）结论

（1）本文首先对消费券的投放模式、作用机制以及其带来的社会经济效益进行了深入的理论分析。文章详细阐述了消费券如何通过"乘数效应"带动经济增长，不仅增加了消费券本身金额的消费量，同时也显著提高了人们的边际消费倾向。尽管这种增量在一般情况下可能并不显著，但在全球范围内受到新冠疫情的影响，经济形势低迷的时期，能够维持人们的消费水平已经显得弥足珍贵。因此，消费券的发放确实能够在一定程度上刺激消费，发挥出其应有的作用。

（2）本文以安徽省作为研究对象，进行了翔实的实证分析。通过构建引入虚拟变量的多元回归模型，我们成功地计算出了安徽省在消费券发放后增加的乘数效应，这一数值精确地等于 0.057。这一结果表明，消费券在安徽省内有效地带动了消费的增加，且这种增加效应是具有显著统计学意义的。

（3）此次消费券在各行业的发放比重各不相同，主要集中在百货超市、餐饮和文旅这三大行业。根据北京大学国家发展研究院的调查数据，我们可以看出，这三大行业在受到新冠疫情的冲击后，经济状况受到了最为严重的影响。然而，在得到消费券政策的扶持后，这些行业与其他行业相比，经济回暖的速度明显较快。这一现象充分显示了消费券对于恢复这些行业的经济活动具有积极的推动作用。

（4）本文还针对不同类型的消费券进行了比较分析。根据数据，我们发现，不同类型的消费券对于经济的拉动作用也存在显著的差异。例如，在安徽省的案例中，政府发放的消费券对经济的拉动作用要明显强于企业发放的消费券。这一现象可能源于政府发放的消费券覆盖面更广，且在消费者心中产生的信任度更高。

（5）本文通过分析还发现，消费券的发放对于不同收入层次的消费者也会产生不同的影响。一般来说，中低收入层次的消费者对于消费券的反应更为强烈，他们更有可能利用消费券进行消费。这表明，消费券的发放能够在一定程度上起到缩小收入差距的作用。

（6）通过对消费券的投放模式、作用机制以及其带来的社会经济效益的深入理论分析和实证研究，我们可以得出以下结论：消费券能够在一定程度上刺激消费，发挥出其应有的作用。特别是在经济低迷时期，消费券的发放能够维持人们的消费水平，对恢复经济活动具有积极的推动作用。同时，政府在发放消费券时应该考虑到其覆盖面和信任度的问题，以确保其最大程度地发挥作用。此外，对于不同收入层次的消费者也应有所区分，使消费券更有效地发挥作用。

在未来，我们可以进一步探讨如何优化消费券的发放方式和提高其使用效率，以更好地发挥其作用。例如，可以通过互联网平台进行电子消费券的发放，以提高其便利性和可追踪性；还可以针对特定人群（如低收入者、失业者等）进行精准发放，以更好地实现社会福利的最大化。在全球经济一体化的背景下，消费券的影响已经超越了单个国家和地区的范围。因此，未来还需要进一步研究消费券在全球范围内的影响和作用，以及如何通过国际合作和政策协调来更好地发挥其作用。

（二）建议

根据消费券的理论框架以及我们之前的实证研究，还有众多学者在消费券发放过程中遇到的问题，我提出以下几点关于完善消费券政策体系的建议，以期在未来实现更好的实施效果。

首先，我们需要建立一套全面且严格的消费券监管法律体系。这一体系应明确规定消费券资金的具体来源、补贴方式的选定以及补贴比例的确定。通过这种方式，我们可以确保政府在财政支出上的透明度，同时也保障了消费者在消费券政策中的合法权益。加强政府行政行为督查提高公共治理能力建设。作为一项政府政策，从公共绩效管理的角度来看，有必要对消费券政策合规性、政策目标、实施路径、方案可行性、实施绩效、实施过程中出现的问题与风险等展开评估与测评，便于提高政府公信力和公共治理水平。消费券作为政府购买公共服务的一种特定用途的专项支出形式，其财政资金的使用方向、使用媒介、管理费用、核销率等一系列信息应作为政府公开信息及时发布并为公众所知晓。根据网络上可搜寻的信息，部分地区并未公开电商平台在审核过程中是基于大数据的何种特征判断相应商家具有合约资格，并且平台审核部门的资质也并未公布。因此，建议各地政府在平台达到标准后再准予使用，否则可能会损害消费者利益。同时，地方政府应积极督促平台完善管理措施，提高行政管理与服务效率，不断提升政府公信力。加强行政行为督察。目前，各地方政府发放消费券的各地区责任部门较为分散，主要涉及文化、旅游、商务、体育、财政等多部门可能均担任过消费券发放主体，责任部门分散并不利于相关责任和权利的落实，反而容易形成管理责任推诿。在行政政策实施过程中，选择广告宣传媒介、确定发放平台、核销、清算等环节，应该关注权利失衡、内部人控制、利益输送等可能存在的监管问题值得探讨。

其次，我们应当拓宽消费券的发放主体范围。这不仅限于政府，也包括各个行业的商户。政府牵头、企业让利、政企联动，共同助力消费券合理有效的发放，政府能够在减轻自身财政压力的同时，也帮助企业提高业务水平和服务质量。

最后，我们还要关注消费券的发放金额和投放方向的灵活性。在财政状况良好的地区，可以适当增大消费券的发放力度，以进一步刺激消费，推动经济增长。而在财政状况较差的地区，则需要更加审慎地确定消费券的发放额度，确保其适应地方经济的发展需求。此外，消费券在各行业的投放比例也应有主有次，需要定向投入到真正需要的领域。关注民众满意度，优化发放方式。部分地方政府的文件虽然明确的受领主体为本市居民及其外来务工、旅游人员，感觉像是普惠型消费券，但实际上是存在拼网速、拼手速、随机中奖等技术性暗箱。同时，若个人或者家庭暂未使用或者因网络原因无法使用 4G 手机、电脑或者平板等电子产品，或者没有及时安装相应指定平台 App，则无法顺利实现快速、及时领取消费券、获得相应的普惠性公共福利。因此，在发放和实施政策设计时，地方政府应充分、及时地考虑到这一问题，可以通过网格式定向摸底、照顾特殊群体、适当发放纸质消费券或者通过身份证直接在居委会、社区活动中心直接领取，真正实现惠民政策的阳光普照，严禁借势涨价。调研中了解到，存在部分不良商家假借消费券的名义，实际发放各种折扣券、打折券，实质是促销行为、虚假折扣等行为，扰乱了正常的商业竞争秩序。对此，各地市场监督管理局、商务局等部门应履行必要的行政监管职能，对于违规行为应予以必要的行政干预，尤其是在商家诚信星级评估、知名商号、知名品牌推介等活动中采取必要的惩戒措施。

针对偏远贫困地区的消费券政策，本文建议进行一些调整。将消费券直接转化为现金发放给这些地区的居民，同时将消费券的优惠重点向生活贫困的群体倾斜。这样可以保障他们的基本生活需求得到满足。同时，为了更好地推动偏远贫困地区的发展，我们建议政府将一部分消费券资金用于投资基础设施建设，例如修路、建学校、医院等公共设施。这样既可以提高居民的生活质量，又可以创造就业机会，进一步推动当地的经济发展。考虑到偏远贫困地区的特殊性，我们还建议政府为这些地区的居民提供一定的税收减免政策，以鼓励他们进行消费。这样可以进一步提高他们的生活水平，同时也有利于刺激当地的消费市场发展。针对偏远贫困地区的消费券政策调整应该以保障居民的基本生活需求为重点，同时注重发放过程的监管和公平性，并考虑为当地的基础设施建设和税收减免提供支持，以促进当地的经济发展和人民生活水平的提高。

综上所述，通过实施以上建议，我们可以使消费券政策体系得到进一步的完善和优化。这些调整不仅能够提升消费券政策的实施效果，而且还能使其在促进地区经济发展中发挥更大的作用。同时，我们还要持续关注消费券的使用情况，以及贫困地区居民的需求变化，确保消费券政策能够切实惠及每一个有需要的人。

参 考 文 献

[1] 李晓嘉. 民生支出对城乡居民消费的影响及解释——基于省级动态面板数据的分析 [J]. 上海经济研究，2012，24（5）：68 – 74 + 84.

[2] 王宏利. 货币流量分析框架下的稳健财政政策预期效果研究 [J]. 数量经济技术经济研究，2005（6）：135 – 140.

[3] 楚尔鸣，鲁旭. 基于动态面板的地方政府支出对居民消费的挤出效应分析 [J]. 湘潭大学学报（哲学社会科学版），2007（6）：67 – 72.

[4] 黄琭琇，林建甫. 消费券政策之总体经济效果分析 [J]. 农业与经济，2009（12）：81 – 120.

[5] 薛菁，毛程连. 发放消费券对扩大内需的影响效应分析 [J]. 财经理论与实践，2010，31（1）：74 – 77.

[6] 王成，Jamal Khan. 财政压力下消费券的杠杆设计——兼论刺激消费的资金来源问题 [J]. 财政研究，2020（9）：29 – 39.

[7] 李博硕. 新冠疫情下消费券发放的内在逻辑与潜在风险研究 [J]. 价格理论与实践，2020（4）：47 – 50.

[8] 熊伟. 新冠肺炎疫情背景下政府消费券发放规则的法律检视 [J]. 武汉大学学报（哲学社会科学版），2020，73（5）：5 – 15.

[9] 南永清，肖浩然，单文涛. 家庭资产、财富效应与居民消费升级——来自中国家庭追踪调查的微观证据 [J]. 山西财经大学学报，2020，42（8）：1 – 15.

[10] 臧旭恒，陈浩，宋明月. 习惯形成对我国城镇居民消费的动态影响机制研究 [J]. 南方经济，2020（1）：60 – 75.

[11] 张建华，盛长文. 产业结构变迁及其经济效应研究进展 [J]. 经济学动态，2020（10）：127 – 144.

[12] Schclarek A. Consumption and Keynesian fiscal policy [R]. CESifo Working Thesis, 2004.

[13] Ho T. The government spending and private consumption: a panel cointegration analysis [J]. International Review of Economics & Finance, 2001, 10（1）: 95 – 108.

[14] Hsieh C T, Shimizutani S, Hori M. Did Japan's shopping coupon program increase spending? [J]. Journal of Public Economics, 2010, 94（7 – 8）: 523 – 529.

Evaluation of the Effect of Anhui Provincial Government Issuing Consumption Coupons

Zhu Daocai   Zhang Mengyun

Abstract: The arrival of the COVID – 19 epidemic has brought a huge economic crisis to the world. In order to alleviate the downward pressure on the economy, governments of all countries have taken various measures to stimulate economic growth. The Chinese government is no exception, and issuing consumption vouchers has become one of the government's means of stimulating consumption. This article takes the actual effect of government issuance of consumption vouchers during the post pandemic period as the research object. Through theoretical and empirical analysis, it deeply explores the driving effect of consumption vouchers on the economy and its social-economic significance. By selecting Anhui province in the central region as a sample and establishing a regression model containing dummy variables, we found that the issuance of consumption vouchers has a significant effect on promoting consumption and driving economic growth. At the same time, we have also identified some issues, such as regional differences in the design and use of consumer vouchers, insufficient distribution scope and intensity, etc. In response to these issues, we have proposed optimization suggestions, including strengthening the popularity and targeted distribution of consumer vouchers, improving the rules for the use of consumer vouchers, and strengthening supervision. I hope these suggestions can provide reference for the government to formulate more effective economic incentive policies.

Keywords：COVID – 19, Consumption Vouchers, Empirical Analysis, Anhui Province

人工智能对上市公司劳动收入份额的影响

——基于非均衡渗透的视角

芦婷婷　祝志勇*

摘　要：基于 A 股制造业上市公司的数据，考察人工智能对劳动收入份额的影响。研究发现：人工智能的应用显著提升了上市公司劳动收入份额；人工智能通过提高工资和人力资本水平促进企业职工劳动收入份额的提升；在国有、融资约束低、政府扶持力度低、行业垄断程度低的企业中，人工智能对劳动收入份额的促进作用更加显著；人工智能降低劳动密集型行业的劳动收入份额，提高资本密集型行业的劳动收入份额，对技术密集型行业的影响则不显著；人工智能对高技术制造业和中高技术制造业劳动收入份额产生显著正向影响，并未对中技术制造业和中低技术制造业劳动收入份额产生影响；人工智能的应用降低管理层劳动收入份额，提高普通员工劳动收入份额，并未扩大公司内部收入不平等的程度。

关键词：人工智能　劳动收入份额　收入分配　上市公司异质性

一、引　　言

智能化是信息技术的发展趋势，也是当今社会的重要特征。机器人则是人工智能应用的重要载体，被誉为制造业皇冠上的明珠。就全球来看，2020年底约有 300 万台工业机器人投入使用。就中国工业机器人安装量而言，2020 年工业机器人安装量位居全球第一（16.84 万台），占全球总安装量的44%，远超位于第二、第三位的日本（10%）和美国（8%）；就中国工业机器人安装密度而言，2020 年制造业机器人安装密度达 246 台/万人，约为

---

* 芦婷婷（1993~），山西临汾人，山西财经大学财政与公共经济学院，讲师，研究领域：数字技术和收入分配，电子邮箱：tingting@ snnu. edu. cn；祝志勇（1965~），四川蓬安人，西南大学经济管理学院，教授，研究领域：数字技术和收入分配。

全球平均水平（126 台/万人）的两倍①，是全球机器人安装密度发展最具活力的国家。近期，工业和信息化部与国家发展改革委、科技部等 15 个部门联合印发了《"十四五"机器人产业发展规划》，提出到 2025 年制造业机器人密度要增长 100%，即 450 台/万人以上。可见，人工智能的工业机器人应用是当前和未来工业发展的重要方向。

　　基于人工智能发展的现实背景，人工智能应用对经济社会产生的影响也成为学界关注的焦点。人工智能的应用属于资本体现式技术进步，为企业带来智能红利。人工智能技术的创造性破坏作用在淘汰部分工作岗位的同时，创造新的就业机会。劳动收入是我国广大居民的主要收入来源，人工智能对劳动力就业的影响归根结底会产生收入分配效应。初次分配处于分配的主导地位，在初次分配、再分配、三次分配中约占 82.68%，初次分配的公平秩序对促进共同富裕至关重要（孙豪和曹肖烨，2022）。在人工智能迅猛发展的同时，我国存在初次分配领域劳动收入份额偏低的事实，探寻劳动收入份额偏低的原因离不开人工智能技术的发展。由此，我们产生这样的疑问：人工智能应用到底会如何影响劳资分配，人工智能的应用是否会产生使得劳动收入份额下降的压力。提高劳动收入份额关乎中等收入群体的扩大、橄榄型社会的形成，是推动共同富裕的关键举措。党的十九届四中全会强调，要在保持经济增长的同时提升居民收入，实现劳动生产率与劳动报酬的同步增长。因此，亟须从学理上厘清人工智能对劳动收入份额的影响，以便积极应对人工智能在收入分配领域带来的潜在挑战。

　　人工智能应用存在企业和行业的非均衡渗透特征，我们猜测人工智能的应用对劳动收入份额存在显著的异质性。随着资本市场的不断发展，上市公司在经济中的作用凸显，2022 年 6 月 4 日，沪深两市上市公司达 4 910 家②。考虑到人工智能的应用主要集中于制造业行业，且上市公司的数据较为完整可靠，因此本文选取 2006～2019 年沪深 A 股制造业上市公司的数据作为研究样本，探究人工智能对职工劳动收入份额的影响。与非上市公司相比，上市公司是我国经济主体中的佼佼者（王雄元和黄玉菁，2017），从上市公司的微观角度清晰认识人工智能产生的要素分配效应，提出针对上市公司的具体政策建议，以期促进人工智能应用的有序推进和智能红利共享，为改善我国收入分配状况提供新的参考。为上市公司预防潜在的公司内部收入不平等问题，促进人工智能健康持续发展提供理论依据。

二、文　献　述　评

　　生产生活的智能化转型对劳动力市场产生巨大冲击，学界也开始关注人

---

① 资料来源：World Robotics 2021。
② 资料来源：国泰安数据库（CSMAR）。

工智能对收入分配带来的影响。有关人工智能的要素分配效应，学者们从宏观和微观层面进行了探究。从宏观层面来讲，陈永伟和曾昭睿（2019）使用2009～2014 年的省级面板数据，实证检验发现人工智能对人均 GDP、工资水平产生正向影响，但是会提高失业率，最终导致劳动收入份额下降；周明海等（2021）使用我国工业部门 2009～2018 年的省级面板数据探究人工智能对要素收入分配的影响，结果发现人工智能显著降低了劳动要素的分配比例，主要原因在于人工智能产生显著的就业替代效应、微弱的工资提升效应，但是生产率效应尚未显现；钞小静和周文慧（2021）则从技能偏向视角出发，基于 2008～2017 年省级面板数据考察人工智能对劳动收入份额的影响，结果发现人工智能通过提升劳动力的技能结构和扩大技能收入差距从而降低了劳动收入份额；宋旭光和杜军红（2021）同样使用 2001～2017 年中国省级面板数据，实证检验发现智能制造同时提高了劳动生产率和工资率，但是由于劳动生产率产生了对资本的超额需求，从而增加了资本利得，最终导致劳动收入份额的下降。从微观层面而言，余玲铮等（2019）使用广东省企业调查的数据实证检验发现，人工智能提高了劳动生产率和工资水平，但是劳动生产率的提高幅度大于工资，从而降低劳动收入份额；金陈飞等（2020）使用中国中小企业动态数据库和手工收集的浙江省 2015～2017 年"机器换人"分行业试点，通过双重差分倾向匹配得分法（PSM - DID）进行研究，结论表明人工智能促进了劳动收入份额的提高，劳动增进效应起主要作用；程虹等（2021）利用 2018 年中国企业综合调查数据实证检验发现，人工智能显著降低了劳动收入份额，主要是因为人工智能产生的生产率提升效应大于工资提升效应。此外，Benzell et al. (2015) 认为人工智能的发展会降低劳动收入份额，这是造成收入不平等的主要原因；DeCanio (2016) 构建 Houthakker 模型考察人工智能对劳动收入份额影响，结果发现人工智能对劳动收入份额的影响尚不明确；Gries & Naudé（2018）在内生增长模型的基础上加入人工智能资本，并对模型进行求解，结果发现人工智能降低了工资水平，最终降低劳动收入份额。

既有研究从宏微观层面对人工智能的要素分配效应做了有益探索，为本文提供了良好的文献基础。然而，仍存在以下不足之处：相关文献主要集中于宏观层面，少数涉及微观企业的研究存在样本时间范围过短、样本局限于某一特定地区的问题；机制分析较为单一，多数文献从劳动收入份额分解的角度展开机制分析。鉴于此，本文可能的边际贡献在于：（1）在分析上市公司人工智能应用和职工劳动收入份额特征事实的基础上，从微观层面考察人工智能对劳动收入份额的影响，并使用丰富的稳健性检验和内生性处理方法对结论进行验证。（2）从工资和人力资本水平探究人工智能影响劳动收入份额的微观机制，丰富了机制分析的角度。（3）考虑到以往文献较少涉及异质性的分析，本文将企业异质性、行业异质性等纳入分析。（4）考察人工智能对企业内部管理层和普通员工收入份额影响的异质性，以及对企业内部收入不平等的影响。

三、特征事实和理论分析

（一）特征事实分析

1. 上市公司劳动收入份额的度量

通过企业层面的劳动收入份额可以更细致地观察微观主体的劳动收入份额变化。企业职工劳动收入份额计算所需的数据有以下两方面的来源：一是工业企业数据库；二是上市公司数据。周茂等（2018）基于中国工业企业数据库，使用劳动者报酬（工资和福利费）占增加值的比重来度量企业劳动收入份额；刘丹鹭（2018）使用 A 股上市公司的相关数据，将企业劳动收入份额定义为：支付给职工以及为职工支付的现金/（支付给职工以及为职工支付的现金 + 固定资产折旧 + 营业利润 + 生产补贴 + 支付的各种税费 – 生产补贴），并计算了上市公司 2007~2016 年的劳动收入份额；赵德志和安素霞（2020）同样基于 A 股上市公司的数据，将劳动收入份额用"应付职工薪酬贷方发生额"除以营业总收入进行衡量，计算了 2007~2017 年上市公司的劳动收入份额；施新政等（2019）使用上市公司年报中"支付给职工以及为职工支付的现金"除以利润表中的"营业总收入"表示劳动收入份额。

考虑到数据的一致性和连续性，本文拟使用 A 股上市公司的相关数据计算企业劳动收入份额，具体计算公式为上市公司年报中的"支付给职工以及为职工支付的现金"除以利润表中的"营业总收入"（王雄元和黄菁，2017；施新政，2019）。其中，"支付给职工以及为职工支付的现金"包括职工支付的工资、奖金、津贴补贴、养老保险、失业保险、补充养老保险、住房公积金和支付给职工的住房困难补助等。稳健起见，本文同时借鉴江轩宇等（2021）、胡奕明和买买提依明·祖农（2013）的方法计算了企业职工的劳动收入份额。

2. 上市公司劳动收入份额的特征

表 1 是三种方法计算出的劳动收入份额，其中劳动收入份额 1 = 支付给职工以及为职工支付的现金/营业总收入（施新政等，2019），劳动收入份额 2 =（支付给职工以及为职工支付的现金 + 期末应付职工薪酬 – 期初应付职工薪酬）/（营业收入 – 营业成本 + 劳动收入 + 固定资产折旧）（江轩宇等，2021），劳动收入份额 3 =（支付给职工以及为职工支付的现金 + 期末应付职工薪酬 – 期初应付职工薪酬）/期末总资产（胡奕明和买买提依明·祖农，2013）。第二种方法对分母做了严格界定，不同于第一种方法和第三种方法

直接将公司的营业总收入或总资产作为分母，预期第二种方法计算的劳动收入份额相对较大。由于计算劳动收入份额 2 和劳动收入份额 3 所需的数据在 2006 年完全缺失，因此样本范围始于 2007 年。为方便观察，图 1 中每年的劳动收入份额为该年所有样本企业劳动收入份额的平均值。

表 1　　　　　　　　　　三种劳动收入份额的描述性统计

计算方法	样本量	均值	标准差	最小值	最大值
劳动收入份额 1	16 814	11. 002	1. 7971	8. 2697	13. 1181
劳动收入份额 2	15 613	49. 5193	4. 1309	42. 3718	54. 1022
劳动收入份额 3	15 613	6. 5440	0. 4572	5. 5228	7. 2211

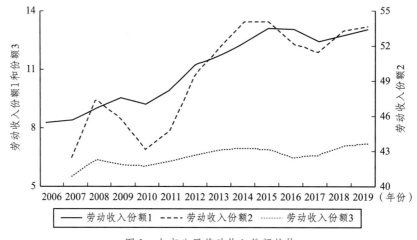

图 1　上市公司劳动收入份额趋势

资料来源：作者整理计算得出。

劳动收入份额的变动趋势分析如下。第一，企业的劳动收入份额并不稳定。三种方法计算的劳动收入份额均具有明显的波动趋势，标准差分别为 1.797、4.131、0.457，意味着企业的劳动收入份额并非稳定，这对劳动收入份额保持稳定的卡尔多事实提出挑战。第二，企业劳动收入份额呈波动上升的趋势。总体来看，劳动收入份额 2 显著高于其他两种方法计算的值，但是均表现出波动上升的趋势。第三，企业劳动收入份额的变化存在阶段性特征。根据波动趋势，将劳动收入份额的变化分期为三个时期。第一阶段：2010 年之前企业的劳动收入份额经历了先上升后下降的时期；第二阶段：2010 ~ 2015 年则呈现持续上升的态势；第三阶段：2016 ~ 2019 年企业劳动收入份额的变化特征为先下降后上升。

3. 人工智能的应用现状

人工智能技术在制造业的应用具体表现为工业机器人的使用（王晓娟等，2022）。本文拟采用企业层面机器人渗透度衡量企业人工智能的应用情况，具体的计算步骤参见第四部分。与机器人存量、销售量指标相比，机器人渗透度更能反映一国机器人的实际应用水平（王永钦、董雯，2020）。为了便于观察，计算每年企业机器人渗透度的均值，图 2 中展示的即为企业机器人渗透度的均值。

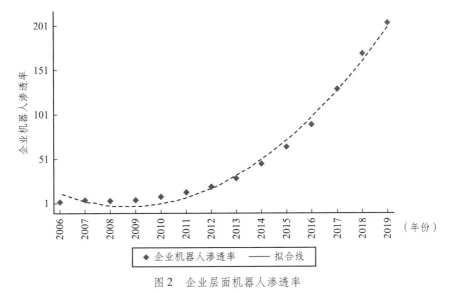

图 2　企业层面机器人渗透率

资料来源：作者整理计算得出。

人工智能应用的特征如下。第一，机器人渗透度呈指数上涨的趋势。从图 2 中可以看出，企业机器人渗透度呈显著的上升趋势。经计算发现，企业机器人渗透度从 2006 年的 1.55 台/每万名员工增加至 2019 年的 203.37台/每万名员工，年均增长率达到 45.51%，其中 2010 年的增长率最大（86.61%）。第二，机器人渗透度呈现行业非均衡的特征。依据计算的行业层面机器人渗透度的均值，如图 3 所示。可以看出，机器人渗透度最高的行业为汽车制造业，最低的行业为纺织及服装制品业，二者差距达 366.04。第三，机器人的渗透度存在企业异质性。根据企业特征进行分组，考察机器人渗透度在不同组别的均值差异。从表 2 中可以发现，机器人渗透度在不同融资约束程度、不同政府扶持力度、不同行业集中度中存在显著差异，但在不同所有权性质企业则无显著差异。

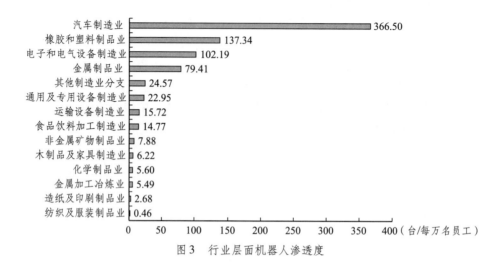

图 3　行业层面机器人渗透度

表 2　　　　　　　　　　　　机器人渗透度的异质性

分组变量	类型	均值	P 值
企业性质	非国有	58.6938	0.3455
	国有	57.6803	
融资约束	低	27.4732	1.20E－131
	高	86.0539	
政府扶持力度	低	47.0548	3.06E－11
	高	63.6958	
行业集中度	低	55.2575	0.0096
	高	60.9339	

4. 人工智能和上市公司劳动收入份额

为初步认识劳动收入份额与人工智能的关系，将二者的数值进行简单线性拟合，结果如图 4 所示。从中可以看出，人工智能和劳动收入份额的拟合线向右上方倾斜，二者表现为正相关关系，即随着机器人渗透率的增加，劳动收入份额也在增加。拟合曲线仅能从直观上了解二者的关系，还需进行计量分析进一步验证人工智能和劳动收入份额的关系。

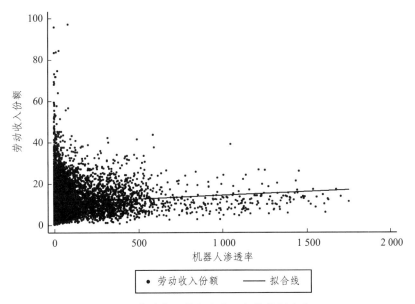

图 4　劳动收入份额和人工智能的拟合线

资料来源：作者整理计算得出。

（二）影响机制分析

1. 工资效应和生产率效应

根据经济的内在联系和劳动收入份额的定义，劳动收入份额的计算公式可以表示为：

$$Labs = \frac{w \times L}{Y} \qquad\qquad (1)$$

式中，w 表示平均工资，L 表示就业人数，Y 表示总产出。将分子分母同时除以 L，可得：

$$Labs = \frac{w}{Y/L} \qquad\qquad (2)$$

式中，分子 w 为平均工资，分母 Y/L 则为劳动生产率。

综上所述，人工智能对劳动收入份额的影响机制包括工资和劳动生产率。预期主要存在以下几种情形：（1）人工智能只对工资和劳动生产率的一方面产生影响，意味着仅存在工资效应或者劳动生产率效应；（2）人工智能对工资的影响大于其对劳动生产率的影响，意味着人工智能促进劳动收入份额的提高；（3）人工智能对生产率的影响大于其对工资的影响，意味着人工智能降低劳动收入份额。

人工智能与劳动生产率。就生产过程而言，人工智能的应用高效连接生产的各个环节，节约产品生产耗费的时间，提高生产过程的协同性。智能生产过程将机器、劳动多维数据间关联关系进行分析，将分析结果转化为新的生产指令，最大限度提高生产投入的效率。随着生产环节越来越多智能机器设备接入，这些机器设备之间的互联互通程度提高，生产环节数据积累增加，机器学习将发挥重要作用。在生产决策环节，收集的销售数据为生产何种产品或何种性能的产品提供依据，提高生产决策的准确性，将消费者需求与产品供给相协调。消费者数据的收集、分析不仅包括需求量，更重要的是消费者对产品功能的要求，意味着消费者参与生产过程，催生了柔性生产或定制需求生产。人工智能提高了投入和产出的协同性，其实质是将数据转化为智能生产、决策，从而提高劳动生产率。

人工智能与工资水平。从人工智能资本偏向的特征来看，人工智能的应用减少了劳动力的需求，使得相对剩余劳动力增多，对工资产生下行的压力。从人工智能的技能偏向特征来讲，人工智能的应用增加技能劳动力的需求，减少非技能劳动力的需求。相应地，技能劳动力在议价能力方面更具潜力，从而提高技能劳动力的工资。非技能劳动力则相对处于弱势地位，人工智能的应用甚至会剥夺其工作岗位，降低该群体的工资水平。因此，人工智能对工资水平的影响具有不确定性，资本对劳动力的替代程度、技能劳动和非技能劳动的工资差距是重要影响因素。

2. 人力资本提升效应

根据 Griliches（1969）提出的"资本—技能互补"假说，相对于非技能劳动力，技能劳动与物质资本的互补性更强。Duffy 等（2004）认为，机器设备投资规模的扩大，提高了技能劳动力的需求，降低了非技能劳动力的需求。技能劳动力具有更高水平的人力资本和技能，一方面技能劳动力学习相关技术知识的成本较低，且能够快速适应技术的变革；另一方面技术进步客观上要求高素质和高技能劳动力与之相匹配，有利于物质资本体现的技术进步在生产中更好地发挥作用。

人工智能的发展用机器、人、网络结合成新的群智系统，用户机器、人、网络和物结合成更加复杂的智能系统（沈红兵，2019）。人工智能需要先进的算法和模型，与传统物质资本的投入相比，其具有更高的技术复杂度。根据"资本—技能互补假说"，企业人工智能应用的深化，需要具备高技能的人力资本与之相匹配，才能更好地推动人工智能在企业的广泛渗透。低技能劳动力往往从事重复性或者程式化的工作，容易被人工智能替代。相反，高技能劳动力因其具备较高水平的专业知识、创新能力、沟通能力等，多从事复杂创造性或者非程式化的工作，被人工智能替代的风险较小。企业通过从外部引进高素质的人力资本，或者通过培训提升内部员工的技能水平，使得企业技能人员占比提高，整体的人力资本水平得以提升。技能劳动力的工资普遍高于非技能劳动力，企业技能劳动力占比的增加拉升了整体的劳动收入份额。因此，人工智能应用提高企业人力资本水平，最终使得企业劳动收入份额增加。需要注意的是，劳动力市场中技能劳动力的比例在一段时期内是固定的，实际中人工智能的人力资本提升效应存在限制。但对于上市公司而言，相对实力较为雄厚，可以为技能劳动力提供更优越薪资、福利条件，对技能劳动力的吸引力大，因此上市公司人工智能应用的人力资本提升效应更为显著。

四、计量模型构建和变量说明

（一）计量模型构建

本文构建如下计量模型：

$$\text{Labs}_{ct} = \alpha \text{ComRob}_{ct} + \sum_{m=1}^{m=n} \beta^m Z_{ct}^m + \gamma^c I_t + \gamma^t T_c + \varepsilon_{ct} \qquad (3)$$

式（3）中，Labs_{ct} 指的是第 t 时期企业的劳动收入份额，为被解释变量；Rob_{ct} 表示第 t 时期企业的人工智能应用水平，为核心解释变量；Z_{ct}^m 为所有控制变量的合集；I_t 为公司个体虚拟变量，T_c 表示时间虚拟变量，目的是控制个体异质性和时间异质性；α、β^m、γ^i、γ^t 对应解释变量的系数。其中，重点关注核心解释变量人工智能水平 ComRob_{ct} 的系数 α。

（二）变量说明和数据来源

1. 被解释变量

被解释变量为企业层面劳动收入份额。在基准回归中借鉴施新政等（2019）的计算方法，上市公司年报中"支付给职工以及为职工支付的现金"除以利润表中的"营业总收入"。

核心解释变量，企业层面机器人渗透度。借鉴王永钦等（2020）、Acemoglu & Restrepo（2020）的方法进行计算。具体计算步骤如下：

第一步，计算行业层面工业机器人渗透度指标：

$$\text{PR}_{jt}^z = \frac{\text{MR}_{jt}^z}{\text{L}_{j,t=2006}^z} \qquad (4)$$

式中，MR_{jt}^z 表示中国 j 行业 t 年的工业机器人存量；$\text{L}_{j,t=2006}^z$ 表示中国 j 行业 2006 年（基期）的就业人数，PR_{jt}^z 表示中国 j 行业 t 年的工业机器人渗透度。为了防止选择基期不同造成的数据偏误，本文同时使用 2006 年和 2010 年为基期计算行业层面的机器人渗透度。

第二步，计算企业层面工业机器人渗透度指标：

$$\text{ComRob}_{cjt} = \frac{\text{PWP}_{cjt=2011} \times \text{PR}_{jt}^z}{\text{ManuPWP}_{t=2012}} \qquad (5)$$

式中，ComRob_{cjt} 表示 j 行业 c 企业 t 年的工业机器人渗透度。$\text{PWP}_{cjt=2011}$ 表示制造业 j 行业 c 企业 2011 年（基期）生产部门员工数量，ManuPW-

$P_{t=2012}$ 表示制造业所有企业 2012 年生产部门员工占比中位数。

第三步，工具变量的计算。利用美国行业层面的工业机器人数据构造中国企业层面机器人渗透度的工具变量：

$$IVComRob_{cjt} = \frac{PWP_{cjt=2011}}{ManuPWP_{t=2011}} \times \frac{MR_{jt}^m}{L_{j,t=1990}^m} \tag{6}$$

式中，MR_{jt}^m 表示美国 j 行业 t 年的工业机器人存量，$L_{j,t=1990}^m$ 表示美国 j 行业的 1990 年（基期）的就业人数，二者相除表示美国 j 行业的工业机器人渗透度。

2. 控制变量

为了尽可能减少遗漏变量的问题，本文加入如下控制变量。（1）企业规模（Asse），使用公司总资产的对数表示。（2）资产收益率（ReAsse），使用公司净利润占总资产的比重表示。（3）资本结构（CapStr），使用总负债占总资产的比重表示。（4）资本密集度（CapInten），使用总资产占总收入的比重表示。（5）资本产出比（CapOut），使用固定资产净额占总收入的比重表示。（6）前十大股东持股比例（StoCon）。（7）托宾 Q 值（TobinQ）。（8）现金持有水平（CashHold），使用货币资金占总资产的比重表示。（9）融资约束（CurRa），使用流动比率表示。（10）省份经济发展水平（lnpgdp），使用所在省份实际人均 GDP 的对数表示。（11）行业集中度（hhi），使用营业收入计算的赫芬达尔 – 赫希曼指数表示，具体计算公式为 $hhi = \sum_{i=1}^{M} (X_i/X)^2$。其中，$X_i$ 表示第 i 家企业的营业收入，X 为同行业所有企业当期的营业收入的总和。

3. 数据来源

在核心解释变量和工具变量的计算中，工业机器人存量的数据均来自国际机器人联盟（IFR）；中国制造业分行业的就业人数来源于历年《中国劳动统计年鉴》；中国制造业企业生产部门员工数量来自万得（Wind）数据库；美国制造业行业的就业人数来自 NBER – CES 制造业数据库。由于中国制造业分行业就业人数对应国民经济行业分类与代码（GB/T 4754—2011）、上市公司行业分类对应证监会行业分类 2012 版、美国制造业行业分类对应美国 SIC 1987 行业分类、工业机器人存量数据对应国际分类标准，因此本文根据《GB/T 4754—2011 国民经济行业分类与代码》将中国制造业行业分类代码统一至 2011 年标准，借鉴闫雪凌等（2020）的方法将国民经济行业代码、证监会行业代码以及美国 SIC 1987 行业代码进行匹配，统一行业分类。企业劳动收入份额计算所涉变量、控制变量均来自国泰安数据库（CSMAR）。

4. 数据预处理

原始数据为沪深 A 股制造业上市公司，其中制造业的分类选择证监会

2012 行业分类标准，剔除 * ST、ST、S * ST 的上市公司，剔除主要变量劳动收入份额和机器人渗透度缺失严重的样本。由于机器人渗透度计算过程中涉及企业生产部门员工数量，因此剔除 2012 年生产部门员工数据缺失的样本。此外，对劳动收入份额为负、大于 1 的样本进行剔除。变量介绍如表 3 所示，变量的描述性统计如表 4 所示。

表 3　　　　　　　　　　　　　变量介绍

变量类型	变量名称	计算方法	变量符号
被解释变量	劳动收入份额	支付给职工以及为职工支付的现金/营业总收入×100%	ComLabs
解释变量	机器人渗透度	借鉴王永钦等（2020）	ComRob
控制变量	企业规模	总资产	lnAsse
	资产收益率	资产收益率 = 公司净利润/总资产	ReAsse
	资本结构	资本结构 = 总负债/总资产	CapStr
	资本密集度	资本密集度 = 总资产/总收入	CapInten
	资本产出比	资本产出比 = 固定资产净额/总收入	CapOut
	前十大股东持股比例	持股比例 = 出资额/注册资本金	StoCon
	行业集中度	使用营业收入计算的赫芬达尔赫希曼指数	hhi
	省份经济发展水平	实际人均 GDP	lnpgdp
	托宾 Q 值	托宾 Q 值 = 市值/资产总计	TobinQ
	现金持有水平	现金持有水平 = 货币资金/总资产	CashHold
	融资约束	流动比率 = 流动资产/流动负债	CurRa

表 4　　　　　　　　　　　　变量的描述性统计

变量符号	观测值	均值	最小值	最大值
ComLabs	14 436	11.3605	0.5310	99.3239
ComRob	16 116	57.9340	0.0001	1 753.76
lnAsse	14 451	21.9572	16.6492	27.4677
ReAsse	14 451	0.0348	−29.6087	7.4450
CapStr	14 451	0.4318	0.0070	28.5477
CapInten	14 447	2.2609	0.1162	773.4857
CapOut	14 445	0.5307	0.0001	407.7374
StoCon	14 451	56.7604	8.9750	97.3020
TobinQ	14 009	2.0646	0.1527	75.2085

变量符号	观测值	均值	最小值	最大值
CashHold	14 451	0.1851	0.0001	0.9147
CurRa	14 451	2.5906	0.0468	204.7421
lnCompgdp	16 814	9.3105	7.2778	10.8578
hhi	16 802	895.0986	143.4915	8 859.0660

五、实证结果分析

（一）基准回归结果分析

使用双向固定效应模型进行基准回归，结果如表 5 所示。其中，第（1）列仅为核心解释变量人工智能对劳动收入份额的回归，第（2）列为加入企业层面控制变量的回归结果，第（3）列为加入省级层面经济发展水平后的回归结果，第（4）列为加入行业层面集中度变量后的回归结果。结果发现，逐步加入控制变量的四种结果均显示人工智能对劳动收入份额的影响显著为正，且系数相差不大。

表 5   基准回归结果

变量	（1）	（2）	（3）	（4）
ComRob	0.0008 * (0.0005)	0.0011 ** (0.0005)	0.0011 ** (0.0005)	0.0010 ** (0.0005)
lnAsse		−1.7841 *** (0.3416)	−1.7842 *** (0.3416)	−1.7869 *** (0.3412)
ReAsse		−7.9872 *** (2.4345)	−7.9871 *** (2.4344)	−7.9911 *** (2.4331)
CapStr		−0.3248 (1.2938)	−0.3216 (1.2926)	−0.3171 (1.2924)
CapInten		0.2346 (0.1531)	0.2346 (0.1531)	0.2345 (0.1530)
CapOut		3.4591 *** (0.3149)	3.4601 *** (0.3147)	3.4601 *** (0.3145)
StoCon		−0.0001 (0.0095)	−0.0001 (0.0096)	−0.0002 (0.0095)

续表

变量	（1）	（2）	（3）	（4）
TobinQ		0.1843 ** （0.0776）	0.1844 ** （0.0776）	0.1849 ** （0.0777）
CashHold		− 0.5933 （0.6559）	− 0.5881 （0.6560）	− 0.6035 （0.6555）
CurRa		− 0.0039 （0.0169）	− 0.0039 （0.0169）	− 0.0037 （0.0169）
lnCompgdp			− 0.2166 （1.3431）	− 0.2485 （1.3501）
hhi				0.0001 （0.0002）
企业固定效应	控制	控制	控制	控制
时间固定效应	控制	控制	控制	控制
样本量	14 071	13 643	13 643	13 643
R^2_within	0.1223	0.3412	0.3412	0.3413
F 值	46.78	57.59	55.72	53.36

注：***、**、* 分别表示在 1%、5%、10% 的显著性水平下显著，括号内为稳健标准误差。

（二）稳健性检验

1. 缩尾处理

考虑到极端数据可能对回归结果造成的影响，本文将所有变量上下缩尾 1% 后再次进行回归，结果如下表 6 第（1）列所示。从中可以看出，人工智能对劳动收入份额的影响均显著为正，仅系数大小略有差别，这在一定程度上说明结论具有稳健性。

表 6　　　　　　　　　　　　稳健性检验

变量	（1）缩尾处理	（2）替换被解释变量			（3）替换核心解释变量
		logistic 转换	江轩宇等 （2021）	胡奕明等 （2013）	
ComRob	0.0015 ** （0.0006）	0.0002 *** （0.0000）	0.0045 ** （0.0019）	0.0007 ** （0.0003）	0.0013 ** （0.0006）
lnAsse	− 1.7485 *** （0.2246）	− 0.1658 *** （0.0262）	− 7.5608 *** （1.0270）	− 1.3688 *** （0.1511）	− 1.7857 *** （0.3412）

续表

变量	（1）缩尾处理	（2）替换被解释变量			（3）替换核心解释变量
		logistic 转换	江轩宇等（2021）	胡奕明等（2013）	
ReAsse	− 10. 2527 *** （1. 2787）	− 0. 6246 *** （0. 1436）	− 106. 1404 *** （33. 4014）	0. 4933 （0. 9585）	− 7. 9916 *** （2. 4332）
CapStr	− 1. 5552 ** （0. 7318）	− 0. 0919 （0. 0870）	23. 1327 *** （5. 1645）	0. 5986 （0. 5469）	− 0. 3168 （1. 2926）
CapInten	1. 6280 *** （0. 1391）	0. 0158 （0. 0104）	0. 8098 （0. 5689）	− 0. 0286 *** （0. 0103）	0. 2345 （0. 1530）
CapOut	1. 4959 *** （0. 3956）	0. 2789 *** （0. 0282）	1. 9130 （1. 5354）	− 0. 7519 *** （0. 1587）	3. 4601 *** （0. 0095）
StoCon	0. 0036 （0. 0083）	− 0. 0000 *** （0. 0009）	− 0. 1586 *** （0. 0358）	− 0. 0009 （0. 0055）	− 0. 0002 （0. 0095）
TobinQ	0. 2093 *** （0. 5688）	0. 0008 （0. 0056）	− 0. 8909 ** （0. 3864）	0. 2024 *** （0. 0570）	0. 1851 ** （0. 0777）
CashHold	− 1. 7773 *** （0. 5688）	− 0. 1249 ** （0. 0550）	− 12. 2526 *** （1. 9454）	− 3. 0303 *** （0. 3362）	− 0. 6056 （0. 6555）
CurRa	− 0. 1189 *** （0. 0349）	− 0. 0010 （0. 0019）	− 0. 0015 （0. 0332）	− 0. 0161 ** （0. 0075）	− 0. 0036 （0. 0169）
lnpgdp	1. 4162 （1. 1907）	− 0. 0643 （0. 1298）	4. 8029 （4. 6034）	1. 2409 （0. 9107）	− 0. 2502 （1. 3501）
hhi	0. 0000 （0. 0002）	0. 0000 （0. 0000）	− 0. 0006 （0. 0006）	− 0. 0002 （0. 0001）	0. 0001 （0. 0002）
企业固定效应	控制	控制	控制	控制	控制
时间固定效应	控制	控制	控制	控制	控制
样本量	13 643	13 643	8 235	9 359	13 643
R^2_within	0. 3849	0. 3500	0. 3896	0. 2220	0. 3413
F 值	68. 46	68. 27	63. 01	33. 70	53. 41

注：同表 5。

2. 替换被解释变量

既有文献有关公司层面劳动收入份额的计算方法并不统一，为了防止由于劳动收入份额的计算方法欠佳可能带来的回归结果偏误问题。本文同时使用以下三种方法替换被解释变量进行稳健性检验。（1）对基准回归结果中使用的劳动收入份额进行 logistic 转换，转换公式为 $\ln[ComLabs/(1-lnCom-Labs)]$。（2）借鉴江轩宇等（2021）的方法进行计算，即企业层面劳动收入份额＝（支付给职工以及为职工支付的现金＋期末应付职工薪酬－期初应付职工薪酬）/（营业收入－营业成本＋劳动收入＋固定资产折旧）。（3）根据胡奕明和买买提·祖农（2013）的方法进行计算，即企业层面劳动收入份额＝（支付给职工以及为职工支付的现金＋期末应付职工薪酬－期初应付职工薪酬）/期末总资产。替换被解释变量的检验结果如表 6 第（2）列所示，人工智能的系数均显著为正，验证了基准回归结果稳健可靠。

3. 替换核心解释变量

基准回归中是以 2006 年为基期计算行业层面渗透度，进而计算企业层面机器人渗透度。为了防止基期选择不同可能带来的计算偏误。本文同时使用 2010 年为基期的行业层面机器人渗透度计算企业层面机器人渗透度，在此基础上进行稳健性检验，结果如表 6 第（3）列所示，结果再次印证了结论的合理性。

4. 改变样本区间

考虑到 2006 年会计准则变化的问题，为了保证数据标准的一致性，本文剔除 2006 年的数据，将样本区间从 2006~2019 年更改为 2007~2019 年进行回归验证。结果显示，人工智能对劳动收入份额的影响系数为 0.001，且在 5% 的水平下显著，R^2 为 0.339。剔除 2006 年数据的回归结果与基准回归结果相同，均证实了人工智能对劳动收入份额的正向促进作用，说明了结论稳健可靠。篇幅所限，改变样本区间的稳健性检验未列出。

（三）内生性问题处理

1. 加入更高阶固定效应缓解内生性问题

为了缓解内生性问题，本文在控制企业固定效应和时间固定效应的基础上，加入行业固定效应×省份固定效应×年份固定效应，结果如下表 7 第（1）列所示。可以看出机器人渗透率的系数依旧显著为正，证明结论较为稳健。

2. 使用工具变量法解决内生性问题

使用前文计算出的工具变量 IVComRob，最小二乘法（2SLS）回归的结果如表 6 第（2）列所示，结果表明企业机器人渗透度的系数为正且显著，略大于基准回归的结果，结论较为稳健。为了更加稳健起见，同时使用更有效率和可以解决异方差问题的两步最优 GMM 方法和对弱工具变量不敏感的 LIML 方法进行回归，结果显示二者的回归结果与 2SLS 的回归结果相同，进一步证明结论稳健可靠。此外，在两阶段最小二乘（2SLS）的基础上加入该高阶固定效应，如表 7 第（3）列所示，结果表明机器人渗透度的系数显著为正，结论依旧稳健。

表 7　　　　　　　　　　　　　　　内生性问题处理

	（1）加入高阶固定效应	（2）2SLS、GMM、LIML	（3）加入高阶固定效应的 2SLS、GMM、LIML	（4）加入劳动收入份额滞后项
ComLabs$_{t-1}$				0.4290 *** （0.0344）
ComRob	0.0010 *** （0.0003）	0.0021 *** （0.0003）	0.0009 ** （0.0003）	0.0006 ** （0.0003）
lnAsse	-1.7997 *** （0.0813）	-0.7282 *** （0.0692）	-0.6860 *** （0.0690）	-0.9743 *** （0.2648）
ReAsse	-7.9921 *** （0.4076）	-11.7982 *** （1.9930）	-11.4145 *** （1.9770）	-9.2759 *** （0.2648）
CapStr	-0.3164 （0.2898）	-4.0226 *** （0.6776）	-4.0488 *** （0.6779）	-0.9314 （1.0398）
CapInten	0.2343 *** （0.0110）	0.3370 （0.2175）	0.3332 （0.2135）	0.0865 （0.1092）
CapOut	3.4528 *** （0.0834）	2.6613 *** （0.5745）	2.6860 *** （0.5637）	3.0878 *** （0.3559）
StoCon	0.0005 （0.0040）	-0.0028 （0.0039）	-0.0052 （0.0039）	-0.0008 （0.0067）
TobinQ	0.1832 *** （0.0345）	0.7970 *** （0.0713）	0.8272 *** （0.0713）	0.1206 * （0.0674）
CashHold	-0.5625 （0.3477）	1.1809 * （0.6747）	0.8272 *** （0.0713）	0.9974 （0.6381）
CurRa	-0.0038 （0.0093）	-0.0116 （0.0205）	-0.0086 （0.0205）	0.0100 （0.0149）
lnCompgdp	-0.7013 （0.6221）	1.6676 *** （0.1054）	1.9493 *** （0.1088）	-0.5393 （0.8798）
hhi	0.0001 （0.0001）	-0.0003 *** （0.0000）	-0.0002 ** （0.0000）	0.0000 （0.0001）
时间固定效应	控制			控制
企业固定效应	控制			控制

续表

	（1）加入高阶固定效应	（2）2SLS、GMM、LIML	（3）加入高阶固定效应的 2SLS、GMM、LIML	（4）加入劳动收入份额滞后项
行业固定效应 × 地区固定效应 × 时间固定效应	0.0001 *** （0.0000）		2.34e − 06 *** （0.0000）	
样本量	13 643	13 590	13 590	12 755
R^2	0.3417	0.2272	0.2374	0.4797

注：同表 5。

3. 加入劳动收入份额的滞后项

考虑到前期的劳动收入份额会对当期的劳动收入份额产生影响，可能存在"时间依赖"，本文尝试在基准双向固定效应模型的基础上加入劳动收入份额的滞后一期，构建动态面板模型，再次进行实证检验，结果如表 7 第（4）列所示。结果显示，人工智能的系数在 5% 的水平下显著为正，系数大小与基准回归存在略微差别，结论较为稳健。

六、进一步分析

（一）企业异质性分析

为了保证结果的稳健性，在异质性分析部分，本文均使用两阶段最小二乘法（2SLS）进行回归。在分组回归的基础上，使用费舍尔组合检验组间系数差异。

1. 企业所有权

根据企业的实际控制人区分国有企业和非国有企业，企业实际控制人的数据主要来自国泰安数据库（CSMAR），并对缺失数据依据万得（Wind）数据库进行补充，分组进行回归并进行相应的费舍尔组合检验。回归结果如表 8 所示，国有企业和非国有企业人工智能对劳动收入份额的影响均正向显著，但是国有企业人工智能的系数显著大于非国有企业。一方面，与非国有企业相比，除盈利目标外，国有企业还更多地承担维持社会稳定、促进就业的社会责任，向员工支付更高的工资（陆正飞等，2012）；另一方面，公众对国有企业履行社会责任的期望更高。国有企业倾向于分享更多的智能红利，惠及企业员工。因此，国有企业人工智能对劳动收入份额的促进作用明显大于非国有企业。

表 8 企业所有权

	国有企业	非国有企业
ComRob	0.0037 *** (0.0006)	0.0011 *** (0.0003)
控制变量	控制	控制
样本数	5 459	7 819
R^2	0.2270	0.2480
系数差异检验	p – value = 0.000	

注：同表 5。

2. 企业融资约束

本文同时使用两种方法衡量融资约束，一是借鉴贾坤和申广军（2016）的方法使用利息支出与负债的比，二是借鉴张晨霞和李荣林（2021）的方法使用利息支出与固定资产总额的比值。两种度量方法分组回归及系数差异的检验结果如表 9 所示。从中可以看出，两组企业人工智能对劳动收入份额的影响均为正，但是融资约束高的企业人工智能对劳动收入份额的影响小于融资约束低的企业。一方面，融资约束较为严重的企业获得外部融资的成本相对较高，具有较高的还款成本，因此其倾向于通过利润留存的方法进行内源融资（汪伟等，2013；赵秋运等，2020），从而削弱了人工智能对劳动收入份额的促进作用；另一方面，融资约束较高的企业往往倾向于降低劳动雇佣和工资水平（罗长远和陈琳，2012），使用人工智能技术具有较高的成本。相反，融资约束低的企业较少留存企业利润，员工可以更加充分共享人工智能带来的红利。因此，在融资约束低的企业，人工智能对劳动收入份额的促进作用更大。

表 9 融资约束

	融资约束 1		融资约束 2	
	高	低	高	低
ComRob	0.0016 *** (0.0003)	0.0025 ** (0.0010)	0.0016 *** (0.0003)	0.0025 ** (0.0010)
控制变量	控制	控制	控制	控制
样本数	6 154	7 436	6 154	7 436
R^2	0.2670	0.2281	0.2670	0.2281
系数差异检验	p – value = 0.090		p – value = 0.030	

注：同表 5。

3. 政府支持力度

本文采用（政府直接补贴 + 税费返还)/资产总额、当期获得的政府补贴/企业利润两种方法度量企业获得的政府支持力度，以中位数为标准划分政府支持力度高的企业和政府支持力度低的企业，进行分组回归及组间系数差异检验，结果如表 10 所示。从中可以看出，两组企业中人工智能对劳动收入份额的影响均显著为正，政府扶持力度高的企业中人工智能对劳动收入份额的促进作用较小。企业和政府间的信息不对称普遍存在，政府补贴的获取可能存在某种程度的企业寻租行为，寻租成本增加了企业额外的支出，对劳动收入份额形成挤压，因此政府扶持力度高的企业人工智能对劳动收入份额的影响反而低于政府扶持力度低的企业。企业详细披露相关信息，减少政府和企业之间信息的不对称在一定程度有利于劳动收入份额的提高。

表 10　　　　　　　　　　　　　　政府扶持力度

	政府扶持力度 1		政府扶持力度 2	
	高	低	高	低
ComRob	0. 0016 *** (0. 0003)	0. 0030 *** (0. 0007)	0. 0012 *** (0. 0004)	0. 0034 *** (0. 0005)
控制变量	控制	控制	控制	控制
样本数	8 197	5 393	7 952	5 638
R^2	0. 2445	0. 2393	0. 1966	0. 3312
系数差异检验	p-value = 0.040		p-value = 0.000	

注：同表 5。

（二）行业异质性

1. 行业垄断程度

根据计算的指标赫芬达尔－赫希曼指数衡量行业集中度，划分行业集中度高的企业和行业集中度低的企业，分组进行回归。从表 11 中可以看出，在两类企业中人工智能对劳动收入份额的影响均显著为正，但行业集中度高的企业人工智能对劳动收入份额的促进作用显著小于行业集中度低的企业。行业集中度对企业的影响表现在产品市场和劳动力市场。就产品市场而言，行业集中度高的企业获取垄断租金的能力较强，垄断租金的增加意味着资本收入的增加，相应减少劳动收入份额；就劳动力市场而言，行业集中度高的企业处于支配地位，劳动力的议价能力较弱。从技术扩散的角度考虑，行业集中度低的行业更有利于人工智能技术在企业间的扩散。因此，在行业集中度高的企业中人工智能对劳动收入份额的提升作用显著低于行业集中度低的企业。此外，费舍尔组合检验的结果也表明二者的系数差异显著。

表 11   行业集中度

	行业集中度高	行业集中度低
ComRob	0. 0018 *** (0. 0003)	0. 0052 *** (0. 0009)
控制变量	控制	控制
样本数	6 171	7 419
R²	0. 2364	0. 2470
系数差异检验	p - value = 0. 000	

注：同表 5。

2. 行业要素密集度特征

要素禀赋、技术水平等条件在短期内难以有较大改变，虽然产业的要素密集度是动态变化的，但在一般情况下变化非常缓慢，可以认为行业的要素密集度类型具有一定的稳定性。根据张其仔和李蕾（2017）的方法将制造业行业划分为劳动密集型行业、资本密集型行业和技术密集型行业，分样本进行回归。回归结果如表 12 所示，人工智能的应用显著降低劳动密集型行业的劳动收入份额，增加资本密集型行业的劳动收入份额，对技术密集型行业的影响则不显著。劳动密集型行业主要包括农副产品加工业、食品制造业、纺织业等，资本密集型行业主要包括化学纤维制造业、化学原料和化学制品制造业、黑色金属冶炼及压延加工业等。就劳动密集行业而言，处于加工装配环节（周勇，2008），大量依赖廉价的低技能劳动力，为追求运营效率分工高度细化，以程式化工作任务为特征，使用机器人替代人工的产业也主要集中于劳动密集型产业（余玲铮等，2019），人工智能对劳动力的替代作用更强，因此劳动密集型企业中人工智能对劳动收入份额的影响表现为抑制作用。就资本密集型企业而言，物质资本投入与劳动力结合更加紧密，机器的使用需要高技能劳动力，其倾向于雇佣高技能劳动力进行生产，人工智能与劳动力的关系以互补为主，因此人工智能对劳动收入份额的影响以正向促进作用为主。就技术密集型行业而言，有赖于研发投入和高技能人才，因此技术密集型行业人工智能应用对其劳动收入份额的影响并不显著。

表 12   分行业样本回归

	劳动密集型行业	资本密集型行业	技术密集型行业
ComRob	- 0. 0052 *** (0. 0019)	0. 0246 ** (0. 0109)	- 0. 0005 (0. 0004)
控制变量	控制	控制	控制

续表

	劳动密集型行业	资本密集型行业	技术密集型行业
样本数	3 146	2 715	7 729
R^2	0.2356	0.3423	0.2089

注：同表 5。

3. 技术研发强度

借鉴罗润东和郭怡笛（2022）的方法，结合《OECD 制造业技术划分标准》和《高技术产业（制造业）分类（2017）》，按照技术研发强度将制造业分为高技术制造业、中高技术制造业、中低技术制造业、低技术制造业[①]，分样本回归结果如表 13 所示。从中可以看出，人工智能对高技术制造业和中高技术制造业的劳动收入份额产生显著正向影响，对前者的影响（0.0134）大于后者（0.0009）；对中低技术制造业和低技术制造业劳动收入份额并未产生显著影响。主要原因在于，研发强度高的企业通常需要具备高水平的人力资本和高技能水平的劳动力，人工智能应用与劳动力的匹配程度较高。人工智能的应用对研发强度高的企业职工劳动收入份额产生正向的影响，随着研发强度的降低，其影响逐渐减弱甚至不显著。

表 13　　　　　　　　　　按技术类别分类的行业

变量	高技术制造业	中高技术制造业	中低技术制造业	低技术制造业
ComRob	0.0134 *** (0.0013)	0.0009 ** (0.0004)	0.0018 (0.0022)	0.0002 (0.0122)
控制变量	控制	控制	控制	控制
样本数	3 998	5 458	2 273	1 861
R^2	0.2107	0.2550	0.5016	0.2335

注：同表 5。

（三）劳动力异质性

1. 管理层和普通员工劳动报酬份额

管理层劳动报酬份额为董事、监事及高管薪酬总额占"支付给职工以及为职工支付的现金"的比重，普通员工劳动报酬份额为普通员工工资总额占"支付给职工以及为职工支付的现金"。将被解释变量更换为管理层劳动报酬份额和普通员工劳动报酬份额，使用最小二乘法进行回归，结果如表 14 所示。从中可以看出，人工智能的应用对管理层劳动报酬份额产生负向影响，

[①]　篇幅所限，具体的行业分类留存备索。

但是对普通员工劳动报酬份额产生正向促进作用。主要原因在于，普通员工主要根据他们在企业中逐渐掌握的软性技能来计酬，普通员工的利益与企业成功密不可分。一家企业的创新能力越强，就越需要普通员工掌握好软性技能，因此管理者有很强的激励为普通员工提供技能培训，增强普通员工的技能水平（菲利普·阿吉翁等，2021），从而使得人工智能的应用对普通员工的劳动报酬份额产生正向促进作用。

表 14　　　　　　　人工智能对管理层和普通员工劳动报酬份额的影响

	管理层劳动报酬份额	普通员工劳动报酬份额
ComRob	− 0.0005 *** (0.0001)	0.0005 *** (0.0001)
控制变量	控制	控制
样本数	13 568	13 568
R^2	0.2861	0.2861

注：同表 5。

2. 公司内部收入不平等

借鉴 Card et al.（2016）、Kline et al.（2019）使用公司内部不同类别员工工资差距衡量公司内部不平等，本文将公司内部不平等定义为管理层平均工资与普通员工平均工资的比值。高管平均工资 = 董事、监事及高管薪酬总额/管理层规模，其中董事、监事及高管薪酬总额数据从国泰安数据（CSMAR）直接获取，管理层规模 = 董监高人数总和 − 独立董事人数 − 未领取薪酬的董监高人数。普通员工平均工资 = 普通员工工资总额/普通员工数量，其中普通员工工资总额 = 支付给职工以及为职工支付的现金 − 董监高年薪总额，普通员工数量 = 企业职工总数 − 管理层人数 − 未领取薪酬的董监高人数。原始数据均来自国泰安数据库（CSMAR）和万得数据库（Wind）。从回归结果表 15 可以看出，人工智能的应用显著提高管理层和普通员工的平均工资，但对管理层平均工资的提升作用略大于普通员工；企业内部收入不平等对人工智能的回归系数为正，但是并不显著，意味着人工智能的应用并未对企业内部收入不平等产生显著影响。

表 15　　　　　　　人工智能对公司内部收入不平等的影响

	管理层平均工资	普通员工平均工资	公司内部收入不平等
ComRob	0.00018 *** (0.0000)	0.00017 *** (0.0000)	0.0003 (0.0004)

续表

	管理层平均工资	普通员工平均工资	公司内部收入不平等
控制变量	控制	控制	控制
样本数	13 570	13 583	13 567
R²	0.4328	0.3288	0.0974

注：同表 5。

（四）机制分析

1. 工资效应路径

本文同时使用"支付给职工以及为职工支付的现金"/员工人数、（支付给职工以及为职工支付的现金＋期末应付薪酬总额－期初应付薪酬总额）/员工人数两种方法计算平均工资。使用以上两种方法计算的平均工资进行中介效应检验，在一定程度上可以验证结论的稳健性，结果如表 16 所示。在两种情形下，Sobel 检验的 Z 值显著，Bootstrap 检验 BCa 标准下间接效应的置信区间不包含 0，均说明人工智能的应用通过提升平均工资水平促进劳动收入份额的提高。需要说明的是，以营业总收入/员工人数或者净利润/员工人数衡量劳动生产率，将劳动生产率作为中介变量的回归结果均表明劳动生产率这一渠道并不成立，篇幅所限回归结果并未列出。

表 16　　　　　　　　　　　　　　工资中介效应

	平均工资 1			平均工资 2		
	（1）ComLabs	（2）lnpwage	（3）ComLabs	（4）ComLabs	（5）lnpwage1	（6）ComLabs
lnpwage			3.4055*** (0.1082)			
lnpwage1						3.3143*** (0.1308)
ComRob	0.0040*** (0.0003)	0.0002*** (0.0000)	0.0030*** (0.0003)	0.0039*** (0.0004)	0.0003*** (0.0000)	0.0028*** (0.0004)
lnAsse	−0.7653*** (0.0526)	0.1821*** (0.0040)	−1.3858*** (0.0545)	−0.8423*** (0.0617)	0.1755*** (0.0047)	−1.4242*** (0.0640)
ReAsse	−11.6825*** (0.6472)	−0.2223*** (0.0494)	−10.9252*** (0.6254)	−10.6541*** (0.8942)	−0.1178* (0.0683)	−10.2635*** (0.8651)

续表

	平均工资 1			平均工资 2		
	（1） ComLabs	（2） lnpwage	（3） ComLabs	（4） ComLabs	（5） lnpwage1	（6） ComLabs
CapStr	- 3. 9975 *** （0. 0168）	- 0. 3052 *** （0. 0248）	- 2. 9581 *** （0. 3151）	- 3. 3176 *** （0. 3936）	- 0. 2643 *** （0. 0301）	- 2. 4415 *** （0. 3824）
CapInten	0. 3365 *** （0. 0168）	- 0. 0088 *** （0. 0012）	0. 3666 *** （0. 0162）	0. 2262 *** （0. 0189）	- 0. 0097 *** （0. 0014）	0. 2585 *** （0. 0183）
CapOut	2. 6878 *** （0. 1114）	- 0. 0826 *** （0. 0085）	2. 9694 *** （0. 1080）	3. 2118 *** （0. 1446）	- 0. 0849 *** （0. 0110）	3. 4932 *** （0. 1403）
StoCon	- 0. 0019 （0. 0037）	- 0. 0009 *** （0. 0002）	0. 0012 （0. 0035）	0. 0012 （0. 0043）	- 0. 0004 （0. 0003）	0. 0027 （0. 0041）
TobinQ	0. 7969 *** （0. 0414）	0. 0517 *** （0. 0031）	0. 6206 *** （0. 0403）	0. 7891 *** （0. 0538）	0. 0403 *** （0. 0041）	0. 6554 *** （0. 0523）
CashHold	1. 3106 *** （0. 4590）	0. 0316 （0. 0350）	1. 2030 *** （0. 4433）	1. 4653 *** （0. 5400）	0. 0148 （0. 0413）	1. 4161 *** （0. 5224）
CurRa	- 0. 0111 （0. 0137）	0. 0027 *** （0. 0010）	- 0. 0203 （0. 0132）	- 0. 0092 （0. 0150）	0. 0016 （0. 0011）	- 0. 0148 （0. 0145）
lnpgdp	1. 5800 *** （0. 0953）	0. 3552 *** （0. 0072）	0. 3701 *** （0. 0000）	1. 7134 *** （0. 1169）	0. 3416 *** （0. 0089）	0. 5811 *** （0. 1216）
hhi	- 0. 0003 *** （0. 0000）	- 0. 0001 *** （0. 0000）	- 0. 0001 * （0. 0000）	- 0. 0001 *** （0. 0000）	- 0. 0001 *** （0. 0000）	- 8. 56e - 06 （0. 0000）
样本量	13 643	13 643	13 643	9 351	9 351	9 351
R²	0. 2303	0. 3462	0. 2824	0. 2032	0. 3351	0. 2543
间接效应占比	0. 2468			0. 2668		
Sobel - Z	10. 74 ***			8. 998 ***		
Bootstrap	[0. 0008, 0. 0012]			[0. 0008, 0. 0014]		

注：同表 5。

2. 人力资本提升路径

为了使结果更加稳健，本文同时使用技术人员占比（jsz）和研发人员占比（zyfr）衡量人力资本的提升效应，使用逐步分析法进行中介效应检验，结果如表 17 所示。两种人力资本度量方法的结论相同，本文以技术人员占比为例进行分析，研发人员占比的分析与之相同。第（1）列和第（3）列中人工智能（ComRob）的系数均显著为正，且第（3）列小于第（1）列，符合存在中介效应的条件。进一步使用 Sobel 检验和 Bootstrap 检验验证人力资本中介效应存在的合理性，Sobel 检验结果显示中介效应显著，Bootstrap 检验的间接效应置信区间不包含 0 说明人力资本中介效应显著，中介效应的占比为 23.07%。综上所述，人工智能技术的应用通过提升人力资本促进劳动收入份额的提升，即人力资本是人工智能促进劳动收入份额提升的路径。

表 17　　　　　　　　　　　　　　　　人力资本路径

	技术人员占比			研发人员占比		
	（1） ComLabs	（2） jsz	（3） ComLabs	（4） ComLabs	（5） zyfr	（6） ComLabs
jsz		0.1009 *** (0.0054)				
zyfr						0.0831 *** (0.0091)
ComRob	0.0034 *** (0.0003)	0.0023 *** (0.0006)	0.0031 *** (0.0003)	0.0024 *** (0.0003)	0.0039 *** (0.0005)	0.0021 *** (0.0003)
lnAsse	−0.8625 *** (0.0647)	0.5022 *** (0.1158)	−0.9132 *** (0.0637)	−1.0343 *** (0.0937)	−0.4334 *** (0.1350)	−0.9982 *** (0.0932)
ReAsse	−14.4168 *** (0.7905)	−2.5293 * (1.4140)	−14.1615 *** (0.7776)	−15.6514 *** (1.0302)	−2.2084 (1.4831)	−15.4677 *** (1.0231)
CapStr	−4.5865 *** (0.4072)	−6.5178 *** (0.7284)	−3.9286 *** (0.4021)	−4.1911 *** (0.5994)	−3.5826 *** (0.8629)	−3.8932 *** (0.5960)
CapInten	0.2870 *** (0.0177)	0.1830 *** (0.0316)	0.2686 *** (0.0174)	0.9995 *** (0.0580)	1.2725 *** (0.0835)	0.8936 *** (0.0587)
CapOut	2.6375 *** (0.1256)	−1.3434 *** (0.2247)	2.7731 *** (0.1238)	0.4095 * (0.2270)	−4.9010 *** (0.3268)	0.8170 *** (0.2298)
StoCon	−0.0074 (0.0174)	−0.0603 *** (0.0079)	0.0034 (0.0043)	0.0124 ** (0.0061)	−0.0623 *** (0.0088)	0.0176 *** (0.0061)
TobinQ	0.8383 *** (0.0491)	0.2869 *** (0.0878)	0.8094 *** (0.0483)	0.7827 *** (0.0666)	0.2273 ** (0.0959)	0.7638 *** (0.0662)
CashHold	2.3172 *** (0.5623)	10.7992 *** (1.0058)	1.2273 ** (0.5561)	0.6170 (0.8425)	5.5615 *** (1.2129)	0.1546 (0.8381)

续表

	技术人员占比			研发人员占比		
	(1) ComLabs	(2) jsz	(3) ComLabs	(4) ComLabs	(5) zyfr	(6) ComLabs
CurRa	-0.0074 (0.0174)	0.0727 ** (0.0312)	-0.0147 (0.0172)	-0.1202 *** (0.0323)	0.0209 (0.0466)	-0.1219 *** (0.0321)
lnpgdp	0.9740 *** (0.1275)	2.1953 *** (0.2280)	0.7525 *** (0.1259)	0.7198 *** (0.1774)	2.2123 *** (0.2554)	0.5358 *** (0.1773)
hhi	-0.0004 *** (0.0001)	-0.0026 *** (0.0001)	-0.0001 (0.0001)	-0.0003 ** (0.0001)	-0.0023 *** (0.0002)	-0.0001 (0.0001)
样本量	10 368	10 368	10 368	5 710	5 710	5 710
R^2	0.2307	0.0815	0.2558	0.2329	0.1345	0.2437
间接效应占比	0.0695			0.1353		
Sobel - Z	3.641 ***			5.655 ***		
Bootstrap	[0.0001, 0.0003]			[0.0002, 0.0004]		

注：同表 5。

七、研究结论与政策启示

人工智能浪潮席卷全球，中国人工智能的应用处于高速发展中。本文通过构建双向固定效应模型，基于 2006～2019 年制造业 A 股上市公司的非平衡面板数据，实证分析了人工智能应用对劳动收入份额的影响，使用分组回归的方法探究存在的异质性，利用中介效应模型对影响机制进行验证。结果发现：（1）人工智能的应用显著提升了上市公司的劳动收入份额，在经过稳健性检验（缩尾处理、替换变量、更改样本区间）和内生性处理（加入高阶固定效应、工具变量法、滞后项）后，上述结论依旧成立。（2）就企业异质性而言，在国有、融资约束低、政府扶持力度低的企业中，人工智能对劳动收入份额的促进作用更加显著。（3）就行业异质性而言，按照资源密集程度进行分类，人工智能降低劳动密集型行业的劳动收入份额，提高资本密集型行业的劳动收入份额，对技术密集型行业劳动收入份额的影响不显著；按照研发强度进行分类，人工智能显著促进高技术和中高技术行业劳动收入份额的提高，对中低技术和低技术行业的劳动收入份额影响不显著。（4）就劳动力异质性而言，将劳动收入份额分为管理层和普通员工劳动收入份额，结果发现人工智能的应用降低管理层的劳动收入份额，提高普通员工的劳动报酬份额，并未扩大公司内部收入不平等的程度。（5）机制分析表明，人工智能通过提升工资水平和人力资本水平促进劳动收入份额的提升。

从微观上市公司的角度厘清人工智能应用对劳动收入份额的影响，是提出针对上市公司具体政策建议的基础。如果仅依据宏观层面人工智能降低劳动收入份额的结论，采取相应提高劳动收入份额的措施，则会导致政策措施实施效果不理想、政策的公平性受到损害。根据以上结论，得出如下政策启示：

第一，缓解企业融资约束，创造良好的营商环境，适度超前地推动上市公司人工智能的应用。在上市公司层面，人工智能的应用有利于劳动收入份额的提高，因此加快上市公司人工智能的应用符合共享发展的理念。人工智能的应用与政府的支持力度、企业人工智能的应用意愿，以及劳动力技能的匹配程度息息相关。具体而言，人工智能技术应用的成本较高，政府需要减轻企业的融资约束，为企业提供资金支持、税收优惠补贴等优惠政策缓解企业因融资约束导致的人工智能发展水平滞后的问题；加强企业和政府间的沟通，提高政府和企业之间信息透明度，有针对性地扶持相关企业，推动企业人工智能的应用进程；人工智能应用推广的初期存在潜在的技术垄断和市场风险等问题，政府密切监督人工智能的发展态势，扩大人工智能技术的扩散力度，创造良好的营商环境，降低企业面临的市场风险。

第二，企业、政府、员工个人合力提升劳动力的技能水平。人工智能的应用通过提升人力资本水平促进劳动收入份额的提高，意味着人工智能的应用需要劳动力提高技能水平和信息素养。对于企业而言，为扫除人工智能应用在知识技能方面的障碍，需要积极为员工提供有关人工智能的培训，提升企业人员和岗位匹配的程度，从而提高员工的生产效率；企业还可以通过举办各种有关人工智能的社会性比赛，加快人工智能相关知识的扩散，提高全社会对人工智能应用的关注度和相关知识的学习。就政府而言，明确企业智能化转型所需的技能结构，在学生的培养方面与企业展开合作，增设提高学生数字化技能的课程，培养既具备行业知识又熟悉人工智能技术的人才，打造从毕业到就业的通道。就个人而言，人工智能技术日新月异的发展要求个人养成终身学习的习惯，注重提升执行非常规任务的能力，比如学习能力、人际沟通能力、创造性思维等，才可以很好地适应劳动力市场的转型。

第三，根据企业所属行业的特征，制定差异化的产业智能转型方案，尤其关注人工智能应用对劳动密集型行业劳动收入份额的负面冲击。行业异质性分析表明，人工智能的应用显著降低了劳动密集型行业的劳动收入份额，因此需要积极应对人工智能对劳动密集型行业带来的冲击。就劳动密集型行业而言，产业的智能化转型是不可逆的趋势，劳动密集型行业的人工智能应用仍需推进，但是可以适当放缓推进的速度，为劳动力学习新知识和技能留出相应的时间，减少劳动力的技术性失业；劳动密集型行业人工智能的应用可以尝试引入协作型的人工智能，缓解由于人工智能应用造成的失业从而导致劳动收入份额下降问题。资本密集型行业和技术密集型行业应把握产业智能化转型的机遇，将人工智能技术与行业发展深度融合，推进人工智能技术在企业生产各个环节的应用，加强关联企业之间智能化转型的相关合作。

参 考 文 献

[1] 钞小静，周文慧．人工智能对劳动收入份额的影响研究——基于技能偏向性视角的理论阐释与实证检验 [J]．经济与管理研究，2021, 42 (2): 82－94.

[2] 陈永伟，曾昭睿．"第二次机器革命"的经济后果：增长、就业和分配 [J]．学习与探索，2019 (2): 101－113.

[3] 程虹，王华星，石大千．使用机器人会导致企业劳动收入份额下降吗？[J]．中国科技论坛，2021 (2): 152－160, 168.

[4] ［法］菲利普·阿吉翁 (Philippe Aghion)，赛利娜·安托南 (Céline Antonin)，西蒙·比内尔 (Simon Bunel)．创造性破坏的力量 [M]．余江，赵建航，译．北京：中信出版集团，2021.

[5] 胡奕明，买买提依明·祖农．关于税、资本收益与劳动所得的收入分配实证研究 [J]．经济研究，2013, 48 (8): 29－41.

[6] 贾珅，申广军．企业风险与劳动收入份额——来自中国工业部门的证据 [J]．经济研究，2016, 51 (5): 116－129.

[7] 江轩宇，贾婧．企业债券融资与劳动收入份额 [J]．财经研究，2021, 47 (7): 139－153.

[8] 金陈飞，吴杨，池仁勇，等．人工智能提升企业劳动收入份额了吗？[J]．科学学研究，2020, 38 (1): 54－62.

[9] 刘丹鹭．经济服务化与劳动收入份额的改善 [J]．东南学术，2018 (6): 100－109.

[10] 罗润东，郭怡笛．人工智能技术进步会促进企业员工共同富裕吗？[J]．广东社会科学，2022 (1): 54－63.

[11] 罗长远，陈琳．融资约束会导致劳动收入份额下降吗？——基于世界银行提供的中国企业数据的实证研究 [J]．金融研究，2012 (3): 29－42.

[12] 陆正飞，王雄元，张鹏．国有企业支付了更高的职工工资吗？[J]．经济研究，2012, 47 (3): 28－39.

[13] 沈红兵：《人工智能技术进步对劳动就业的影响研究》[M]．成都：西南财经大学出版社，2019.

[14] 施新政，高文静，陆瑶，等．资本市场配置效率与劳动收入份额——来自股权分置改革的证据 [J]．经济研究，2019, 54 (12): 21－37.

[15] 宋旭光，杜军红．智能制造如何影响劳动收入份额——基于中国省级面板数据的实证研究 [J]．经济理论与经济管理，2021, 41 (11): 79－96.

[16] 孙豪，曹肖烨．收入分配制度协调与促进共同富裕路径 [J]．数量经济技术经济研究，2022, 39 (4): 3－24.

[17] 汪伟，郭新强，艾春荣．融资约束、劳动收入份额下降与中国低消费 [J]．经济研究，2013, 48 (11): 100－113.

[18] 王雄元，黄玉菁．外商直接投资与上市公司职工劳动收入份额：趁火打劫抑或锦上

添花 [J]. 中国工业经济, 2017 (4): 135 - 154.

[19] 王永钦, 董雯. 机器人的兴起如何影响中国劳动力市场? ——来自制造业上市公司的证据 [J]. 经济研究, 2020, 55 (10): 159 - 175.

[20] 王晓娟, 朱喜安, 王颖. 工业机器人应用对制造业就业的影响效应研究 [J]. 数量经济技术经济研究, 2022, 39 (4): 88 - 106.

[21] 闫雪凌, 朱博楷, 马超. 工业机器人使用与制造业就业——来自中国的证据 [J]. 统计研究, 2020, 37 (1): 74 - 87.

[22] 余玲铮, 魏下海, 吴春秀. 机器人对劳动收入份额的影响研究——来自企业调查的微观证据 [J]. 中国人口科学, 2019 (4): 114 - 125, 128.

[23] 张晨霞, 李荣林. 全球价值链上游参与度、企业成本加成率与劳动收入份额 [J]. 现代财经 (天津财经大学学报), 2021, 41 (11): 75 - 92.

[24] 张其仔, 李蕾. 制造业转型升级与地区经济增长 [J]. 经济与管理研究, 2017, 38 (2): 97 - 111.

[25] 赵德志, 安素霞. 金融化方式与企业职工收入份额——基于配置方式的考察 [J]. 经济经纬, 2020, 37 (6): 139 - 150.

[26] 赵秋运, 马晶, 胡巧玉. 融资约束、企业储蓄和劳动收入份额——基于中国经济转型的发现 [J]. 宏观质量研究, 2020, 8 (2): 75 - 94.

[27] 周茂, 陆毅, 李雨浓. 地区产业升级与劳动收入份额——基于合成工具变量的估计 [J]. 经济研究, 2018, 53 (11): 132 - 147.

[28] 周明海, 郑天翔, 王秋实. 工业机器人应用的要素收入分配效应 [J]. 浙江社会科学, 2021 (6): 40 - 50, 157.

[29] 周勇. 劳动密集型产业向资本密集型产业升级的实证研究——以世界鞋业转移为例 [J]. 现代经济探讨, 2008 (4): 71 - 75.

[30] Acemoglu D., Restrepo P., 2020, Robots and Jobs: Evidence from US Labor Markets [J]. Journal of Political Economy, 128 (6): 2188 - 2244.

[31] BenzellS. G., et al., 2015, Robotsare Us: Some Economics of Human Replacement [R]. NBER Working Paper, No. 20941.

[32] Card D., Cardoso A. R., Kline P., 2016, Bargaining, Sorting, and the Gender Wage Gap: Quantifying the Impact of Firms on the Relative Pay of Women [J]. Quarterly Journal of Economics, 131 (2): 633 - 686.

[33] De Canio, Stephen J., 2016, Robots and humans complements or substitutes? [J]. Journal of Macroeconomics, 49: 280 - 291.

[34] Duffy J., Papageorgiou C., Perez - Sebastian F., 2004, Capital-skill Complementarity? Evidence from a Panel of Countries [J]. Review of Economics and Statistics, 86 (1): 327 - 344.

[35] Gries T., Naudé W., 2018, Artificial Intelligence, Jobs, Inequality and Productivity: Does Aggregate demand matter? [R]. IZA Discussion Paper, No. 12005.

[36] Griliches Z., 1969, Capital-skill Complementarity [J]. The Review of Economics and Statistics, 51 (4): 465 - 468.

[37] Kline P., Petkova N., Williams H., Zidar O., 2019, Who Profits from Patents? Rent-sharing at Innovative Firms [J]. Quarterly Journal of Economics, 134 (3): 1343 - 1404.

[38] Xie M., Ding L., Xia Y., et al., 2021, Does artificial intelligence affect the pattern of skill demand? Evidence from Chinese manufacturing firms [J]. Economic Modelling, 96: 295 – 309.

The Impact of Artificial Intelligence on the Labor Income Share of Listed Companies

—From the Perspective of Imbalanced Infiltration

Lu Tingting　　Zhu Zhiyong

Abstract: Based on data from A-share manufacturing listed companies, this paper examines the impact of artificial intelligence on labor income share. Research has found that the application of artificial intelligence has significantly increased the share of labor income of listed companies; artificial intelligence promotes the increase in the share of labor income of enterprise employees by increasing wages and human capital levels; in state-owned enterprises with low financing constraints, low government support, and low industry monopoly, artificial intelligence has a more significant promoting effect on labor income share; artificial intelligence reduces the share of labor income in labor-intensive industries and increases the share of labor income in capital intensive industries, but its impact on technology intensive industries is not significant; artificial intelligence has a significant positive impact on the labor income share of high-tech manufacturing and medium to high tech manufacturing industries, but has no impact on the labor income share of medium to low tech manufacturing industries; the application of artificial intelligence reduces the share of labor income for management and increases the share of labor income for ordinary employees, but does not expand the degree of income inequality within the company.

Keywords: AI, labor Income Share, Income Distribution, Heterogeneity, Listed Companies

"双碳"背景下数字经济赋能农业绿色发展的路径研究

屈晓娟　张　珂　任　鹏[*]

摘　要： 在"碳达峰、碳中和"目标引领下，数字经济驱动技术创新成为推动农业绿色发展转型的新引擎。基于数字经济赋能农业"生产—产业—经营"全产业链转型发展的理论分析，本文构建了数字经济赋能农业绿色发展的省份时点双向固定效应模型，通过对我国 30 个省份 2011～2020 年的面板数据进行实证分析，量化得出数字经济对农业绿色发展的影响。研究结果表明：数字经济发展能够显著增强农业绿色发展水平，且该结果在经过一系列稳健性检验后仍然成立。就其作用路径而言，数字经济能够通过促进技术进步和优化产业结构的方式提高农业绿色发展。异质性分析表明，数字经济对不同地区农业绿色发展的促进作用不同，对东部地区低碳转型的促进作用更显著。因此，我国在经济绿色转型关键阶段，应深挖数字经济发展潜力，优化农业绿色技术创新环境，差异化布局数字基础设施，以加速推进农业绿色转型。

关键词： 双碳背景　数字经济　农业绿色发展

一、引　　言

（一）研究背景

近年来，全球温室气体排放量急剧增加，气候变化已成为国际社会最为关注的问题之一。气候变化不仅破坏生态环境，造成气候变暖、海平面上升、极端天气等自然灾害，而且对人类社会经济发展构成重大威胁。推动低碳经济，实现可持续发展已成为世界各国的紧迫任务。改革开放以来我国农业农村经济发展取得瞩目成就的同时，也付出了巨大代价。农业面源污染日趋严重，化肥、农药等投入品过量施用、畜禽养殖粪污处置不当、农用地膜和农药包装物回收不足等问题突出（罗海平等，2023）。中国作为世界第一农业大国，农业碳排总量高于欧美。2022 年，农林业等土地利用部门温室气

---

　　* 屈晓娟（1982～），陕西合阳人，西安邮电大学，博士，教授，硕士生导师，陕西普通高校"青年杰出人才"，高级数字金融师，中国宏观经济学年会理事，陕西省经济学学会理事，陕西省乡村建设研究会常务理事。研究方向：数字金融、生态经济及乡村振兴等。邮箱：qxj2021@ xupt. edu. cn。

体排放约占净人为温室气体排放的 25%。有学者预测：2050 年农业产业或将成为最大的 CO_2 排放源之一（贺青等，2023）。面对资源条件与生态环境的双重"紧箍咒"，在"双碳"目标下着力降低农业碳排放，积极推进农业农村绿色低碳转型，协同减污、扩绿、增长，迫在眉睫。

截至 2022 年底，我国数字经济规模 50.2 万亿人民币，占 GDP 的 41.5%；数据产量达 8.1ZB，同比增长 22.7%，在全球占比为 10.5%，居世界第二。《"十四五"国家信息化规划》锚定"2025 年数字经济核心产业增加值占 GDP 比重提高到 10%"，全领域强调数字经济需与实体经济深度融合，以期充分释放各自资源优势。2023 年，中央一号文件明确提出要深入实施数字乡村发展行动，加快农业农村大数据应用，推进农业绿色发展。

随着"数字中国"建设与"双碳"目标快速推进，数字经济和绿色发展已成为我国未来经济社会发展的两大主要方向，加快推动二者深度融合成为推动农业绿色发展的必然选择。研究表明，我国农业绿色经济渗透率在 2022 年已超过了 10%，数字农业使信息技术与农业各个环节实现有效融合，对改造传统农业、转变农业生产方式具有重要意义（张康洁等，2023）。通过持续创新的网络信息技术，数字经济能够结合最新科学技术，将数字技术与农业绿色发展战略相结合，促进数据要素与传统生产要素的深度融合，实现农业现代化（赵涛等，2020）。因此，明确数字经济与农业绿色发展的关系，不仅有助于丰富数字经济的研究内容，而且为实现美丽乡村目标提供政策参考。

（二）文献述评

1996 年，Don Tapscott 首先提出了数字经济（Digital Economy），认为是在网络智能时代以信息通信技术（ICT）为基础的经济社会运行新范式（Don Tapscott，1996）。张勋等（2019）表明数字经济是以互联网技术的广泛应用为前提，进而引发一系列的经济活动，逐渐成为经济发展的必然趋势。伴随数字经济时代的到来，数字技术成为助力农业绿色发展的核心，数字技术创新应用可以有效促进能源清洁生产和能源绿色消费。梁琳（2022）指出数字经济可以降低农业成本、促进农业结构优化、深化一二三产业融合。万永坤和王晨晨（2022）认为数字经济能够通过产业结构升级促进高质量发展。温涛和陈一明（2020）认为数字经济有利于技术创新和人力资本积累，推动高质量发展。唐洪涛和李胜楠（2020）等认为数字经济可以赋能农村质量、效率变革。陈思杭（2023）指出，数字经济有助于缩小城乡差距，助力共同富裕。

我国对农业绿色发展的研究由来已久，从古代的"因地制宜""天人合一"开始，再到绿色发展理念的提出，强调了生态环境在经济发展中的作用。尹昌斌等（2021）认为农业绿色发展是转变农业发展方式，摒弃过去粗放式发展，转为资源节约型发展，提高质量和效益，满足国家粮食安全的战略，农产品质量安全需求的一种模式。农业绿色发展作为一种新型农业发展方式，统筹农业生产、农业生态和社会经济之间的物质、能量、信息交互传递，具有明显的系统性特征。农业绿色发展贯穿农业发展的方方面面，推进农业绿色发展是农业发展观的一场深刻革命。我国农业绿色发展理论还在不断完善，"绿水青山就是金山银山"理念为农业绿色发展理论提供了重要支撑。

目前，关于数字经济对农业绿色发展的研究较少，主要从促进绿色技术创新与产业结构优化升级的视角研究其效应。一方面，孙光琳等（2023）认为数字经济可以通过影响农业技术进步和技术效率来提高农业全要素生产率。宋洋（2020）认为数字经济发展更有利于提高资源匹配效率，降低创新成本，加快绿色技术创新。另一方面，李健（2023）指出数据要素重构农业产业链供应链的发展模式，数字平台拓展农业产业链供应链的服务空间，进而数字经济优化农业产业供应链。数字经济发展对农业现代化具有显著的促进作用，对农业产业体系现代化、农业生产体系现代化以及农业经营体系现代化也有促进作用（孙炜琳等，2019）。

综上所述，已有研究为本文认识数字经济发展对农业绿色发展提供了重要启示。然而，通过回顾既有研究可以发现，目前关于数字经济赋能农业绿色发展的文献定性研究较多，定量研究较少。因此，在"双碳"目标约束的现实背景下，针对数字经济赋能农业绿色发展的研究亟待补充，需要利用数据进一步开展实证分析。

基于以上分析，本文可能的边际贡献在于：第一，从农业数字经济的视角切入，明确了数字经济对农业绿色发展的影响，为今后全方位推广农业领域的数字化转型提供了理论依据；第二，基于面板数据从技术进步和产业结构两条路径系统性打开数字经济促进绿色发展的"机制黑匣"，为今后进一步在农业数字经济领域推进绿色发展找到了政策抓手；第三，在考虑"双碳"目标政策约束下，以数字经济的赋能效应为导向，为制定与经济高质量发展相契合的农业绿色发展政策提供参考。

二、理论分析及研究假设

农业温室气体排放前四大源为畜牧业及其肥料使用，农业用地，作物燃烧，毁林。一方面，数字经济可以通过减少农业碳排放来推动农业绿色发展，从农业前端的种植养殖造成的土地退化和水资源污染，中端的加工仓储引起的温室气体、能源消耗，再到后端的消费者食品、包装浪费，数字经济可以借助生产、产业、产品和消费绿色化来实现农业碳减排（王山等，2023）。另一方面，数字经济可以改造农业产业生产、经营和服务体系，引领现代农业产业新业态新模式发展，在减少农业碳排放的同时有效提高农业绿色全要素生产率，是实现农业碳达峰、碳中和战略目标的重要路径（田红宇和关洪浪，2022）。此外，数字经济还可以通过加快数字农技推广服务来降低农户绿色生产搜寻成本、谈判成本和获取成本，正向强化生态补偿对农户绿色生产的促进作用，以农业大数据应用为依托，重构农业生产要素配置效率，推进农业资源整合利用，推动管理智能化、经营高效化、流通智慧化来进行加强土壤和植物的碳汇作用（王群勇和李海燕，2023）。基于此，本文提出如下研究假设：

H1：数字经济发展水平的提升能够显著促进农业绿色发展。

进一步从农业生产活动的角度来看，数字经济赋能农业绿色发展的作用路径主要表现在推动技术进步和产业结构优化两个方面。

绿色技术进步对于促进农业绿色发展具有积极作用：一方面，技术进步将农业生产的各类生产要素重新组合，以更高的技术水平优化农业生产所需资源的消费结构，从而降低农业生产过程的资源消耗与污染物排放，使得资源得到合理利用，资源循环使用效率也有所提高，进而促进农业绿色发展（张传兵等，2023）；另一方面，技术进步提高绿色生产效率，实现技术效益转化为经济效益，使得农户在保持现有农业产出条件下降低污染排放，从而达到农业绿色发展的目的。高效的技术进步可以减少农业生产中的污染物排放，缓解经济发展对生态环境承载力的压力，更好地促进生态文明建设。基于此，本文提出如下研究假设：

H2：数字经济可以通过促进技术进步的路径赋能农业绿色发展。

从产业结构的角度来看，产业比重的变化会对发展方式产生较大影响。目前，对于农业产业结构高级化研究主要是利用农林牧渔业总产值占 GDP 的比重来衡量。数字经济的发展加速打通产业链各个环节，减少污染排放，借助绿色可循环设备、精准农业等减排工具赋能绿色发展。同样，数字经济改善了绿色农产品经营体系，通过加强农村电商建设，助力构建农产品网络销售供应链体系，极大地减少了农业经营的中间消耗，提高农业产值，持续优化农业产业结构，使新的农业产业结构倾向于环保低碳，而产业结构升级改善了能源驱动型的经济增长状况，优化了能源结构，可促进资源配置绿色健康发展，遏制高污染生产的资金来源，加快高污染农业向绿色农业的转变，从而实现农业绿色发展（张蕴萍和栾菁，2022）。基于此，本文提出如下研究假设：

H3：数字经济可以通过优化产业结构的路径赋能农业绿色发展。

不同区域之间经济发展程度及资源分配存在差异，导致不同区域间的数字经济与农业绿色发展水平有所不同。由于自身的资源和区位优势，东部地区的金融发展远远领先于中部地区和西部地区。特别是在传播绿色发展理念的背景下，东部地区的农业生产正逐步从传统的、有污染的农业转向节能环保的农业，吸引了大量绿色资本的涌入。相比之下，中部地区和西部地区在经济发展和技术创新方面远不如东部地区，所以中西部数字经济对农业绿色发展的促进作用略微不足。当数字经济的发展水平达到一定程度时，由此产生的资金约束将有助于鼓励污染型农业加强环境管理、及时进行环保生产，减少农业碳排放，从而提高经济增长的质量。目前，东部地区的数字经济工具发展水平较高，数字经济工具种类较多，而中部地区和西部地区的数字经济工具发展水平较低，数字经济工具种类单一（王群勇和李海燕，2023）。基于此，本文提出如下研究假设：

H4：数字经济对农业绿色发展的促进作用存在区域异质性。

三、模型设定与数据说明

（一）模型构建

为了检验数字经济发展对农业绿色发展的影响，构建基准回归模型如下：

$$GDE_{it} = C + \alpha DEI_{it} + \theta_i X_{it} + \mu_i + \varphi_t + \varepsilon_{it} \tag{1}$$

式（1）中，GDE 表示各地区农业绿色发展水平，DEI 表示数字经济发展水平，X 表示相关控制变量，μ_i、φ_t 表示个体、时间固定效应，ε_{it} 表示随机扰动项。i、t 分别表示 i 省份第 t 年的变量值。

为考察数字赋能农业绿色发展的作用机制，本文采用中介效用模型对前文提出的技术进步和产业结构优化进行检验，并设定如下模型：

$$M_{it} = \alpha_0 + \alpha_1 DEI_{it} + \theta_i X_{it} + \mu_i + \varphi_t + \varepsilon_{it} \tag{2}$$

$$GDE_{it} = \beta_0 + \beta_1 DEI_{it} + \beta_2 M_{it} + \theta_i X_{it} + \mu_i + \varphi_t + \varepsilon_{it} \tag{3}$$

式（2）中，M 为中介变量（包括技术进步和产业结构）。α_1 为数字经济对各中介变量影响的回归系数，β_1 为在考虑中介变量的联合影响下，数字经济对绿色发展影响的回归系数，β_2 为中介变量对农业绿色发展影响的回归系数。

（二）变量说明

1. 被解释变量

本文的被解释变量为农业绿色发展水平（GDE_{it}）。学术界对于农业绿色发展的概念界定有多种观点，但本质上都认为是一种以生态环境容量和资源承载力为准，实现资源节约、环境友好、产出高效、生活保障的农业高质量发展。其中，资源节约和环境友好是农业绿色发展的基础，也是农业绿色发展的重点和难点；产出高效和生活保障是农业绿色发展的基本任务。基于此，本文参考赵会杰等（2019）、巩前文等（2020）的研究，从以下四个维度构建农业绿色发展评价指标体系，测度方法为熵值法（见表 1）。

表 1   农业绿色发展评价指标体系

一级指标	二级指标	三级指标
资源节约	耕地复种指数	农作物播种面积/耕地面积
	单位播种面积农机总动力	农机总动力/农作物播种面积
	节水灌溉面积占比	节水灌溉面积/实际耕地灌溉面积
	农业劳动生产率	农林牧渔业总产值/农林牧渔业从业人员
环境友好	化肥施用强度	化肥施用量/播种面积
	农药施用强度	农药施用量/播种面积
	农膜使用强度	农膜使用量/播种面积
产出高效	粮食单产	粮食总产量/粮食播种面积
	单位播种面积农业总产值	农业总产值/播种面积
生活保障	农民人均纯收入	农村居民人均可支配收入 – 农民人均总支出

各省级行政区 2011 年及 2020 年农业绿色发展水平如图 1 所示。农业绿色发展水平排在前五位的依次是北京、天津、浙江、江苏、上海，一方面是由于其可能以绿色环保型农业生产方式为主，另一方面也与其农业数字经济发展水平较高有关。

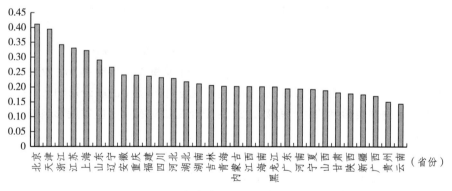

图 1   2011～2020 年各省级行政区农业绿色发展水平

2. 核心解释变量

本文的核心解释变量为农业中的数字经济发展水平（DEI）。当今学术界通过多种视角研究数字经济发展水平，但归根结底都认为其以数字化的知识和信息为关键生产要素，以现代信息网络为重要载体，通过数字技术与农业深度融合，不断提高传统农业数字化、智能化水平，加速重构农业经济发展的新型经济形态。本文指标体系的构建应多方综合，从前端生产到后端经营，不仅包含农业数字基础设施、数字农业产业发展，还包含农村数字普惠金融、农业数字创新能力来进一步量化数字经济对农业绿色发展的作用。考虑各指标的数据可获得性，参考王军等（2021）、刘军等（2020）、赵涛等（2020）的指标选取方式，选取以下四个一级指标表征不同维度的数字化水平，构建中国省份数字经济评价指标体系，如表 2 所示。选用熵值法对各个指标进行降维处理，尽量避免指标信息重叠造成的结果偏差。

表 2　　　　　　　　　　中国省份农业数字经济评价指标体系

一级指标	二级指标	三级指标
农业数字 基础建设	光缆线路覆盖率	长途光缆建设总里程/行政区面积
	数字农业产业发展	农业物联网设备数量（个）
	信息产业基础	计算机服务和软件业固定资产投资（万元）
数字农业 产业发展	农村数字化基地	淘宝村数量（个）
	农业生产环境检测情况	环境与农业气象观测业务站点个数（个）
	电子商务销售额	基于网络订单而销售的商品和服务总额（亿元）
	数字产品服务消费水平	农村居民家庭每年使用数字化产品和服务的消费支出占比
农村数字 普惠金融	覆盖广度	数字普惠金融覆盖广度指数
	使用深度	数字普惠金融使用深度指数
	数字化程度	数字普惠金融数字化程度指数
农业数字 创新能力	农业科技研发投入	农业科技研发投入（万元）
	农业科技发展基地	农村创业创新园区（基地）数量（个）
	农业科技创新能力	有效发明专利数/专利申请数

各省级行政区 2011 年及 2020 年农村数字经济发展水平如图 2 所示。可见各地区之间数字经济发展水平存在较大差异。

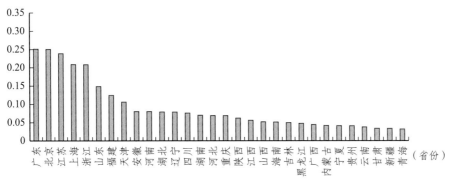

图 2　2011～2020 年各省级行政区数字经济发展水平

3. 中介变量

技术进步（TECH）：使用农业全要素生产率衡量农业技术进步，倾向测算整个农业部门的技术进步。运用 DEA – Malmquist 指数法测算中国 30 省份 2011 ~ 2020 年的农业全要素生产率：

$$M_i(x^{t+1},\ y^{t+1},\ x^t,\ y^t)=\frac{D_i^t(x^t,\ y^t)}{D_i^{t+1}(x^{t+1},\ y^{t+1})}\times\left[\frac{D_i^{t+1}(x^{t+1},\ y^{t+1})}{D_i^t(x^{t+1},\ y^{t+1})}\times\frac{D_i^{t+1}(x^t,\ y^t)}{D_i^t(x^t,\ y^t)}\right]^{\frac{1}{2}}$$

(4)

式中，$M_i(x^{t+1},\ y^{t+1},\ x^t,\ y^t)$ 表示 t 期到 t + 1 期的农业全要素生产率变化情况，$(x^t,\ y^t)$ 和 $(x^{t+1},\ y^{t+1})$ 分别表示在 t 期和 t + 1 期的投入和产出量。选取化肥投入、劳动力投入、土地投入、机械投入、灌溉投入、电量投入和牲畜投入 7 个变量为投入变量，农业产值为产出变量。通过 DEAP 2.1 软件测算得到样本区间内中国 30 个省份的农业全要素生产率及其分解项。农业全要素生产率属于以上年为基期的环比指数，故最终各年份农业技术进步指数应以 2010 年为基期、其余年份通过累乘计算得到。

产业结构优化（ISR）：本文采用农林牧渔业总产值占 GDP 的比重衡量产业结构优化。产业结构优化促进农业生产的高效化和集约化，提高农业生产效率，从而降低农业碳排放。通过发展生态农业、循环农业等模式，可以促进农业资源的循环利用，提高农业生产效益，促进农业绿色发展。

4. 控制变量

财政支农水平（FIN）：用各地区的农林水支出占财政总支出的比例表示。一方面，财政支农能够增加农业经济的绿色生产率，减少农业生产带来的碳排放，提高产业附加值；另一方面，低碳农业科技研发专项资金加大了节能环保型农业机械的研发和使用，进而促进了农业绿色发展。

工业化水平（IL）：使用第二产业增加值占 GDP 的比重来表示。工业化水平的高低影响农业发展水平。工业化可能会抢占农业生产要素，对农业发展产生挤压效应，不利于农业绿色发展。

农业人力资本（lnEdu）：用农村人口平均受教育年限来表示。农业劳动力素质越高，对数字经济等先进技术接受度就越高，理论上有利于农业绿色发展。

农村基础设施（Road）：为各省份公路总里程与各省份面积的比值来表示。农村基础设施越完善，越有利于发挥数字经济的正向作用，加快农业绿色发展进程。

5. 数据来源

本文实证分析中采用的样本数据为 2011 ~ 2020 年中国 30 个省份的面板数据，因数据缺失问题未将西藏、香港、澳门以及台湾纳入研究范围。以上各类数据主要来自《中国统计年鉴》《中国农业统计年鉴》《中国农村统计年鉴》和国家统计局网站及地方统计局网站等。其中，中国数字普惠金融指数来自北京大学数字金融研究中心；补充数据来源于相应年份的各省份统计年鉴、统计公报等；缺失数据采用插值法、邻近均值法或均值法补充。

四、实 证 分 析

（一）基准回归结果

考虑到中国不同省份之间存在较大差异，以及为推动经济发展实现绿色低碳转型，中国长期以来实施环境规制政策，这意味着各省份的绿色发展水平不仅取决于自身的经济发展特征，还受到不随地区变化但随时间变化的政策因素的影响。因此，本文选择采用省份时点双向固定效应模型作为基准回归模型，以此考察数字经济对农业绿色发展的影响。基准回归结果如表 3 所示。

表 3　　　　　　　　基准回归及稳健性检验结果

变量	（1）	（2）	（3）	（4）
DEI	0.459 *** (3.10)	0.363 *** (2.78)	0.368 *** (2.85)	0.425 ** (2.43)
FIN		0.115 (0.99)	0.078 (0.76)	0.070 (0.69)
IL		−2.250 ** (−1.91)	−2.485 ** (−2.05)	−2.614 ** (−2.49)
lnEdu		0.055 ** (2.56)	0.037 ** (2.29)	0.049 ** (2.14)
ROAD		0.047 (1.18)	0.039 (1.64)	0.036 (1.49)
常数项	0.176 *** (3.91)	0.648 *** (4.82)	0.142 ** (2.54)	0.206 *** (4.05)
省份效应	控制	控制	控制	控制
时点效应	控制	控制	控制	控制
R^2	0.417	0.608	0.619	0.632
F	21.13	19.44	16.23	15.45
LR − F	362.86 ***	114.30 ***	114.30 ***	114.30 ***
Hausman	23.54 ***	70.36 ***	70.36 ***	70.36 ***

注：***、**、*分别表示在1%、5%、10%的显著性水平；圆括号内为标准误统计量。

　　在未引入控制变量的情况下，模型（1）的估计结果表明，数字经济发展对农业绿色发展具有显著的正向影响。在引入控制变量后，模型（2）的结果显示，数字经济发展与农业绿色发展水平之间仍存在统计上的显著正向关系，即数字经济发展水平的提高能够显著促进农业绿色发展。结合模型的联合显著性检验结果和拟合优度可知，各模型的估计结果在统计解释方面具有良好的效力。就基准回归模型（2）得到的统计结果而言，数字经济发展水平每上升 1%，大约可以使农业绿色发展提高 0.363%。表明数字经济发展对农业绿色发展具有促进作用，充分印证了数字经济的促进效应，H1 成立。财政支农水平和农村基础设施水平对农业绿色发展的估计系数虽不显著，但为正，表明提升财政支农水平和农村基础设施能在一定程度上提高地区农业绿色发展水平；农业人力资本对农业绿色发展的估计系数显著正，表明优化农业人水平会显著提高地区农业绿色发展水平。工业化水平对农业绿色发展产生显著负向影响，表明工业化水平上升，会降低农业绿色发展水平。

（二）稳健性检验

1. 内生性处理

　　研究可能面临两种内生性问题，一是遗漏变量问题，尽管本文从多维度控制了一系列可能因素，但仍可能存在遗漏变量或数字经济的测量误差导致的偏误；二是正向因果问题，农业绿色发展水平与数字经济之间可能存在正向因果关系。因此为解决模型的内生性问题，本文参考 Stenberg et al.（2009）、Katara（2016）将数字经济的一阶滞后项作为工具变量，利用 2SLS 方法进行回归分析。数字经济的一阶滞后项和当期的数字经济高度相关，且与误差项不相关，满足相关条件；同时，数字经济的一阶滞后项并不会对被解释变量产生直接的影响，满足工具变量外生性的要求。表 3 中模型（3）的回归结果通过了不可识别检验和弱工具变量检验，证明了工具变量的有效性，且数字经济发展对农业绿色发展水平的估计系数仍显著为正，表明基准回归结果是稳健的。

2. 随机抽取子样本

　　在实证分析中，尽管本文考虑了诸多控制变量，同时也采用固定效应控制不可观测的农业差异对绿色发展的影响，但由于样本的数据选取存在偶然误差，这使得模型估计可能不准确，从而导致模型产生问题。鉴于此，本文选择随机剔除 20% 的样本数量后，对模型估计结果进行稳健性检验。根据表3 中模型（4）的估计结果可知，在采用随机抽取子样本克服模型可能存在的问题后，数字经济对农业绿色发展影响的回归系数仍然显著为正，即数字经济发展能够显著提高农业绿色发展水平的研究结论成立。

（三）影响机制检验

在验证数字经济发展能够显著提高农业绿色发展水平的研究后，需进一步探究和检验数字经济赋能农业绿色发展的作用机制，为数字经济推进农业绿色发展提供理论基础。因此，本文进一步从技术进步和产业结构的角度出发，采用联合显著性检验以及自举法（Bootstrap）检验方法考察中介效应，模型估计结果见表 4。

表 4　　　　　　　　　　　　中介效应模型估计结果

变量	M（1）	M（2）	M（3）	M（4）
DEI	1.429 * （1.65）	0.314 *** （2.37）	1.572 *** （3.02）	0.306 *** （2.32）
TECH		0.155 * （1.90）		
ISR				0.092 * （1.68）
控制变量	控制	控制	控制	控制
常数项	0.677 *** （3.06）	0.745 *** （7.33）	1.326 *** （4.94）	0.476 *** （7.94）
省份效应	控制	控制	控制	控制
时点效应	控制	控制	控制	控制
R^2	0.806	0.646	0.841	0.624
F	14.26	16.52	36.61	18.95
Bootstrap	0.393 ***		0.440 ***	

注：***、**、* 分别表示在 1%、5%、10% 的显著性水平；圆括号内为标准误统计量。

模型 M（1）和模型 M（3）分别汇报了数字经济对技术进步和产业结构影响的回归结果，模型 M（2）和模型 M（4）分别汇报了在加入技术进步和产业结构后，数字经济对绿色发展影响的回归结果。根据回归结果可知，首先，数字经济对技术进步和产业结构占比均具有正向影响，且比较其回归系数可以看出，数字经济对产业结构的正向作用强度更大。其次，就技术进步和产业结构对农业绿色发展的影响而言，二者均对农业绿色发展具有显著的正向影响。由于当中介效应较弱时，联合显著性检验的检验势不高，本文进一步结合 Boostrap 检验结果进行判断分析。检验结果显示，以上两种中介效应模型的 Boostrap 检验的置信区间分别为［0.670，0.115］和［0.721，0.159］，均在 99% 的置信区间内不包含 0，说明检验结果均显著拒绝"不存在中介效应"的原假设。最后,观察各中介效应模型中数字经济对农业绿色发展的回归结果可以看出,在加入中介变量后,数字经济仍然对农业绿色发展存在显著的正向影响,H2、H3 成立。

综合以上结果可知,技术进步和产业结构对于数字经济加快农业绿色发展水平均存在显著的中介效应,即数字经济能够通过促进技术进步和优化产业结构的方式加快农业绿色发展,且相比而言,优化产业结构是其主要的路径。产业结构优化使农业结构调整更合理,通过优化农业结构,可以促进农业生产各个环节的协调和高效,从而加快农业绿色发展。

(四) 异质性分析

实际上,我国各地区在经济发展、资源禀赋等方面差异明显,可能导致数字经济发展水平、绿色技术创新和农业绿色发展水平存在区域异质性。为了剖析数字经济发展对各地区的异质性影响,本文依据所处地理区位,将 30 个省级数据划分为东部、中部、西部地区三个子样本,用三个子样本重新进行回归,回归结果如表 5 所示。

表 5   异质性分析结果

变量	东部地区	中部地区	西部地区
DEI	0.310 * (1.73)	0.242 (1.33)	0.135 ** (2.58)
控制变量	控制	控制	控制
常数项	2.112 ** (2.59)	1.133 *** (7.82)	1.248 *** (5.68)
省份效应	控制	控制	控制
时点效应	控制	控制	控制
R^2	0.401	0.827	0.608
F	17.72	9.919	10.94

注: ***、**、*分别表示在 1%、5%、10% 的显著性水平;圆括号内为标准误统计量。

根据回归结果可知,数字经济发展水平对三大地区农业绿色发展的影响均为正,H4 成立。具体来看,东部地区和西部地区数字经济发展水平对农业转型的回归系数分别为 0.310、0.135,且分别通过 10%、5% 显著性水平检验;而中部地区数字经济发展水平对农业绿色发展的回归并不显著,其回归系数为 0.242。综上所述,相较于中、西部地区,数字经济发展水平对东部地区农业绿色发展的促进作用更强。

综合以上结果可知,东部地区凭借较强的数字技术应用水平和创新水平、较大规模的市场、较发达的数字产业等优势，大力集聚资源，数字经济基础设施较为完善，环境保护政策、绿色发展战略实施力度更强，互联网、大数据等新兴技术带来了更充分的信息、合理的价格、供需匹配、市场环境更为公平，与传统产业的融合和渗透更加深入，使数字经济促进农业绿色发展的作用更为显著；中部地区土地要素和用能资源较为充裕，但数字基础设施尚不完善、数字经济起步较晚，数字技术应用和创新水平不断发展，数字经济对农业绿色发展的增进效应有待进一步加强；西部地区大部分在经济发展、数字基础设施、资本存量等方面均滞后于东、中部地区，产业基础相对薄弱，数字技术应用和创新水平相对滞后，在数字基础设施建设方面仍有较大发展空间，数字经济对农业绿色发展的积极赋能效应无法充分发挥。

五、结论与政策建议

（一）结论

本文基于中国 30 个省份 2011～2020 年的面板数据，采用省份时点双向固定效应模型，实证分析数字经济对农业绿色发展的影响。研究主要结论如下：

第一，数字经济发展水平的提升能够显著加快农业绿色发展水平，且该结论在经过一系列稳健性检验后仍然成立，即数字赋能对于促进农业绿色发展具有显著的正向效应。第二，就数字经济加快农业发展的作用路径而言，技术进步和产业结构均对数字经济加快农业绿色发展存在显著的中介效应，即数字经济能够通过促进技术进步和优化产业结构的方式赋能农业绿色发展，且相比而言，优化产业结构是其主要方式。第三，数字经济对农业绿色发展的促进效应具有区域异质性，相比于中部地区和西部地区，对东部地区农业发展的正向作用更显著。

（二）"双碳"目标下增效数字经济赋能农业绿色发展的进路

1. 加快推进农业产业数字化与公共服务在线化

鼓励和支持农业企业、科研机构等加大对数字技术的研发和应用力度，推动数字技术在农业生产、加工、销售等各个环节的应用，提高农业生产效率和质量。通过对农业数据资源的深度开发和利用，可以实现农业生产的精细化管理和农业产业结构的优化升级，为农业绿色低碳高质量发展提供有力支持。继续推进农业绿色转型发展，重点加强农业生态文明建设。加强科学顶层设计，制定实现农业绿色发展的路线，确定农业绿色转型发展的重点领域、重点产业、重点区域，配以相应的政策支持和技术支持。转变农业发展理念，建立健全农业生态文明法律法规，规范农业生产，建立农业生产生态数据观测平台，系统量化考核农业生产生态现状并及时改进调整，推动农业生产生态建设成为农业绿色发展水平提升的核心动能。

2. 提升数字经济发展的技术和产业结构效应

尽管数字经济可以通过促进技术进步和优化产业结构对农业绿色发展做出贡献，但绿色生产技术采纳成本高但效益难以充分实现，导致农户特别是粮食种植农户的采纳度较低。未来发展中，要提升数字经济发展的技术和产业结构效应，促进农业绿色发展。一方面，就技术进步而言，应加大绿色生产技术的使用密度，给予农户一定的补贴，同时加大对"大国小农"问题的整治，加快引进优质企业对农村土地的规模化、系统化和数字化开发，利用大数据和人工智能技术对农田环境进行监测和数据分析，优化农业生产过程，提高产量并降低能源消耗，并通过精准农业的方式，提高农业机械的使用效率，降低农业机械的能源消耗，从而加快农业绿色发展。另一方面，从产业结构上看，还需加快引入智能化的生产管理系统，不断优化农业生产流程，提高农业生产的整体效率，完善农业产业链，发展农产品深加工和农业废弃物资源化利用等产业，有针对性地推动地方的农业转型升级，加快中国新农业产业结构的发展。

3. 加大数字化基础设施投入以缩小地区间农业绿色发展水平差距

继续大力推行"宽带中国"，实现农村通信网络覆盖升级，补齐农村和贫困地区的数字设施和服务短板，保障农村居民获取数字信息的机会平等。区分农村数字基础设施建设重点，选择"最适合"而不是"最先进"的基础设施建设投入。各地政府应根据自身实际情况，优化数字创新要素配置，差异化布局数字基础设施，强化城乡一体化设计，打造共建共治共享、功能优势互补的城乡信息化融合发展格局。完善数字化建设规划，确保资源投入合理。把握数字时代农业发展新机遇，释放共享数字红利，需要注重防范在不同数字化投入方向上的资源投入不足和过度投入等问题，确保数字化投入的合理性和有效性。加大数字平台整合优化升级，破除不同平台信息壁垒，建立属于多部门共同的数据库，实现资源最大化利用，在实践中探索农业绿色发展方向。

参 考 文 献

[1] 陈思杭. 科技创新促进共同富裕：理论阐释与实证分析 [J]. 统计与决策，2023，39 (17)：17－22. DOI：10.13546/j. cnki. tjyjc. 2023. 17. 003.

[2] 傅华楠，李晓春. 数字经济驱动中国农业现代化的机制与效应 [J]. 华南农业大学学报（社会科学版），2023，22 (3)：18－31.

[3] 巩前文，李学敏. 农业绿色发展指数构建与测度：2005—2018 年 [J]. 改革，2020

（1）：133－145.

［4］贺青，张俊飚. 粮食主产区政策对农业碳排放的影响［J］. 华中农业大学学报（社会科学版），2023（4）：47－55.

［5］李健. 数字经济助力农业产业链供应链现代化：理论机制与创新路径［J］. 经济体制改革，2023（3）：80－88.

［6］梁琳. 数字经济促进农业现代化发展路径研究［J］. 经济纵横，2022（9）：113－120.

［7］刘军，杨渊鋆. 中国数字经济测度与驱动因素研究［J］. 上海经济研究2020（6）：81－96.

［8］罗海平，黄彦平，张显未. 新时期中国粮食安全主要挑战及应对策略［J］. 新疆社会科学，2023（4）：31－43，154－155.

［9］宋洋. 数字经济、技术创新与经济高质量发展——基于省级面板数据［J］. 贵州社会科学，2020（12）：105－112.

［10］孙光林，李婷，莫媛. 数字经济对中国农业全要素生产率的影响［J］. 经济与管理评论，2023，39（1）：92－103.

［11］孙炜琳，王瑞波，姜茜，等. 农业绿色发展的内涵与评价研究［J］. 中国农业资源与区划，2019，40（4）：14－21.

［12］唐红涛，李胜楠. 数字经济赋能农村经济高质量发展的机制研究［J］. 科技智囊，2020（9）：13－18.

［13］田红宇，关洪浪. 数字经济对粮食生产碳排放的影响研究——来自长江经济带108个地级市的经验证据［J］. 中国农业资源与区划，2022：1－16（2022－08－19）［2022－09－08］. http：//kns. cnki. net/kcms/detail/11. 3513. S20220818. 1050. 012. html.

［14］万永坤，王晨晨. 数字经济赋能高质量发展的实证检验［J］. 统计与决策，2022，38（4）：21－26.

［15］王军，朱杰，罗茜. 中国数字经济发展水平及演变测度［J］. 数量经济技术经济研究，2021，38（7）：26－42.

［16］王群勇，李海燕. 数字经济的节能减排效应［J］. 贵州财经大学学报，2023（3）：81－90.

［17］王山，余东华. 数字经济的降碳效应与作用路径研究——基于中国制造业碳排放效率的经验考察［J/OL］. 科学学研究：1－14［2023－09－28］.

［18］温涛，陈一明. 数字经济与农业农村经济融合发展：实践模式、现实障碍与突破路径［J］. 农业经济问题，2020（7）：118－129.

［19］徐维祥，周建平，刘程军. 数字经济发展对城市碳排放影响的空间效应［J］. 地理研究，2022，41（1）：111－129.

［20］严金强，杨小勇. 以绿色金融推动构建绿色技术创新体系［J］. 福建论坛（人文社会科学版），2018（3）：41－47.

［21］尹昌斌，李福夺，王术，等. 中国农业绿色发展的概念、内涵与原则［J］. 中国农业资源与区划，2021，42（1）：1－6.

［22］张传兵，居来提·色依提. 数字经济、碳排放强度与绿色经济转型［J］. 统计与决策，2023，39（10）：90－94.

［23］张康洁，于法稳. "双碳"目标下农业绿色发展研究：进展与展望［J］. 中国生态

农业学报（中英文），2023，31（2）：214－225.

［24］张勋，万广华，张佳佳，等. 数字经济普惠金融与包容性增长［J］. 经济研究，2019，54（8）：71－86.

［25］张蕴萍，栾菁. 数字经济赋能乡村振兴：理论机制、制约因素与推进路径［J］. 改革，2022（5）：79－89.

［26］赵会杰，于法稳. 基于熵值法的粮食主产区农业绿色发展水平评价［J］. 改革，2019（11）：136－146.

［27］赵涛，张智，梁上坤. 数字技术助推我国能源行业碳中和目标实现的路径探析［J］. 管理世界，2020，36（10）：65－76.

［28］赵涛，张智，梁上坤. 绿色经济、创业活跃度与高质量发展［J］. 管理世界，2020，36（10）：65－76.

［29］Peter Stenberg, Mitch Morehart, and John Cromartie Stenberg P, Morehart M, Cromartie J. Broadband Internet Service Helping Create a Rural Digital Economy［J］. Amber Waves：The Economics of Food, Farming, Natural Resources, & Rural America, 2009, 7（3）：22－26.

［30］Tapscott D. The Digital Economy：Promise and Peril in the Age of Networked Intelligence［M］. New York：McGraw－Hill 1996.

Research on the Path of Digital Economy to Empower the Green Development of Agriculture Under the Background of Dual Carbon

Qu Xiaojuan　　Zhang ke　　Ren peng

Abstract：Under the guidance of the goal of "carbon peak and carbon neutrality", technological innovation driven by the digital economy has become a new engine to promote the green development and transformation of agriculture. Based on the theoretical analysis of the transformation and development of the whole industrial chain of "production-industry-operation" empowered by the digital economy, this paper constructs a two-way fixed effect model of provinces empowered by the digital economy to empower the green development of agriculture, and quantifies the impact of the digital economy on the green development of agriculture through the empirical analysis of the panel data of 30 provinces in China from 2011 to 2020. The results show that the development of digital economy can significantly enhance the level of agricultural green development, and the results are still valid after a series of robustness tests. In terms of its role path, the digital economy can improve the green development of agriculture by promoting technological progress and optimizing the industrial structure. Heterogeneity analysis shows that the digital economy has different effects on the green development of agriculture in different regions, and the promotion effect on the low-carbon transformation in the eastern region is more significant. Therefore, at the critical stage of economic green transformation，China should tap the potential of digital economy development，optimize the environment for agricultural green technology innovation，and differentiate the layout of digital infrastructure to accelerate the green transformation of agriculture.

Keywords：Dual-carbon Background，Digital Economy，Green Development of Agriculture

互联网使用对农村居民工资性收入的影响*

柴　媛　李春生**

摘　要：在数字经济快速发展的背景下，研究互联网使用对农村居民工资性收入的影响，探索促进农村居民增收的新途径。首先，从理论上分析了互联网使用对农村居民工资性收入的作用机制。其次，根据中国家庭追踪调查（CFPS）2020 年的数据进行实证分析：（1）构建 OLS 模型和 QR 模型，回归结果显示互联网的使用会对农村居民的工资性收入产生显著的正向影响。（2）从年龄、性别、区域三个方面进行分样本回归，发现互联网使用对青年、男性、东部省份农村居民工资性收入的增收效应更大。（3）检验互联网使用对农村居民工资性收入的影响机制，证明非农就业和人力资本积累是二者的中介变量。（4）研究互联网不同使用途径对农村居民工资性收入的影响：互联网获取信息的增收效应最大，紧随其后的是互联网工作，而互联网学习的增收效应较小。最后，提出针对性的政策建议。

关键词：互联网使用　农村居民　工资性收入　中介作用

一、引　言

我国农村居民的人均可支配收入从 1978 年的 133.6 元增长到 2022 年的 20 133 元，整体上实现了大幅度的提升。然而，发展的不平衡不充分问题仍然存在，城乡居民收入的差距依然较大。党的二十大报告指出，探索多种渠道促进中低收入群体增收，确保农民稳步增收。在新冠疫情过后，中国经济发展遇到了一些挑战和困难。在此背景下，探索促进农村居民增收的新途径，对解决"三农"问题和实现共同富裕具有重要意义。

农村居民收入主要由家庭经营性收入、工资性收入、转移性收入和财产性收入四部分组成。近年来，在农村剩余劳动力转移就业的大背景下，农村居民的工资性收入在总收入中的比重越来越高，对农民增收的作用越来越大

* 基金项目：山西省哲学社会科学规划课题"山西数字经济驱动产业结构转型升级研究"（课题编号：2023YJ075）。

** 柴媛，1996 年 12 月出生，山西朔州人，经济学硕士，生态环境部海河北海局监测科研中心，主要研究领域为国民经济结构优化，E-mail：473423180@qq.com。李春生，1977 年 5 月出生，河北安新人，经济学博士，山西财经大学副教授，国民经济管理系主任，主要研究领域为国民经济理论与结构优化，E-mail：lichunsheng6688@126.com。

（余志刚等，2019）。与此同时，互联网的普及不仅推动了数字经济的蓬勃发展，而且使互联网成为农村居民生产生活的重要组成部分。互联网使用为推动农业提质增效、农村经济结构优化、农村居民就业形势转变提供了新途径。

那么，互联网的使用可以提高农村居民的工资性收入吗？如果能，是通过何种机制来影响农村居民的工资性收入呢？互联网的不同使用途径都能提高农村居民的工资性收入吗？以上问题值得深入探讨。

二、国内外研究综述

随着网络基础设施建设的不断完善和数字经济的发展，互联网使用对人们的生产生活产生了巨大影响，进而影响着居民的收入。

国外文献较早研究了互联网使用与工资性收入的关系。Krueger（1993）利用美国 1984 ~ 1989 年的人口调查数据研究发现，计算机的使用可以有效提高人们的收入。Bell（1996）在克服了遗漏变量的问题后，采用面板数据分析得出了相同的结论。Miller & Mulvey（1997）通过对澳大利亚的职工研究发现，熟练使用计算机作为一种工作技能，有利于形成显著的工资溢价。Goss & Phillips（2002）根据美国 1998 年的人口统计资料，发现互联网使用能够使劳动者的工资增长 13.5%。Pabilonia（2005）的研究发现，计算机的使用会使人们的收入水平提高 10%。Dostie et al.（2006）发现，在保持其余变量不变的情况下，使用计算机的职工比不使用计算机的职工收入水平高 4%。Navarro（2010）通过分析拉丁美洲六个国家住户的调查数据，发现工薪阶层通过使用互联网，其收入回报率能够提高 18% ~ 30%。

国内也有不少学者对互联网与工资性收入之间的关系进行了研究。陈玉宇和吴玉立（2008）利用 2005 年全国家庭普查数据实证后发现，在控制性别、年龄等变量后，互联网使用能使个人的收入水平提高 20%。刘志龙和靳文杰（2015）利用 2010 年的中国家庭追踪调查数据，发现互联网的使用会提高个人收入；且其对农村居民的工资性收入溢价更明显。李雅楠和谢倩芸（2017）通过对 2004 ~ 2011 年的中国营养与健康调查数据分析发现，互联网使用能够有效提高工资性收入。谭燕芝等（2017）使用 CFPS 2014 的数据，发现互联网的使用会使个人的工资性收入提高 14%，但对农村居民收入的影响并不显著。毛宇飞等（2018）通过非条件分位数回归对中国家庭追踪调查数据进行实证分析，发现互联网的使用确实会提高工资性收入，但对不同年龄、性别和学历的就业者的具体作用有所不同。

国内外已有研究取得了较为丰富的成果，但仍然存在一些不足之处：一是已有文献更多关注的是互联网使用对居民收入的影响，研究农村居民收入的较少；二是较少从年龄、性别、地区等方面开展异质性分析；三是从互联网使用途径开展进一步讨论的研究并不多见。

本文试图从以下几个方面对已有文献的不足之处进行弥补：一是将研究聚焦于互联网使用对农村居民工资性收入的影响；二是使用 CFPS 数据库中最新的 2020 年的数据进行实证分析；三是在基准回归的基础上，以非农就业和人力资本积累作为中介变量，并且细化到互联网的不同使用途径对农村居民工资性收入的影响。

三、理论分析与研究假设

（一）互联网使用能够提高农村居民的工资性收入

根据职业搜寻理论，个体在搜索工作时，需要考虑工作的工资、福利、环境、企业文化等多个因素，也需要付出相应的时间和成本。在互联网未普及的时候，农民工搜寻职业信息的主要途径是新闻、报纸、实地考察、同乡介绍、电话、信件等。这些搜寻方式不仅时效性较差，而且在传播过程中容易出现偏差，大大提高了信息搜寻信息的成本。

互联网的出现打破了这一桎梏，互联网利用其庞大的信息平台将大量的就业信息整合汇总，并通过各种渠道将信息快速广泛地传播，并通过算法智能匹配，实现求职者能力和用人单位需求的精准匹配，极大地降低了求职者在搜寻过程中所花费的时间成本、金钱成本和人力成本等，降低了交易费用。

据此，提出假说 1。

H1：在其他因素不变的条件下，互联网的使用能够提高农村居民的工资性收入。

（二）非农就业效应

互联网技术作为新兴的传播媒介，能够拓宽就业信息的传播渠道、提高就业信息的传播效率、降低农村居民的信息搜寻成本，并衍生了很多网络招聘平台。这些网络平台全面整合了线上线下的就业信息和相关资源，突破了时间和空间的限制，使得农村居民可以随时随地通过互联网平台寻找适合自己的工作，而且有利于拓宽他们的社会资源与社会网络。

互联网技术发展促进了经济结构的调整、推动了传统产业的转型升级、孕育了新的产业，创造了许多就业机会。这为农村居民提供了就业岗位，推动他们在非农部门就业，带动农村居民工资性收入水平的提高。

据此，提出假说 2。

H2：在其他因素不变的条件下，互联网可以通过推动非农就业来提升农村居民的工资性收入。

（三）人力资本积累效应

在非农就业的过程中，农民工本身受教育程度较低、职业技能不足等问题始终制约着农民收入的提高。互联网的出现，打破了地理环境的约束，催生了方便、快捷、高效和内容丰富的网络学习平台，在一定程度上拓宽了农村居民学习与工作的广度和深度，能满足农村居民学习相关知识和技能的需求，可以促进不同年龄段农村居民人力资本的积累和提升，提升他们的劳动生产率，从而提高农民在劳动力市场上的议价能力，获取更高的工资报酬。

据此，提出假说 3。

H3：在其他因素不变的条件下，互联网可以通过人力资本的积累增加农村居民的工资性收入。

四、研 究 设 计

（一）数据来源

本文的原始数据是北京大学中国社会科学调查中心实施的中国家庭追踪调查 2020 年的数据（以下简称"CFPS2020"）。选取个人层面的问卷调查及其数据库，根据研究需求，借鉴叶素静等（2014）、杨帆等（2017）对数据的处理办法，通过样本筛选和数据整理，对缺失值和异常值剔除，最终得到有效样本 3 905 个，覆盖了全国 25 个省/市/自治区的农村地区。

（二）变量设置

1. 被解释变量

被解释变量是农村居民的工资性收入。采用 CFPS2020 问卷中"过去 12 个月所有工作（主要工作 + 一般工作）的税后工资性收入是多少？"这一数据来衡量农村居民的工资性收入，在后续研究中为了减少异方差，对该变量取对数。

2. 解释变量

解释变量是互联网的使用。参照朱述斌等（2022）的方法，根据问卷调查中"是否移动设备（如手机、平板）上网？"和"是否使用电脑上网？"来衡量互联网的使用这一变量。将使用移动设备或电脑上网的赋值为 1，两者都不使用的赋值为 0。

3. 控制变量

为了避免遗漏变量对估计结果造成的影响，控制了受访者年龄、性别、民族、健康状况、婚姻状况、医疗保险缴纳情况等变量。根据研究需要选取户籍为农业户口的群体，经过样本筛选，最终样本量为 3 905 人。控制变量的具体设置如下：

（1）年龄（age）：直接选取问卷调查中 2020 年受访者的年龄作为年龄变量。

（2）性别（gender）：对性别进行赋值，"男性" 赋值为 1，"女性" 赋值为 0。

（3）民族（nation）：对民族进行赋值，"汉族" 赋值为 1，其他民族赋值为 0。

（4）婚姻状况（marriage）：根据问卷中 "您目前的婚姻状况是？" 来对婚姻状况进行赋值，将 "已婚" 赋值为 1，其他赋值为 0。

（5）健康状况（health）：对健康状况进行赋值，"非常健康" 赋值为 1，"很健康" 赋值为 2，"比较健康" 赋值为 3，"一般" 赋值为 4，"不健康" 赋值为 5。

（6）政治面貌（party）：对政治面貌进行赋值，"党员" 赋值为 1，其他赋值为 0。

（7）家庭成员数量（famcount）：按照家庭成员数量的多少赋值。

（8）医疗保险缴纳情况（insurance）：根据 "是否缴纳医疗保险" 进行赋值，"缴纳医疗保险" 赋值为 1，未缴纳赋值为 0。

相关变量的定义如表 1 所示。

表 1   相关变量定义

变量		变量定义	定义说明
被解释变量	lnincome	受访者工资性收入的对数	受访者过去一年税后工资性收入的对数
解释变量	internet	是否上网	是取值为 1；否取值为 0
控制变量	age	年龄	受访者 2020 年当年的年龄
	gender	性别	男性取值为 1；女性取值为 0
	marriage	是否结婚	已婚取值为 1；否则取值为 0
	health	健康状况	从低到高分别赋值为 1~5
	political	是否为党员	党员取值为 1；否则取值为 0
	famcount	家庭成员数量	对该家庭中成员数量赋值
	satis	对工作的满意程度	从低到高分别赋值为 1~5
	insurance	是否缴纳医疗保险	缴纳医疗保险赋值为 1；否则赋值为 0

续表

变量		变量定义	定义说明
中介变量	job	是否从事非农工作	从事非农工作赋值为 1；否则赋值为 0
	edu	受教育程度	从低分到高分别赋值为 0 ~ 9

（三）模型选择与设计

1. OLS 回归模型

本文研究的是互联网使用影响农村居民的工资性收入，将实证模型中的被解释变量设定为农村居民的工资性收入，构建如下模型：

$$Y_i = \alpha_0 + \beta_1 X_i + \beta_2 Controls_i + \varepsilon_i \tag{1}$$

式中，Y_i 为被解释变量农村居民工资性收入的对数，α_0 为常数项，X_i 为解释变量，该变量表示农村居民是否使用互联网，$X_i = 1$ 表示该农村居民使用互联网，$X_i = 0$ 表示该农村居民未使用互联网，β_1 为自变量的系数，$Controls_i$ 代表控制变量，β_2 为控制变量的系数，ε_i 为扰动项。

2. QR 回归模型

分位数回归能够考察互联网使用对农村居民工资性收入在扰动项不同分位点上影响的差异性，从而更加全面地描述农村居民工资性收入条件分布的信息，在稳健性上更有优势，本文的分位数回归模型如下：

$$Q_T(\ln Y_i \mid X_i) = \beta^T X_i \tag{2}$$

在上式中，X_i 是自变量，$Q_T(\ln Y_i \mid X_i)$ 是结果变量，表示第 i 个农村居民在 T 分位数上的工资性收入的对数，β^T 是对互联网使用进行参数估计的第 T 个分位数的系数。借鉴聂荣等（2020）的做法，采用农村居民工资性收入的 0.25、0.5、0.75 三个分位数点来代表低收入、中等收入和高等收入水平。

3. 中介效应模型

本文借鉴 Baron & Kenny（1986）的逐步因果法，构建的中介效应模型如下：

$$Y_i = i_1 + cX_i + \beta_1 controls_i + \varepsilon_1 \tag{3}$$

$$Mediator_i = i_2 + aX_i + \beta_2 controls_i + \varepsilon_2 \tag{4}$$

$$Y_i = i_3 + c'X_i + bMediator_i + \beta_3 controls_i + \varepsilon_3 \tag{5}$$

式（3）~ 式（5）用来检验非农就业和人力资本积累的中介效应，$Mediator_i$ 为中介变量非农工作和人力资本积累。如果式（3）的 c、式（4）的 a 以及式（5）的 b 都显著，且 $|c'| < |c|$，则代表中介效应存在，说明互联网使用可以通过影响农村居民的非农就业和促进农村居民的人力资本积累，进而作用于农村居民的工资性收入；如果式（5）的 $c' = 0$（直接效应为 0），则称之为"完全中介"；$c' \neq 0$（直接效应不为 0），则称之为"部分中介"。

五、实　证　分　析

（一）变量描述性统计

本文的研究对象是户籍为农业户口的农村居民。首先在 CFPS2020 数据库中筛选出使用互联网、有工资性收入的个体及其控制变量，然后剔除问卷结果中存在缺失值的个体，最终得到 3 905 个有效样本作为本文的研究对象。表 2 为变量的描述性统计情况。

表 2　　　　　　　　　　　　　　变量的描述性统计

变量名		变量含义	样本量	均值	标准差	最小值	最大值
被解释变量	lnincome	受访者工资性收入的对数	3 905	10.38	0.931	5.011	12.01
解释变量	internet	是否上网	3 905	0.915	0.279	0	1
控制变量	gender	性别	3 905	0.586	0.493	0	1
	age	年龄	3 905	31.70	6.747	18	67
	marriage	是否结婚	3 905	0.689	0.463	0	1
	health	健康状况	3 905	2.565	1.026	1	5
	political	是否为党员	3 905	0.0210	0.144	0	1
	famcount	家庭成员数量	3 905	4.195	2.260	1	15
	satis	对工作的满意程度	3 905	3.620	0.868	1	5
	insurance	是否缴纳医疗保险	3 905	0.115	0.320	0	1
机制变量	job	是否从事非农工作	3 905	0.898	0.302	0	1
	edu	受教育程度	3 905	4.605	1.422	0	8

（二）多重共线性检验

为了考察模型设定的合理性，确保解释变量之间不存在相关性，需要进行多重共线性检验，本文根据方差膨胀因子（VIF）的大小来进行判断。如表 3 所示，模型的平均方差膨胀因子（VIF）为 1.178，远低于 10；各个变量的方差膨胀因子都低于 2。因此，模型不存在多重共线性的问题。

表 3　　　　　　　　　　　　　　多重共线性检验

变量类别	变量	VIF	1/VIF
解释变量	internet	1.102	0.907
控 制 变 量	age	1.55	0.645
	marriage	1.497	0.668
	famcount	1.151	0.869
	health	1.07	0.934
	satis	1.052	0.951
	gender	1.046	0.956
	insurance	1.037	0.965
	political	1.023	0.977
	Mean VIF	1.178	

（三）　实证结果分析

1. OLS 回归与 QR 回归分析

为了检验互联网使用对农村居民工资性收入的影响，对式（1）和式（2）进行回归，回归结果见表 4。为了增强回归结果的稳健性，分别报告了 OLS 回归和 QR 回归两种估计结果。表 4 的模型 1 和模型 2 是 OLS 回归的估计结果，模型 3～模型 8 是 QR 回归的估计结果。

表 4　　　　　　　　　　　　　　回归结果

变量	OLS		QR					
			QR_25		QR_50		QR_75	
	模型 1	模型 2	模型 3	模型 4	模型 5	模型 6	模型 7	模型 8
Internet	0.276*** (0.053)	0.297*** (0.052)	0.288** (0.113)	0.319*** (0.091)	0.288*** (0.025)	0.272*** (0.069)	0.310*** (0.074)	0.275*** (0.037)
Age		0.001 (0.003)		0.002 (0.003)		−0.004* (0.002)		−0.003 (0.002)
Gender		0.520*** (0.029)		0.611*** (0.054)		0.501*** (0.025)		0.423*** (0.022)
Marriage		0.184*** (0.037)		0.320*** (0.059)		0.173*** (0.031)		0.077** (0.035)
health		−0.004 (0.014)		−0.037 (0.023)		0.006 (0.014)		0.013 (0.014)

续表

变量	OLS		QR					
			QR_25		QR_50		QR_75	
	模型 1	模型 2	模型 3	模型 4	模型 5	模型 6	模型 7	模型 8
political		0.193 ** (0.098)		0.088 (0.173)		0.162 * (0.094)		0.193 * (0.107)
famcount		− 0.044 *** (0.007)		− 0.059 *** (0.013)		− 0.036 *** (0.006)		− 0.035 *** (0.007)
satis		0.086 *** (0.017)		0.083 *** (0.027)		0.084 *** (0.015)		0.089 *** (0.012)
insurance		− 0.096 ** (0.045)		− 0.146 (0.098)		− 0.042 (0.043)		− 0.084 ** (0.035)
constant	10.125 *** (0.051)	9.536 *** (0.123)	9.711 *** (0.096)	9.146 *** (0.174)	10.309 *** (0.025)	9.831 *** (0.100)	10.692 *** (0.074)	10.283 *** (0.103)
N	3 905	3 905	3 905	3 905	3 905	3 905	3 905	3 905
adj. R^2/ pseudo R^2	0.0066	0.0991	0.0025	0.0616	0.0088	0.0698	0.0068	0.0632

注：（1）***、**、*分别表示在1%、5%、10%的水平上显著，表中汇报的是回归系数，括号内是异方差稳健标准误，下同。（2）OLS 回归的拟合优度报告的是 adj. R^2，QR 回归的拟合优度报告的是 pseudo R^2。pseudo R^2 是准 R^2，虽然不等于 R^2，但可以用来检验模型对变量的解释力，下同。

在 OLS 回归中，模型 1 不加入控制变量，研究互联网使用对农村居民工资性收入的影响。从回归结果来看，互联网使用对农村居民工资性收入有显著的正向影响，使用互联网能够使农村居民的工资性收入提高 27.6%，并且在 1% 的水平上显著。模型 2 是在模型 1 的基础上，加入所有控制变量，在一定程度上可以避免选择偏差。从回归结果来看，互联网使用对农村居民的工资性收入同样具有显著的正向影响，使用互联网能够使农村居民的工资性收入提高 29.7%，并且在 1% 的水平上显著。从控制变量来看，性别、婚姻状况、政治面貌、对工作的满意度等都会对农村居民的工资性收入有显著的正向影响。男性、已婚、党员、对工作满意度越高的农村居民其工资性收入水平越高。但是家庭成员的数量与农村居民的工资性收入呈现负相关关系。

在 QR 回归中，模型 3、模型 5、模型 7 是在没有加入控制变量的情况下，在 25%、50%、75% 分位点处的回归结果。从回归结果来看，互联网使用对农村居民的工资性收入都有显著的正向影响，其中在 25% 和 50% 的分位点处其影响系数都是 28.8%，在 75% 的分位点处的影响系数是 31%，这就说明高收入的农村居民对互联网的使用需求更高。模型 4、模型 6、模型 8

是在加入一系列控制变量的情况下，在 25%、50%、75% 分位点处的回归结果。互联网使用对农村居民工资性收入的影响回归结果依然是显著的正向相关。但是从回归系数来看，25% 分位数上互联网使用对农村居民的工资性收入影响是最大的，其次是 50% 和 75% 分位点处。这表明在加入控制变量后，互联网的使用对中低收入农村居民的增收作用更大。这可能是由于，中低收入农村居民就业择业途径较窄，更倾向于通过互联网来寻找非农就业机会和自主创业，从而增加自身的工资性收入。

2. 稳健性检验

本文通过更换解释变量来进行稳健性检验。选取问卷调查中"您每天有多长时间使用电脑上网？"和"您每天有多长时间使用移动设备上网？"两个问题来衡量互联网的使用情况，如果受访者每天都会抽出一定的时间使用电脑上网或使用移动设备上网则认为是使用互联网，赋值为 1；如果受访者每天既不使用电脑上网也不使用移动设备上网，则认为该受访者不使用互联网，赋值为 0。将替换后的解释变量表示为 new_inter。

表 5 汇报了稳健性检验的回归结果。模型 1 和模型 2 是将解释变量换成互联网使用时长后 OLS 的回归结果，模型 3~模型 8 是 QR 的回归结果。从回归结果来看，无论是 OLS 回归还是 QR 回归，在不加入控制变量和加入控制变量的情况下其结果都是显著的，都表示互联网的上网时长对农村居民的工资性收入有显著的正向影响，这说明在更换被解释变量之后，本文的主要结论依然稳健，从而验证了本文的假说 1。

表 5　　　　　　　　　　　稳健性检验结果

变量	OLS		QR					
			QR_25		QR_50		QR_75	
	模型 1	模型 2	模型 3	模型 4	模型 5	模型 6	模型 7	模型 8
new_inter	0.244*** (0.046)	0.257*** (0.045)	0.182* (0.101)	0.272*** (0.069)	0.288*** (0.004)	0.231*** (0.039)	0.223*** (0.068)	0.263*** (0.029)
age		0.000 (0.003)		0.002 (0.004)		-0.004* (0.002)		-0.003 (0.003)
gender		0.520*** (0.029)		0.621*** (0.049)		0.499*** (0.028)		0.426*** (0.027)
marriage		0.184*** (0.037)		0.328*** (0.066)		0.164*** (0.033)		0.073** (0.032)
health		-0.003 (0.014)		-0.036 (0.024)		0.004 (0.016)		0.015 (0.016)

续表

| 变量 | OLS | | QR | | | | | |
| | | | QR_25 | | QR_50 | | QR_75 | |
	模型 1	模型 2	模型 3	模型 4	模型 5	模型 6	模型 7	模型 8
political		0.189* (0.098)		0.084 (0.145)		0.156* (0.083)		0.219*** (0.083)
famcount		−0.044*** (0.007)		−0.061*** (0.011)		−0.036*** (0.006)		−0.035*** (0.005)
satis		0.086*** (0.017)		0.087*** (0.025)		0.079*** (0.015)		0.087*** (0.012)
insurance		−0.097** (0.045)		−0.140* (0.078)		−0.042 (0.047)		−0.089** (0.044)
constant	10.162*** (0.044)	9.587*** (0.119)	9.798*** (0.091)	9.164*** (0.175)	10.309*** (0.000)	9.902*** (0.101)	10.779*** (0.068)	10.301*** (0.097)
N	3 905	3 905	3 905	3 905	3 905	3 905	3 905	3 905
adj. R^2/ pseudo R^2	0.0068	0.0991	0.0013	0.0608	0.0097	0.0692	0.0078	0.0648

3. 异质性讨论

（1）年龄异质性。

不同年龄段的农村居民对互联网的使用是具有差异性的。参照韩艳旗和郭志文（2022）的做法，将受访者年龄分为青年群体和中年群体，青年群体的年龄范围是 16～40 岁；中年群体的年龄范围是 41～60 岁。表 6 汇报了不同年龄段的农村居民互联网使用对其工资性收入的影响。

表 6　　　　互联网使用对农村居民工资性收入的影响：年龄异质性

| 年龄 | 变量 | 模型 | | | |
		OLS	QR_25	QR_50	QR_75
18～40 岁	internet	0.300*** (0.063)	0.317*** (0.092)	0.287*** (0.068)	0.276*** (0.042)
	controls	Yes	Yes	Yes	Yes
	constant	9.288*** (0.145)	8.873*** (0.201)	9.710*** (0.127)	10.108*** (0.117)
	N	3 408	3 408	3 408	3 408
	adj. R^2/pseudo R^2	0.0990	0.0616	0.0660	0.0597

续表

年龄	变量	模型			
		OLS	QR_25	QR_50	QR_75
41~60 岁	internet	0. 233 *** (0. 090)	0. 362 ** (0. 145)	0. 303 ** (0. 133)	0. 190 *** (0. 065)
	controls	Yes	Yes	Yes	Yes
	constant	10. 367 *** (0. 673)	9. 407 *** (0. 888)	10. 468 *** (0. 524)	11. 372 *** (0. 556)
	N	495	495	495	495
	adj. R^2/pseudo R^2	0. 1335	0. 1049	0. 1093	0. 1292

由表 6 可知，互联网使用对农村居民的青年群体和中年群体的工资性收入都有显著的正向影响，但具体影响程度有差异。其中，互联网的使用对农村青年群体的工资性收入的增收效应大于老年群体。16~40 岁年龄段的农村居民接触互联网的时间较早，而且学习接纳新事物的能力相对更强，因此互联网使用对这一群体工资性收入的增收效应更大；41~60 岁年龄段的农村居民接触互联网的时间较短，对于手机和电脑等的操作不够熟练，因此互联网使用对其工资性收入的增收效应相对较弱。

（2）区域异质性。

本文依据经济的发展程度和区位差异，将样本分为东部、中部、西部三个地区。表 7 汇报了不同区域农村居民互联网使用对其工资性收入的影响。

表 7　　　　互联网使用对农村居民工资性收入的影响：区域异质性

区域	变量	模型			
		OLS	QR_25	QR_50	QR_75
东部	internet	0. 357 *** (0. 082)	0. 365 *** (0. 111)	0. 316 *** (0. 083)	0. 347 *** (0. 044)
	controls	Yes	Yes	Yes	Yes
	constant	9. 530 *** (0. 182)	9. 105 *** (0. 302)	9. 926 *** (0. 180)	10. 156 *** (0. 136)
	N	1 754	1 754	1 754	1 754
	adj. R^2/pseudo R^2	0. 1094	0. 0620	0. 0744	0. 0752

续表

区域	变量	模型			
		OLS	QR_25	QR_50	QR_75
中部	internet	0.112 (0.089)	0.094 (0.172)	0.114 (0.076)	0.150 ** (0.069)
	controls	Yes	Yes	Yes	Yes
	constant	9.405 *** (0.220)	9.142 *** (0.381)	9.810 *** (0.190)	10.072 *** (0.243)
	N	1 009	1 009	1 009	1 009
	adj. R^2/pseudo R^2	0.1292	0.0707	0.0981	0.0952
西部	internet	0.297 *** (0.100)	0.519 *** (0.143)	0.363 *** (0.103)	0.211 *** (0.079)
	controls	Yes	Yes	Yes	Yes
	constant	9.690 *** (0.241)	8.828 *** (0.316)	9.978 *** (0.189)	10.580 *** (0.201)
	N	1 142	1 142	1 142	1 142
	adj. R^2/pseudo R^2	0.071	0.0610	0.0581	0.0461

　　从回归结果看，互联网使用对东部、西部地区农村居民工资性收入有显著的正向影响，但是对中部地区的影响并不显著。东部地区互联网使用对农村居民工资性收入的增收效应要大于西部地区，这可能是由于东部地区经济发达、互联网基础设施完善、互联网普及率高，农村居民对互联网接触时间长而且应用较为广泛，因此增收作用就更明显。

　　（3）性别异质性。

　　不同性别的农村居民对互联网的使用也是具有差异性的。表 8 汇报不同性别的农村居民互联网使用对其工资性收入的影响。

表 8　　　　互联网使用对农村居民工资性收入的影响：性别异质性

性别	变量	模型			
		OLS	QR_25	QR_50	QR_75
女性	internet	0.252 *** (0.090)	0.305 ** (0.135)	0.180 ** (0.081)	0.266 *** (0.082)
	controls	Yes	Yes	Yes	Yes
	constant	9.769 *** (0.210)	9.378 *** (0.329)	10.076 *** (0.210)	10.388 *** (0.244)
	N	1 618	1 618	1 618	1 618
	adj. R^2/pseudo R^2	0.0260	0.0193	0.0198	0.0368

续表

性别	变量	模型			
		OLS	QR_25	QR_50	QR_75
男性	internet	0. 322 *** (0. 062)	0. 375 *** (0. 116)	0. 327 *** (0. 071)	0. 229 *** (0. 041)
	controls	Yes	Yes	Yes	Yes
	constant	9. 885 *** (0. 145)	9. 672 *** (0. 209)	10. 240 *** (0. 117)	10. 602 *** (0. 129)
	N	2 287	2 287	2 287	2 287
	adj. R^2/pseudo R^2	0. 0551	0. 0432	0. 0319	0. 0316

从表 8 可以看出，无论是男性还是女性，互联网使用对其工资性收入都是显著的正向影响。但是相对来讲，其对男性的增收效益大于女性。这可能是由于分工不同，农民居民家庭收入的主要来源是男性的收入，女性则更多地包揽了家里的各种琐事。

4. 中介效应检验

上述研究表明，互联网的使用对农村居民的工资性收入具有显著的正向影响。为了厘清互联网使用影响农村居民工资性收入的作用机制，检验非农就业和人力资本积累的中介效应，分别对式（3）~式（5）进行回归，回归结果分别列于表 9 的列（1）~列（3）和表 10 的列（1）~列（3）。

（1）非农就业。

根据问卷中"这份工作是农业工作还是非农工作"来判断被访问者的工作性质，并将该指标作为非农就业（job）的代理变量。将选择非农工作的样本赋值为 1，其他赋值为 0。表 9 汇报了这一作用机制的回归结果。

表 9　　　互联网使用对农村居民工资性收入的中介效应检验：非农就业

变量	(1)	(2)	(3)
	lnincome	job	lnincome
internet	0. 297 *** (0. 052)	0. 049 *** (0. 018)	0. 272 *** (0. 052)
age	0. 001 (0. 003)	- 0. 006 *** (0. 001)	0. 004 (0. 002)
gender	0. 520 *** (0. 029)	- 0. 002 (0. 010)	0. 521 *** (0. 029)

续表

变量	（1）	（2）	（3）
	lnincome	job	lnincome
marriage	0. 184 *** （0. 037）	0. 004 （0. 013）	0. 182 *** （0. 037）
health	− 0. 004 （0. 014）	0. 001 （0. 005）	− 0. 004 （0. 014）
political	0. 193 ** （0. 098）	0. 007 （0. 033）	0. 190 * （0. 097）
famcount	− 0. 044 *** （0. 007）	− 0. 011 *** （0. 002）	− 0. 038 *** （0. 007）
satis	0. 086 *** （0. 017）	0. 011 ** （0. 006）	0. 081 *** （0. 016）
insurance	− 0. 096 ** （0. 045）	− 0. 005 （0. 015）	− 0. 094 ** （0. 044）
job			0. 509 *** （0. 047）
constant	9. 536 *** （0. 123）	1. 051 *** （0. 041）	9. 001 *** （0. 131）
N	3 905	3 905	3 905
R^2	0. 101	0. 035	0. 127

注：*** 、** 、* 分别表示在1% 、5% 、10% 的水平上显著，表中汇报的是回归系数，括号内为异方差稳健标准误，下同。

表 9 列（1）代表在控制其他解释变量后，分析互联网使用对农村居民工资性收入的影响，从回归结果来看，互联网使用在 1% 的显著水平上与农村居民的工资性收入正相关。列（2）分析了互联网使用对中介变量非农就业的影响，从回归结果来看，互联网使用在 1% 的显著水平上与农村居民的非农就业正相关。列（3）表示在列（1）回归的基础上加入了非农就业这一中介变量后的回归结果，根据表中的回归结果，互联网的使用系数依然在 1% 的显著水平上为正，并且对于农村居民工资性收入的系数由 0. 297 下降为 0. 272，此外，非农就业的回归系数为 0. 509，并且非农就业在 1% 的显著水平上正向影响着农村居民的工资性收入。因此，本文认为非农就业在互联网使用提高农村居民工资性收入中具有部分中介效应，即互联网的使用会通过提高农村居民的非农就业概率，从而对农村居民的工资性收入产生显著的正向影响，从而验证了上文中的假说 2。

（2）人力资本积累。

根据问卷中"您/你已完成（毕业）的最高学历是?"对受访者的受教育程度进行赋值，根据受教育程度由低到高，将"文盲/半文盲""托儿所""幼儿园/学前班""小学""初中""高中/中专/技校/职高""大专""大学本科""硕士""博士"分别赋值为 0～9，并将该指标作为人力资本的代理变量（edu）。表 10 汇报了这一作用机制的回归结果。

表 10　　互联网使用对农村居民工资性收入的中介效应检验：人力资本

变量	（1）	（2）	（3）
	lnincome	edu	lnincome
internet	0.297 *** (0.052)	0.902 *** (0.075)	0.157 *** (0.052)
age	0.001 (0.003)	− 0.061 *** (0.004)	0.010 *** (0.003)
gender	0.520 *** (0.029)	− 0.219 *** (0.042)	0.554 *** (0.029)
marriage	0.184 *** (0.037)	− 0.136 ** (0.054)	0.205 *** (0.036)
health	− 0.004 (0.014)	0.028 (0.020)	− 0.008 (0.014)
political	0.193 ** (0.098)	1.190 *** (0.141)	0.008 (0.097)
famcount	− 0.044 *** (0.007)	− 0.055 *** (0.010)	− 0.035 *** (0.007)
satis	0.086 *** (0.017)	0.098 *** (0.024)	0.071 *** (0.016)
insurance	− 0.096 ** (0.045)	− 0.345 *** (0.065)	− 0.043 (0.044)
edu			0.155 *** (0.011)
constant	9.536 *** (0.123)	5.766 *** (0.177)	8.640 *** (0.136)
N	3 905	3 905	3 905
R^2	0.101	0.204	0.146

表 10 列（1）代表在控制其他解释变量后，分析互联网使用对农村居民工资性收入的影响，回归结果在 1% 的水平上显著。列（2）分析了互联网

使用对人力资本积累的影响，从回归结果来看，互联网使用在 1% 的显著水平上与人力资本正相关。列（3）表示在列（1）回归的基础上加入了人力资本这一中介变量后的回归结果，从回归结果可以看出，互联网的使用系数依然在 1% 的显著水平上为正，并且对于农村居民工资性收入的系数由 0.297 下降为 0.157。此外，人力资本的回归系数为 0.155，并且非农就业在 1% 的显著水平上正向影响着农村居民的工资性收入。因此，本文认为人力资本提升在互联网使用提高农村居民工资性收入中具有部分中介效应，即互联网的使用会促进农村居民的人力资本的积累，从而对农村居民的工资性收入产生显著的正向影响，从而验证了上文中的假说 3。

5. 进一步研究

参照华昱（2018）的做法，将互联网的用途分为利用互联网学习（study）、互联网工作（work）、互联网获取信息（information）三种类型。在 CF-PS2020 年的问卷调查中对应的问题分别为"网络对您学习的重要性"、"网络对您工作的重要性"和"网络对学习及获取资讯的重要性"。根据受访者对其认识的重要程度，划分为五个等级，按照其重要程度由低到高，分别赋值为 1~5。进一步探讨不同互联网使用途径对农村居民工资性收入的具体影响，回归结果见表 11。

表 11　　　　　　　不同互联网使用类型对农村居民工资性收入的影响

不同用途	变量	模型			
		OLS	QR_25	QR_50	QR_75
互联网学习	study	0.053 *** (0.014)	0.052 ** (0.021)	0.047 *** (0.013)	0.062 *** (0.010)
	controls	Yes	Yes	Yes	Yes
	constant	9.560 *** (0.128)	9.187 *** (0.188)	9.921 *** (0.119)	10.289 *** (0.102)
	N	3 572	3 572	3 572	3 572
	adj. R^2/pseudo R^2	0.0969	0.0638	0.0658	0.0596
互联网工作	work	0.078 *** (0.012)	0.072 *** (0.020)	0.059 *** (0.011)	0.071 *** (0.010)
	controls	Yes	Yes	Yes	Yes
	constant	9.475 *** (0.123)	9.103 *** (0.197)	9.894 *** (0.121)	10.319 *** (0.099)
	N	3 572	3 572	3 572	3 572
	adj. R^2/pseudo R^2	0.1045	0.0664	0.0689	0.0643

续表

不同用途	变量	模型			
		OLS	QR_25	QR_50	QR_75
互联网获取信息	information	0.074 *** (0.016)	0.085 *** (0.027)	0.060 *** (0.013)	0.075 *** (0.013)
	controls	Yes	Yes	Yes	Yes
	constant	9.430 *** (0.138)	9.005 *** (0.212)	9.851 *** (0.126)	10.201 *** (0.127)
	N	3 572	3 572	3 572	3 572
	adj. R^2 / pseudo R^2	0.0984	0.0654	0.0658	0.0595

从回归结果来看，互联网学习、互联网工作、互联网获取信息都会对农村居民的工资性收入产生显著的正向作用，但具体程度上存在差异：首先增收作用最大的是互联网获取信息，其次是互联网工作，最后是互联网学习。其可能的原因在于：互联网在获取信息方面具有方便、快捷的优势，受益个体范围广泛；互联网工作受限于工作性质和工作内容的要求，受益个体的范围有限；互联网学习需要一定的学习周期，见效的时间较少。进而，在分位数回归中发现，在互联网使用的不同途径中，随着分位数的增加（1/4→1/2→3/4），互联网学习、互联网工作、互联网获取信息的分位数回归系数都呈现出先降后升的趋势（互联网学习 0.052→0.047→0.062；互联网工作 0.072→0.059→0.071；互联网获取信息 0.085→0.060→0.075），这说明互联网的不同使用途径对农村居民工资性收入的条件分布的两端间的影响大于中间部分的影响，即对高收入和低收入群体的增收效应要大于对中等收入群体的增收效应。

六、政　策　建　议

根据研究结论，为了强化互联网使用对农村居民工资性收入的增收作用，提出以下政策建议：

（1）政府要持续完善农村地区互联网建设的广度和深度。互联网基础设施的完善是促进农村居民使用互联网的基础。因此，政府不但要加大对农村地区互联网基础设施的投资力度，加快推进互联网在农村地区的普及，而且要注意互联网基础设施的建设质量，加快提速降费政策的推进，提高农村地区互联网的服务能力，切实提升农村居民互联网的使用体验。

（2）鼓励和引导农村居民多途径使用互联网。政府可以对农村居民开展互联网使用培训，尤其是针对中西部地区居民、中年女性群体，培养他们使用互联网进行学习、工作和搜寻信息的能力和习惯。鼓励她们通过互联网平台学习新技术，提升自己的劳动技能、促进人力资本的积累。政府可以建立电商助农平台，培养农村居民通过互联网工作的意识，促进农产品与电商平台的深度合作，鼓励农村居民通过互联网搜寻就业等有效信息，鼓励农村居民通过互联网平台自主创业。

（3）优化互联网信息环境，降低信息获取门槛。政府要加强对网络平台的监管，对于传播虚假信息的行为严厉打击。互联网平台要加强对信息的鉴别能力，提高信息的准入门槛，避免传播虚假信息，提高信息传播的质量和效率。政府和互联网平台合作，推动建立专业的针对广大农村居民的就业信息平台，构建农村居民个人技能信息库和相关岗位需求库，通过网络技术实现农村居民与就业岗位的精准匹配，为广大农村居民提供非农就业的信息、拓宽广大农村居民的就业渠道。

参 考 文 献

[1] 陈玉宇，吴玉立. 信息化对劳动力市场的影响：个人电脑使用回报率的估计 [J]. 经济学（季刊），2008，30（4）：1149 - 1166.

[2] 韩艳旗，郭志文. 数字经济赋能家庭创业：理论机制与微观证据——基于 CFPS2018 的实证分析 [J]. 湖北大学学报（哲学社会科学版），2022，49（3）：170 - 179.

[3] 华昱. 互联网使用的收入增长效应：理论机理与实证检验 [J]. 江海学刊，2018（3）：219 - 224.

[4] 李雅楠，谢倩芸. 互联网使用与工资收入差距——基于 CHNS 数据的经验分析 [J]. 经济理论与经济管理，2017，319（7）：87 - 100.

[5] 刘志龙，靳文杰. 计算机网络的工资收入溢价效应分析——基于 CFPS2010 基线调查数据 [J]. 产业经济评论，2015，6（1）：67 - 78.

[6] 毛宇飞，曾湘泉，胡文馨. 互联网使用能否减小性别工资差距？——基于 CFPS 数据的经验分析 [J]. 财经研究，2018，44（7）：33 - 45.

[7] 聂荣，杨丹，沈大娟. 中国农村收入阶层对家庭消费结构影响的实证研究——基于 CFPS 数据的微观证据 [J]. 东北大学学报（社会科学版），2020，22（4）：29 - 37.

[8] 谭燕芝，李云仲，胡万俊. 数字鸿沟还是信息红利：信息化对城乡收入回报率的差异研究 [J]. 现代经济探讨，2017，430（10）：88 - 95.

[9] 杨帆，庞新生. 处理缺失数据的分数插补法研究 [J]. 统计与决策，2017，482（14）：15 - 18.

[10] 叶素静，唐文清，张敏强，等. 追踪研究中缺失数据处理方法及应用现状分析 [J]. 心理科学进展，2014，22（12）：1985 - 1994.

[11] 余志刚，胡雪琨，王亚. 我国农民工资性收入结构演变的省际比较——基于偏离—份额分析 [J]. 农业经济与管理，2019，58（6）：62 - 72.

[12] 朱述斌，熊飞雪，朱兼. 互联网使用对农户收入的影响——基于社会资本的中介效应研究 [J]. 农林经济管理学报，2022，21（5）：518－526.

[13] Baron R M, Kenny D A. The Moderator-mediator Variable Distinction in Social Psychological Research：Conceptual，Strategic，and Statistical Considerations [J]. Journal of Personality and Social Psychology，1986，51（6）：1173.

[14] Bell B D. Skill-biased Technical Change and Wages：Evidence from a Longitudinal Data Set [M]. Centre for Economic Performance and University of Oxford Institute for Economics and Statistics，1996.

[15] Dostie B, Jayaraman R, Trépanier M. The Returns to Computer Use Revisited，Again [J]. Cahiers De Recherche，2006.

[16] Goss E P, Phillips J M. How Information Technology Affects Wages：Evidence Using Internet Usage As a Proxy for IT Skills [J]. Journal of Labor Research，2002，23（3）：463－474.

[17] Krueger A B. 1993. How Computer Shave Changed the Wage Structure：Evidence from Microdata，1984－1989 [J]. Quarterly Journal of Economics，108（1）：33－60.

[18] Miller P, Mulvey C. Computer Skills and Wages [J]. Australian Economic Papers，1997，36（68）：106－113.

[19] Navarro L. The Impact of Internet Use on Individual Earnings in Latin America [Z]. Development Research Working Paper，2010.

[20] Pabilonia S. Returning to the Returns to Computer Use [J]. American Economic Review，2005，95（2）：314－317.

The Impact of Internet Use on the Wage Income of Rural Residents

Chai Yuan   Li Chunsheng

Abstract：In the context of the rapid development of the digital economy，This paper analy the impact of Internet use on the wage income of rural residents，and explores new ways to promote the increase of rural residents' income. Firstly，the paper theoretically analyzes the mechanism of Internet use on rural residents' wage income. Secondly，based on the data of China Household Tracking Survey（CFPS）in 2020，empirical analysis was conducted：（1）OLS model and QR model were constructed，and the regression results showed that the use of Internet would have a significant positive impact on the wage income of rural residents.（2）Sub-sample regression was conducted from age，gender and region，and it was found that Internet use had a greater effect on the increase of wage income of young people，men and rural residents in eastern provinces.（3）Examined the impact mechanism of Internet use on rural residents' wage income，and proved that non-agricultural employment and human capital accumulation are the intermediary variables of the two.（4）Research on the impact of different ways of using the Internet on the wage income of rural residents: the income increase effect of accessing information through the Internet is the largest, followed by internet work, while the income increase effect of internet learning is relatively small. Finally, the paper puts forward targeted policy suggestions.

Keywords: Internet Use, Tural Tesidents, Eage Income, Intermediary Role

〔金融经济〕

金融聚集对城市绿色金融发展的影响效应研究

——基于后疫情时代"双碳"目标约束

谢舟涛*

摘　要：当前，我国正加快实现降碳目标，作为"减污降碳"的重要手段，绿色金融发挥了巨大作用，那么在后疫情时代"双碳"目标约束趋紧的现状下，金融聚集能否促进城市绿色金融发展？为此，本文基于"双碳"背景对城市绿色金融发展的空间差异做出了新的解释，认为城市绿色金融发展水平与金融聚集相关，并且城市绿色金融发展水平存在空间差异。本文基于国内21个城市的面板数据，借助空间计量探究金融聚集等区位因素对城市绿色金融发展的影响效应。研究发现：（1）城市绿色金融发展水平与金融聚集水平有着较为相似的空间分布特征，"南强北弱""东强西弱"特征明显。（2）金融聚集显著地影响着城市绿色金融发展水平，有助于绿色金融发展水平的提升。（3）金融聚集所引发的城市绿色金融发展水平的提升能有效推进后疫情时代的降碳目标，通过金融聚集来促进绿色金融水平提升在理论与实践上均具备可行性。

关键词：后疫情时代　金融聚集　绿色金融　空间分布差异

一、引　　言

党的二十大报告中明确提出要推进美丽中国建设，坚持山水林田湖草沙一体化保护和系统治理，统筹产业结构调整、污染治理、生态保护、应对气候变化，协同推进降碳、减污、扩绿、增长，推进生态优先、节约集约、绿色低碳发展。后疫情时代，"减污降碳"约束趋紧，实现"3060"目标刻不容缓，而绿色金融则为碳减排提供了一条可行的道路。通过对环保、节能、清洁能源、绿色交通、绿色建筑等领域的项目投融资、项目运营、风险管理

---

* 谢舟涛（1999～），安徽黄山人，安徽财经大学经济学院硕士研究生，研究方向：环境与资源经济学，电子邮箱：xiezhoutao1999@126.com。

等所提供的金融服务，绿色金融可以促进环境保护及治理，引导资源从高污染、高能耗产业流向理念、技术先进的部门。可见，良好的绿色金融生态环境有助于"双碳"目标的实现。

绿色金融生态的搭建离不开城市群落的发展，"十四五"规划纲要中曾多次提到"城市群与都市圈"，政府工作报告中也明确提出，要"重点关注城市群和都市圈"，基于城市群与都市圈的金融聚集成为推动构建绿色金融环境的关键平台。金融聚集是指宏观金融在空间规划与外部上表现为具备不同层级、相异形式以及金融的有关活动相对来说比较聚集的若干金融区域，那么金融聚集能否推动城市绿色金融能力的提升进而促进绿色发展目标的实现？这些都有待考量。因此，本文将基于后疫情时代"双碳"背景，立足于绿色金融，探讨区位和聚集因素对绿色金融发展的影响。

已有学者关注到类似的问题。江建明等（2021）通过测算 1978 ~ 2018年我国区域经济发展差距的泰尔指数发现，近年来南北经济差距伴随着金融聚集的发展不断扩大。杨万平等（2022）发现中国金融聚集发展呈现：沿海东部—南部—北部—东北—长江中游—黄河中游—西南—西北逐渐缩小的态势。付佳玉（2021）基于经济地理的视角，分析发现我国南部地区内部省际存在"俱乐部收敛"现象，伴随金融聚集中国经济重心向南移动趋势明显，南北区域差异呈现扩大趋势。董雪兵等（2020）基于空间计量分析得出：中国全域经济经历了"收敛—发散—收敛"的过程，中国南北经济存在"俱乐部"效应，南方经济内部分化、北方经济总体收敛。袁东亮（2020）认为我国各地金融发展水平不一，存在着地区发展不均衡问题，同时伴随着不合理的产业结构，中国区域经济的发展受到部分限制。可见国内学者已大量研究了中国金融聚集以及绿色金融发展水平的空间差异，但鲜有学者将二者联系起来，那么金融聚集能否促进绿色金融发展水平的提高？在后疫情时代"双碳"目标约束趋紧的现状下，探明城市绿色金融发展水平的影响因素有利于促进"碳减"目标的实现。

在区域经济学中，聚集经济是产业空间聚集的最显著特征，其本质就是范围外部性。有关于范围外部性，聚集经济通过两种方式实现：技术外部性和金融外部性。金融外部性的实质是通过大量企业聚集，改变了企业生产结构、降低生产成本，进而实现聚集收益。因此金融聚集在城市绿色金融发展水平的提升中扮演着关键角色，研究城市绿色金融发展水平，不能忽视对金融聚集的相关研究。金融聚集是否对城市绿色金融发展水平产生影响？如何产生影响？金融聚集是否导致城市绿色金融发展水平的空间差异？这些问题还有待深入研究。因此，探究金融聚集与金融能力之间的关系，研究金融聚集是否对城市绿色金融发展水平的空间差异产生了影响，成为本文需要讨论的重要问题。

二、文　献　综　述

金融发展和金融聚集是区域经济发展中的热门话题，金融发展和金融聚集的相关研究，在国内已有诸多学者进行了实证分析。有学者认为金融发展和区域经济发展相互制约，并总结出了城市绿色金融发展水平受企业生产力、交通情况、科技创新等因素的影响；也有学者认为金融聚集一定程度上会给城市发展带来影响。

（一）金融发展与区域经济研究

黄梦琳和李富有（2021）通过 DEA—Malmquist 指数测度和 PSTR 模型，发现区域绿色金融发展水平、金融渠道选择与民营工业企业生产率紧密联系，提高民营工业企业生产率对当地经济发展具有关键作用，政府干预、市场制度、人力投入和民营工业企业数量变动都给不同地区区制的民营工业企业生产率的提高带来积极作用。黄革和李晶石（2021）利用不同省份的数据，对区域金融资源的利用状况进行总结，探究造成资源分化是因为：经济发展动能是主要因素，基数效应使区域金融资源配置分化矛盾更为凸显；地方投融资市场改革滞后和区域金融供给能力不足亦加重矛盾。

（二）金融聚集与经济发展研究

覃朝晖、魏艺璇和范亚莉（2021）使用面板数据和双重差分，证明了区域创新中高铁开通确有促进作用，并且效应主要来自金融集聚方面，而且相比于中西部地区，东部地区金融集聚提升经济效果更为显著，东部地区高铁开通致使金融集聚提高区域创新水平效益更佳。郭文伟和王文启（2018）使用空间计量研究对于科技创新、金融集聚的溢出效应和行业异质性，结果显示金融集聚和科技创新间存在着显著的空间自相关特征。葛星（2021）在河南省金融聚集对经济发展的影响分析中指出，金融聚集促进经济发展，若该地区金融聚集程度低，则金融聚集水平更能促进经济发展，这主要源于金融聚集的边际递减效应，随着金融聚集水平越来越高，其为经济发展做出的贡献趋减，但仍是正向。Tomar & Qureshi（2014）认为金融集聚与产业结构升级具有明显的空间依赖性，金融集聚可以显著地促进产业升级。另外，安从瑶（2017）认为，金融聚集在促进经济增长的同时也给区域发展带来负效应，金融聚集促使产业发展，吸收周边地区的经济而对其产生不利辐射影响，产生"吸空"的后果，不仅不会促进该地区经济，反而适得其反，这主要源自一些大型城市的虹吸效应。

对上述文献进行阅览，发现大部分学者都是单一地研究金融发展和金融聚集对经济、产业、企业的影响，鲜有学者将金融聚集与绿色金融结合起来分析并探究二者的内在联系，此外，现有文献较少地探讨了金融聚集对城市绿色金融发展水平的空间效应。基于此，本文考虑金融聚集和城市绿色金融发展水平之间的空间相关性，力求从新的角度出发，借助空间计量检验城市金融聚集对城市绿色金融发展水平的影响效应，并为地区绿色金融发展水平的提升建言献策。

三、理论分析与研究假设

（一）背景

在 2019 年举办的全球创投峰会上，清科研究中心报告了内地城市绿色金融发展指数（图 1 为中国 21 城市绿色金融综合指数），本文用该指数代表城市绿色金融发展水平，从图中可以看出，中国城市绿色金融发展水平空间差异明显：（1）以东西部为划分，指数排在前 10 名的城市中，有 8 个位于东部，1 个位于中部，1 个位于西部。（2）以南北为划分，指数排在前 10 名的城市中，7 个位于南方，3 个位于北方；前 21 名中，15 个在南方，6 个在北方。（3）21 城中南方城市的总指数是北方城市的 2.64 倍，区域差异较大。（4）从总体数量上来看，参评城市中南方城市多于北方、东部城市多于西部。

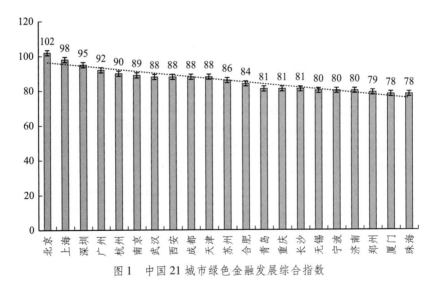

图 1　中国 21 城市绿色金融发展综合指数

（二）作用机制

金融聚集指一定数量的金融机构在特定地理位置上的聚集，经过机构间的协调合作提高资本利用率，减少金融沟通资金成本，提高区域绿色金融发展水平。

金融聚集以资本聚集和产业聚集的形式，从四个方向来提升城市的绿色金融发展水平。一是促进产业结构升级。借鉴汤超准（2017）的研究成果，国内金融机构及相关金融活动在中心城市的聚集趋势越发显著，并极大地促进着该地区的产业结构升级，主要体现为合理地引导资金流动方向进而促进经济转型。二是促进形成金融中心。哈佛大学金德尔伯格（Kindleberger，1974）曾指出，金融聚集重在形成金融中心，实现集聚效应，例如提高跨域支付效率、节省周转资金、实现资金融通便利等。三是形成规模经济。英国新古典经济学的集大成者马歇尔在 110 年前首次提出外部性的概念，并将其分为内部经济和外部经济，同样在金融中也存在上述这些问题，借鉴潘英丽（2003）的研究成果，金融聚集促进形成金融中心并实现其外部经济。四是金融的外溢效应导致成本降低。城市以"金融圈"等形式在空间地理上的聚集，使各企业交流更频繁，同时也大量吸收区外资本、优质人才聚集，例如纽约、伦敦、上海、香港、东京、曼谷等城市的"金融圈"吸引着来自全国乃至全世界的资本驻足。

根据上述分析，提出以下研究假设。

H1：金融聚集总体上对城市绿色金融发展水平具有正向影响。

H2a：空间上，中国城市的金融聚集水平存在显著的差异——"东多西少""南密北疏"。

H2b：空间上，中国城市的绿色金融发展水平存在显著的差异——"东强西弱""南高北低"。

由于金融聚集和城市绿色金融发展水平受诸多共同因素的影响，例如区域经济发展水平、对外开放程度、资本聚集程度、金融行业聚集程度、都市圈发展情况等。往往地区金融机构聚集程度和绿色金融发展水平呈现正向相关关系，因此我们提出研究假设 3。

H3：金融聚集和城市绿色金融发展水平具有相似的空间分布不均匀的特点，金融聚集是造成城市绿色金融发展水平参差不齐的重要原因。

四、研究设计及数据说明

（一）模型构建

借鉴熊璞和李超民（2021）的研究思路，本文采用 Cobb – Douglas 函数作为研究的理论模型：

$$Y_i = A_i L^\alpha K^\beta \mu \tag{1}$$

式中，Y 表示产出，i 表示地区，A_i 表示 i 地区的金融创新技术水平参数，K 和 L 分别表示资本和劳动的投入，α 表示劳动力的弹性系数，β 表示金融行业资本产出的弹性系数，μ 表示随机干扰（$\mu \leqslant 1$）。于是，式（1）可以改写为：

$$Y(finn_i) = A(en_{agg}) * K(ft) * L(rdl) * \mu \qquad (2)$$

式中，finn 表示绿色金融创新指标，$A(en_{agg})$ 表示金融机构、企业聚集指标，$K(ft)$ 表示资金成交量，$L(rdl)$ 表示金融行业劳动力数量，μ 表示其他影响绿色金融发展水平的因素。将其对数化并全微分后，可修正原式：

$$\ln(finn_i) = \beta_0 + \beta_1\ln(en_{agg}) + \beta_2\ln(ft) + \beta_3\ln(rdl) + \beta_4\ln(\mu) + \varepsilon \qquad (3)$$

初始指数水平用 β_0 表示，金融企业数量对绿色金融发展水平的影响效应用 β_1 表示，β_2 表示资金成交量对绿色金融发展水平的影响，β_3 表示金融行业劳动力数量的影响，β_4 则表示其他因素的影响，ε 是随机扰动项。

由于本文旨在探索金融聚集和城市绿色金融发展水平之间的空间相关性，并借助空间计量检验城市金融聚集对城市绿色金融发展水平的影响效应，因此将选取以东西、南北等区域划分的不同城市，且清科研究中心发布的绿色金融发展指数能很好地衡量不同城市的绿色金融发展水平，故本文选定报告中 21 个城市的面板数据进行分析。

（二）变量指标说明

1. 因变量

$finn_i$ 为城市绿色金融指标，采用绿色金融发展综合指数来衡量绿色金融发展水平。

2. 自变量

由于金融聚集以资本聚集和产业聚集的形式，通过四条路径来提升城市的绿色金融发展水平，早在 1890 年经济学家马歇尔就开始研究产业聚集现象，而后又出现了著名的韦伯区位理论和 E. M. 胡佛的产业集聚最佳规模论，这两个理论中都曾以厂商数量衡量聚集水平，因此本文借鉴该做法，用某一城市金融企业数量来衡量该城市的金融企业聚集水平（agg）。

3. 控制变量

控制的变量主要从资金成交量、从业人员劳动投入量、经济发展水平和对外开放程度考虑。资金成交量 $K(ft)$，采用该区域 2019 年度金融市场境内 IPO 融资量（亿元）来表示；从业人员劳动投入量 $L(rdl)$ 为截止到 2019 年该地区金融行业从业人数（万人）；经济发展水平 pgdp 采用人均 GDP（万元）来表示；对外开放程度 fdi，采用当年境外 IPO 融资量（亿元）表示。

五、实 证 分 析

根据上文的研究分析，本文的实证分析主要针对两个问题：一是检验金融聚集对城市绿色金融发展水平的影响；二是检验金融聚集和绿色金融发展水平的空间相似性检验。上述问题分别用数据处理和实证分析解决，实证过程均使用 Stata16、Eviews9 和 Geoda 软件完成。

（一）描述性统计

从表 1 描述性统计结果可知，21 个城市金融企业数量 agg 的均值为 1 779.00，标准差为 915.00，最小值为 1 049.00，最大值为 4 661.00；绿色金融创新指数 finn 均值为 83.81，标准差为 6.98，最小值为 73.00，最大值为 102.00。可以看到样本的标准差较大，这说明各个城市、不同区域之间区域金融聚集情况存在较大差异，特别是最高值和最低值之间差距过大，表现为北京上海金融企业数量相比于其他城市更多。

表 1　　　　　　　　　　　　变量的统计性描述

变量名称	变量符号	样本量	平均值	标准差	最小值	最大值
金融聚集	agg	63	1 779.00	915.20	1 049.00	4 661.00
绿色金融水平	finn	63	83.81	6.98	73.00	102.00
资金成交量	K(ft)	63	384.50	85.17	311.60	686.70
劳动投入	L(rdl)	63	21.35	31.64	5.34	122.80
经济发展水平	pgdp	63	1.17	0.45	0.69	5.87
对外开放程度	fdi	63	174.70	10.53	151.10	195.90

（二）相关性分析

利用 Stata16 进行数据的相关性分析（见表 2）。

表 2　　　　　　　　　　　　相关性分析结果

	agg	finn	Kft	Lrdl	pgdp	fdi
agg	1					
finn	0.717 ***	1				
K(ft)	0.933 ***	0.684 ***	1			
L(rdl)	0.586 ***	0.667 ***	0.670 ***	1		
pgdp	0.328 ***	0.261 **	0.407 ***	0.494 ***	1	
fdi	0.426 ***	0.178	0.543 ***	0.290 **	0.576 ***	1

注：***、**、* 分别表示该系数在 1%、5%、10% 水平下显著；括号内数字为标准误。

可以看出绿色金融创新指数 finn 与金融聚集水平 agg 呈现强相关，资金成交量 K(ft)、金融从业人员劳动投入量 L(rdl) 等与金融聚集水平 agg 同样呈现强相关。此外人均 GDP 和 fdi 与金融聚集水平 agg 呈现弱相关，其他变量之间也存在着相关关系。

（三）基准回归

为检验金融聚集对城市绿色金融发展水平的影响，本文对计量模型进行检验，模型 1 为基准回归；模型 2 仅将金融聚集作为核心解释变量探究其对城市绿色金融发展水平的净效应，并且相比于模型 1，模型 2 进一步固定了时间和个体效应；模型 3 则在模型 2 的基础上添加了控制变量以获得更加稳健的结论。根据表 3 的回归结果，金融聚集（agg）显著地促进了城市绿色金融发展水平的提升，在排除其他控制变量的情况下，该效应为 0.0090 并且在 1% 水平下显著。在加入了控制变量后，该效应仍在 1% 的水平下显著，并且效果得到了进一步提升，回归系数的绝对值增加至 0.0197，这表明金融聚集（agg）受到控制变量的影响进而对城市绿色金融发展水平产生影响。例如，资金成交量、外商直接投资和人均 GDP 的系数均在 1% 的显著性水平下为正，这表明资本的流动有利于促进城市金融聚集进而提升城市绿色金融发展水平；这一影响同样体现在外商直接投资和人均 GDP 上，较高的外商直接投资水平和经济发展水平同样能够促进城市绿色金融发展。上述分析均表明，金融聚集能够促进城市的绿色金融发展水平，并且在控制一系列控制变量后，该结论变得更加显著。

表 3　　　　　　回归结果及稳健性检验

变 量	(1) finn	(2) finn	(3) finn	(4) 增加样本期	(5) 增加控制变量
agg	0.019*** (10.976)	0.009*** (3.433)	0.489** (2.313)	0.007*** (2.787)	0.008*** (2.905)
K(ft)	0.129*** (20.791)		0.011 (1.098)	0.014 (1.451)	0.011 (1.152)
L(rdl)	0.000** (2.435)		0.000 (1.538)	0.000 (0.057)	0.000** (2.365)
pgdp	0.300*** (10.789)		-0.016 (-0.482)	-0.017 (-0.598)	0.007 (0.147)
fdi	0.001*** (4.823)		0.001** (2.481)	0.001** (2.228)	0.001 (1.049)

续表

变　量	（1）finn	（2）finn	（3）finn	（4）增加样本期	（5）增加控制变量
government					0.394 *** （5.168）
road					0.001 ** （2.079）
_cons	0.146 *** （60.106）	0.179 *** （80.958）	0.173 *** （60.248）	0.172 *** （75.914）	0.179 *** （59.708）
时间效应	NO	YES	YES	YES	YES
个体效应	NO	YES	YES	YES	YES
N	63	63	63	105	63
R²	0.675	0.812	0.787	0.799	0.779

注：＊＊＊、＊＊、＊分别表示该系数在1%、5%、10%水平下显著；括号内数字为标准误。

此外，通过观察可决系数可以判定模型的拟合优度，五个模型中的 R-squared 值均大于 10%，说明模型变量的选择可以接受，模型拟合优度较好。从模型 3 可知，金融聚集水平 agg 的回归系数为 0.489，说明金融企业每增加一单位，金融发展指数提升 0.489，说明出现金融聚集现象的城市或者说金融聚集水平较高的地区，绿色金融发展水平往往更强，体现在 finn 值较高。

（四）稳健性检验

为得到更加稳健的回归结论，本文增加了样本的时间段，将起始时间从 2017 年提前至 2016 年，结束时间延至 2019 年，对样本量进行扩充。此外，本文还增加了控制变量用以获得更加准确的结论。回归结果如表 3 中模型 4 和模型 5 所示，当样本期增加后，金融聚集的回归系数在 1% 显著性水平下为正；当增加了控制变量后也有同样的结论，表明金融聚集在扩大样本量和增加控制变量后仍能显著地促进城市绿色金融发展水平的提升。

（五）探索性空间数据分析（ESDA）

为了研究国内 21 个城市绿色金融发展水平和金融聚集空间分布及相关特征，本文运用 ESDA 探究二者相关性及区域相互影响效应。判断金融聚集和城市绿色金融发展水平的空间相关性，采用莫兰指数（Moran's I）进行测度：

$$I = \sum_{i=1}^{n} \sum_{j=1}^{n} W_{ij}(X_i - X'')(X_j - X'')/S^2 \sum_{i=1}^{n} \sum_{j=1}^{n} W_{ij} \quad (4)$$

式中，$S^2 = \frac{1}{n}\sum_{i=1}^{n}(X_i - X'')^2$ 是样本的方差，X'' 是样本的均值，X_i 是 i 地区的观测值，此处为金融聚集和城市绿色金融发展水平指标，n 为城市数量，此处 n = 21，W 表示邻近空间权重矩阵，当两地区相邻时 W = 1，其余情况 W = 0。$\sum_{i=1}^{n} \sum_{j=1}^{n} W_{ij}$ 是空间权重之和。

一般 $-1 \leqslant I \leqslant 1$，当 I < 0 表示二者呈现负相关关系，当 I > 0 表示二者呈现正相关关系，当 I = 0 表示无相关关系，且 I 值绝对值越接近 1，表示该城市与其他城市正相关性越强。

采用 Geoda 绘制 21 城市绿色金融发展水平与金融聚集的 Moran 散点图及进行显著性检验，城市金融 Moran 散点图及显著性检验如图 2 所示。

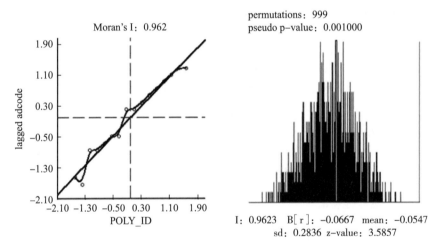

图 2　城市金融 Moran 散点图及显著性检验（2019 年）

从图 2 中可以看出 Moran's Ⅰ 为 0.962，且通过了 5% 的显著性水平检验，一般 Moran's Ⅰ 范围在 -1～ +1 之间，当 Moran's Ⅰ >0 时表示数据在空间上呈现正相关，并且数值越大相关性越明显。图中 Moran's Ⅰ 为 0.962，这表示城市绿色金融发展水平与金融聚集在空间分布上有明显的空间关联特征，在现实中就表现为：金融机构分布密集的北京、上海、深圳、广州、杭州、南京等地，区域绿色金融发展水平也名列前茅。并且总体来看，东部地区城市整体绿色金融发展水平高于西部，南方城市高于北方，"南强北弱""东强西弱"特征明显。另外在分析莫兰指数时通常会结合 P 值（P－value）来分析，P 值表示概率，当 P 值较小时（此处 P－value = 0.001）意味着所检验结果不是由随机过程而产生的，即意味着不会发生小概率事件，所以可以拒绝原假设，结果显著。

综上所述，金融聚集总体上明显地促进着中国城市的绿色金融发展水平，并且主要体现在某地区金融机构的聚集增加了该地区金融创新的活力，结合探索性空间数据分析的结论，研究假设 3 "金融聚集和城市绿色金融发展水平具有相似的空间分布不均匀的特点，金融聚集是造成城市绿色金融发展水平参差不齐的重要原因"得到验证。

城市绿色金融发展水平的提升是一个较为综合的复杂问题，它受到很多因素的共同作用，金融聚集可以有效地提升城市绿色金融发展水平，但这种提升也受到地区影响，比如在提升强度方面，东部大于西部，南方大于北方。之所以会产生各种区别，是因为不同地区在劳动力投入、研发投入、区域经济发展水平、对外开放程度、资本聚集程度、金融行业聚集程度、都市圈发展情况以及政策扶持等方面都不尽相同，一些因素在 A 地区能够有效发挥作用，但到了 B 区，所产生的正向效应微乎其微，甚至有可能成为阻碍该地区发展的因素。例如，有一笔资金，在上海可以在资本、产品和劳动力市场中流转，但相对于其他市场而言，流向资本市场所获得的回报更丰厚，这是上海作为国际金融大都市所带来的；同样一笔资金，放在西部城市，如兰州，流向劳动力市场和产品市场会更利于该地区经济发展，因为兰州地区的资本市场并不发达，倘若盲目将资金注入，不仅有可能会导致乱投资、造成低效率，严重的还会挤占其他产业，如农业、工商业，重创实体经济。

六、结论与政策建议

文章从金融聚集角度出发，探究形成城市绿色金融发展水平空间差异的原因，并采用 21 个城市的面板数据，通过空间计量模型，分析城市绿色金融发展水平是否受金融聚集的影响。结果显示：

第一，城市绿色金融发展水平与金融聚集水平有着较为类似的空间分布特点，"南强北弱""东强西弱"特征明显，金融聚集越密集的区域，往往其绿色金融发展水平越高。北京、上海、深圳、广州、杭州、南京等地，区域绿色金融发展水平高于其他城市。

第二，城市金融聚集对绿色金融发展水平产生了显著的正向影响，有助于绿色金融发展水平的提升。金融聚集水平的高低是城市绿色金融发展水平大小的重要影响因素，应该重视金融聚集对绿色金融创新的重要作用，合理规划都市金融圈，以金融促发展。

第三，城市绿色金融发展水平的提升是一个复杂的过程，流动性、市场开发程度、劳动力投入、研发投入、区域经济发展水平、对外开放程度、资本聚集程度、金融行业聚集程度、都市圈发展情况以及政策扶持均有着不同程度的作用。政府应协调好各方因素的影响，充分利用好区域间的协同效应，使聚集正向作用于经济发展。

基于上述结论，给出如下政策建议：

首先，充分认识国内城市金融水平的空间差异，分区域制定适合的金融发展战略。中国幅员辽阔，地广人多，但真正集中人口的往往是大都市，在"十四五"规划"城市群""都市圈"的大背景下，更应因地制宜，应充分发挥地方政府的领导作用，把城市金融圈的建设作为一项政府工作落实到位。

其次，重视绿色金融的创新。绿色金融可以动员和激励更多社会资本投入绿色领域，同时引导社会资本逐步从高污染、高耗能行业退出，是破除传统发展路径依赖、实现经济绿色发展的重要途径，在中国推进生态文明改革和经济社会高质量发展的进程中，绿色金融正扮演日趋重要的角色。始终牢记科技是第一生产力，金融行业也不外如是。区块链、互联网金融、绿色金融、普惠金融……抓紧时间补齐短板，例如，大陆市场欠发达的信托业、保险业等，各金融机构应在金融聚集的大背景下敢于创新，充分利用好资本和人才方面的优势。

最后，加强风险防范意识，主动管理金融风险，建立应对措施。在享受金融聚集的红利同时，也应居安思危，守住金融安全的底线、守住老百姓的钱袋子；银行、证券、保险业应承担起中国金融的安全员角色，在进行业务合作的同时也拉起金融风险的警戒线，杜绝中银"原油宝"事件再度发生。完善监督机制，配套法规落地。完善的监督机制有利于确保市场主体在法律允许的范围内运营，而不是一味寻求灰色地带谋求非法利益。而配套的法规落地，既可以对集聚区内的主体行为进行监管、奖惩，也可以发挥引导和鼓励作用。

参 考 文 献

[1] 安从瑶. 金融产业聚集对区域经济增长的影响探讨 [J]. 现代商贸工业，2017 (21)：9 - 10.

[2] 董雪兵，池若楠. 中国区域经济差异与收敛的时空演进特征 [J]. 经济地理，2020 (10)：11 - 21.

[3] 付佳玉. 基于泰尔指数的中国南北区域经济差异实证分析 [J]. 现代营销（学苑版），2021：6 - 8.

[4] 覃朝晖，魏艺璇，范亚莉. 高铁开通、金融集聚与区域创新 [J]. 金融理论探索，2021：3 - 14.

[5] 郭文伟，王文启. 金融集聚、区域房价如何影响产业结构升级：双轮驱动还是双向抑制？[J]. 首都经济贸易大学学报，2021 (1)：24 - 37.

[6] 葛星. 河南省金融聚集对经济发展的影响分析 [J]. 统计理论与实践，2021 (9)：

59 – 63.

［7］黄葦，李晶石. 对区域金融资源分化的分析与思考［J］. 债券，2021：59 – 62.

［8］黄梦琳，李富有. 区域金融渠道选择与动态民营工业企业生产率提升［J］. 中央财经大学报，2021：94 – 104.

［9］江建明，姚源果，孟捷. 我国南北方经济差距时空演变特征分析［J］. 统计与决策，2021（16）：119 – 122.

［10］潘英丽. 论金融中心形成的微观基础——金融机构的空间聚集［J］. 上海财经大学学报，2003（1）.

［11］汤超准. 金融集聚对产业结构升级的影响［D］. 厦门：厦门大学，2017.

［12］熊璞，李超民. 中国区域创新能力空间差异的新解释——基于高等教育集聚的视角［J］. 管理现代化，2021（6）：42 – 48.

［13］袁东亮. 中国区域经济发展及区域经济差异研究述评［J］. 商场现代化，2020：137 – 138.

［14］杨万平，李冬. 中国八大区域经济发展质量的空间差异及其形成机制［J］. 当代经济科学，2022（2）：51 – 65.

［15］Tomar R S，Qureshi M F，Shrivastava S K. The Impact of Financial Agglomeration on the Upgrading of Industrial Structure—Taking Guangdong Province as an Example［J］. The Veterinary Nurse Volume 1，Issue 4. 2014.

Research on the Influence of Financial Agglomeration on the Development of Urban Green Finance

—Based on the "Double Carbon" Target Constraint in the Post-pandemic Era

Xie Zhoutao

Abstract：At present，China is speeding up to achieve the goal of carbon reduction and as a vital measure to reduce the carbon as well as pollution emissions，the green finance has played a significant role about this. However，could financial aggregation facilitate the development of green finance in cities under the condition that "double carbon" target constraint tightens？Therefore，the article puts forward one kind of original explanation，which holds the view that the development of green finance is firmly associated with financial aggregation and the spatial distribution difference exists as well basing on the "double carbon" target. Using the panel data of 21 cities in China and the tool of spatial metrology，the article researches the impat of the facts such as financial aggregation that may contribute to the development of green finance in cities. Research finds that：（1）There exists considerably similar spatial distribution on the development of green finance and the degree of spatial aggregation，which indicates significant character that the southern area and the eastern area tend to excel comparing with the northern area and the western area.

（2）The financial aggregation significantly influences the development of the degree of green finance in cities, which enhances its improvement. （3）The improvement of the degree of green finance that origins from financial aggregation can promote the target of carbon reduction under the post-pandemic era, which proves to be feasible in both theory and practice considering improving the degree of green finance with the aid of financial aggregation.

Keywords：Post-epidemic Era, Financial Aggregation, Green Finance, Spatial Distribution Difference

美联储加息对人民币汇率的影响

——基于美联储近 20 年调息的实证分析[*]

江世银 刘 莹 李 洁[**]

摘 要： 作为世界货币体系的核心，为改善高通货膨胀的经济环境，2022 年美联储宣布加息，不仅影响美国国内而且影响了包括中国在内的开放型经济国家。通过构建 VAR 模型，选取 2006 年 1 月~2023 年 8 月美元兑人民币汇率以及美国联邦基金利率等数据，研究了部分变量对人民币汇率的影响。研究结果表明，美联储加息的直接影响效果最为显著，且只会导致短期内人民币贬值。为此，在新发展阶段下，应建立强大的宏观审慎监管体系，适时干预外汇市场，以促进汇率改革与人民币汇率稳定，为人民币国际化迈上新台阶提供思路。

关键词： 美联储加息 人民币汇率 传导机制 防范对策

引 言

当今，中国已成为世界第二大经济体并处于走向国际化的重要阶段，人民币汇率走势已然成为人们关注的焦点。2022 年，中国人民银行在《人民币国际化》报告中强调：支付、投融资、储备、计价功能均提升且总体向好。同时，SWIFT 数据显示，人民币支付份额已超过日元，排名国际第四位。2022 年 5 月，IMF 上调特别提款权中人民币的权重，由 10.9% 上调至 12.3%，人民币可自由使用认可度进一步提高。但是，美国量化宽松货币政策导致市场面临高通货膨胀，由于资本的逐利性，除了通过"逆全球化"手段遏制发展中国家经济的崛起以维护自身利益外，美联储选择加息改善市场环境，人民币汇率受到严重冲击。因此，本文将根据美联储加息这一背景，构建 VAR 模型，分析其对人民币汇率的短期影响。

[*] 基金项目：国家社科基金后期资助课题"依法规范和引导资本健康发展研究"（2023149）的阶段性成果。

[**] 江世银（1965~），男，四川泸县人，博士，南京审计大学金融学院资深二级教授，博士生导师，研究方向为金融结构与宏观经济调控，本文通讯作者；刘莹（2001~），女，吉林榆树人，南京审计大学金融学院硕士生，研究方向为金融审计与金融监管；李洁（2000~），女，江苏盐城人，南京审计大学金融学院硕士生，研究方向为金融审计与金融监管。

一、文 献 综 述

（一）关于汇率影响因素的研究

大多数学者在研究时未将长短期分离开来，而是从全局角度更加系统全面地分析。蔡剑波和钟晓清（2006）对不同货币进行分析后认为，风险基金、跨国公司的内部贸易价格对汇率影响显著。孙晨华（2014）认为，诸多因素影响汇率，主要有利率、外汇储备、货币供应量、国民收入等，不同学者在此基础上形成了不同的理论。刘红忠等（2020）着重分析中央银行资产结构对汇率的影响，结果显示，其资产结构调整是影响汇率的重要因素。叶敏和熊惟博（2021）通过分析美联储加息后对东南亚经济变动的影响后得出结论，影响汇率的因素有美元指数的变动、国际投资者对于未来的预期等。郭凤娟和丁剑平（2023）选取 1998～2021 年的季度数据，分析国际资本流动与汇率的关系，得出人民币升值会加大国际资本波动的幅度，同时资本涌入也会破坏人民币币值的稳定。

（二）关于美国加息政策对人民币汇率影响的研究

钟伟（2005）从美联储加息后全球资本流动角度入手，认为美联储加息后中国的资本流动在可控范围内，且中国会陷入滞后的加息周期，人民币汇率波动更加灵活。贺强和王汀汀（2016）通过分析美联储历次加息对中国新兴市场的影响，认为人民币汇率受到的冲击在可控范围内，且通过供给侧结构性改革与灵活的货币、财政政策进一步推进人民币国际化。傅广敏（2017）通过构建两国经济 DSGE 模型，分析得出美联储加息引发人民币贬值，但是不一定引起进口增加。马理和彭承亮（2019）通过分析美联储加息对中国溢出效应的传导机制，研究结果表明：美联储加息后人民币汇率下行，但是进口却有所增加。刘鹏和朱一江（2022）通过研究美国高通货膨胀下的经济形式，认为即便美联储加息，国际市场对于人民币需求量仍然较高，对人民币汇率的影响仍处于可控范围。范从来和谢丽娟（2023）应用 GARCH 模型分析得出正向的货币政策冲击会使在岸以及离岸人民币汇率均贬值，且二者的影响程度逐渐趋近。

（三）总结述评

通过整合文献，现有文献的研究还有待深入。一方面，已有研究对于汇率影响因素研究主要集中在：综合多个经济变量（净出口额、利率、货币供应量、国民收入等）研究其对汇率的总体影响，但是单变量影响汇率变动效应的相关研究不够深入。另一方面，美联储加息对人民币汇率影响的研究主要集中在借助已有数据进行对比与实证分析，但是针对未来人民币汇率预测公式的研究较少。因此本文将着重研究单个经济变量对人民币汇率的影响并通过 ARIMA 模型得出预测人民币汇率走势的公式。如果本文的研究应用于实践，可以为稳定人民币汇率策略的制定提供更加科学的依据。

二、美联储加息以及人民币汇率现状分析

（一）金融危机后美联储货币政策选择

2007 ~ 2008 年，全球最具实力的股票与债券银行雷曼兄弟倒闭，美联储先后实行 7 次降息政策，最终引发严重的通货紧缩以及高失业，导致全球性金融危机。为解决这一危机，美联储持续推行量化宽松政策，调整联邦基金利率由 5.25% 降低至 0.025%，并向市场中注入流动性，2010 年 10 月 ~ 2011 年 6 月，美联储共计购买了 6 000 亿美元的长期国债，开启史无前例的量化宽松政策缓解经济状况，既没有遏制经济危机的蔓延，又导致了高通货膨胀的经济环境。

（二）美联储加息历程及原因

持续推行量化宽松的货币政策使得美国经济复苏的同时，也引发了较高的通货膨胀率。2015 年底，美联储宣布上调联邦基金利率 25 个基点，结束了利率长期趋于零的时代，步入持续加息周期。截至 2018 年底，美联储共加息 9 次，联邦基金利率区间调至 2.3% ~ 2.5% 的水平。2019 年 7 月，为应对经济放缓、加速经济发展，美联储宣布下调联邦基金利率 25 个基点到 2% ~ 2.3% 的水平，而后利率"三连降"至 1.5% ~ 1.8%，且短期内不再调整货币政策。为应对新冠疫情对美国经济造成的影响，美联储印钞数 10 万亿美元并继续降息刺激经济造成严重的流动性过剩与极严峻的通货膨胀，因此 2022 年美联储宣布开启加息周期，直至 2022 年 12 月 31 日，美国联邦基金利率目标上限已达到 4.5%。

（三）美联储加息的工具

货币政策分为价格型货币政策以及数量型货币政策，前者通过调节利率、汇率影响价格的变量来调控，而后者则通过调节法定存款准备金率、公开市场操作等调控，由于美国量化宽松政策导致美国利率接近为零，所以美国开始采用数量型货币政策与价格型货币政策结合，提高基准利率并保持基准利率较低的波动区间的公开市场操作（潘伟，2021）。

（四）人民币汇率受美联储加息影响现状

2022 年，自美联储开启加息周期后，专业人士分析美国就业、零售数据

等表现超强预期，市场对美联储继续加息的预期再度升温。同时诸多经济体紧随美联储步伐连续加息，人民币汇率波动明显，呈现出稳定、加速贬值、逐步回升的走势。尤其在 2022 年 11 月，人民币即期汇率创近年新低，达 7.3。2023 年 5 月 4 日，美联储宣布加息 25 个基点，人民币汇率最终徘徊在 6.9 附近。2023 年，全球经济呈现错位增长态势，欧美国家经济出现衰退概率增大，可能会陷入"高通胀、高利率、低增长"困局，人民币升值有较强的预期。当前，美联储加息已经接近尾声。较上年而言，我国经济政策以及周期性的金融扩张都给经济带来了底部支撑，但是升值与贬值的压力均存在，人民币有望摆脱此前窄幅区间波动的状况。展望 2024 年，人民币汇率会出现短期震荡，升贬值交替的情况，但是最终走向升值（石建勋和赵张霞，2020）。

三、美联储加息影响人民币汇率的实证分析

（一）变量选取与数据来源

为更好地分析美联储加息与人民币汇率两者之间的相关关系，通过 EViews 10 软件进行实证检验、量化分析，从联邦基金利率以及宏观经济两个角度进行数据选择，时间段为 2006 年 1 月～2023 年 8 月的月度数据。

表 1 介绍了选取的各个变量并进行说明，其中，联邦基金利率来源于环球财经数据库，广义货币供应量、美元兑人民币中间价来源于中国人民银行，出口贸易总额、消费者物价指数来源于中国国家统计局。

表 1　　　　　　　　　　　各变量选取与介绍

变量名称	符号	变量说明
联邦基金利率	R	美联储调节货币政策的工具
广义货币供应量	M_2	衡量投资情况和中间市场活跃程度的重要指标
出口贸易总额	EX	一定时期内从国内向国外出口商品的全部价值
消费者物价指数	CPI	大宗商品的价格
美元兑人民币中间价	E	人民币兑美元汇率变动幅度的重要参考指标

（二）平稳性检验与模型构建

1. 平稳性检验

为确保检验结果的真实性，数据的稳健性十分必要。本文在实证分析前

对几组数据进行稳定的测试。表 2 报告了数据的稳健性,原假设为:这个时间序列有单位根,显著性水平为 0.05。

表 2 ADF 单位根检验结果

变量	ADF 统计值	临界值	P 值	结论
E	-2.557728	-2.875128	0.1036	不平稳
EX	-1.312448	-2.875972	0.6238	不平稳
R	-1.826626	-2.875262	0.3669	不平稳
M_2	2.177521	-2.875898	0.9999	不平稳
CPI	-2.50373	-2.875898	0.1161	不平稳
DE	-9.796314	-2.875128	0.0000	平稳
DEX	-3.362305	-2.875972	0.0135	平稳
DR	-5.031607	-2.875262	0.0000	平稳
$\ln M_2$	-2.626178	-2.574501	0.0494	平稳
DCPI	-7.232141	-2.875898	0.0000	平稳

由表 2 可知,本文首先对人民币汇率、美国联邦基金利率、广义货币供应量、消费物价指数以及我国出口总额进行单位根检验,在 5% 的显著性水平下均为非平稳序列。因为广义货币供应量数值过大,因而对其取对数较一阶差分处理的精确性更高,所以分别对数据进行一阶差分处理或对数调整后可知,各变量的 P 值均小于 0.05,数据不再存在单位根,处理后的变量为平稳序列。

2. 最优滞后阶数的确定

经过对数据的稳定性测试,进一步确定滞后阶数,考虑过多的阶数会对参数估计的数量产生影响,表 3 反映了最优滞后阶数的确定过程,本文选择在十阶以内确定最优阶数,并依据 AIC、SIC、HQ 准则以及少数服从多数的原则确定最优滞后阶数为一阶。

表 3 VAR 模型最优滞后期选择

Lag	LogL	LR	FPE	AIC	SC	HQ
0	-3 833.934	NA	2.67E+10	38.19835	38.28052	38.23160
1	-2 967.891	1 680.381	6 202 533	29.82976	30.32280 *	30.02927 *
2	-2 941.158	50.54006	6 099 289	29.81252	30.71641	30.17827
3	-2 905.918	64.87036	5 514 706	29.71063	31.02537	30.24263

续表

Lag	LogL	LR	FPE	AIC	SC	HQ
4	- 2 884. 209	38. 88174	5 710 483	29. 74337	31. 46898	30. 44163
5	- 2 854. 018	52. 57136	5 441 819	29. 69172	31. 82819	30. 55623
6	- 2 832. 058	37. 14650	5 637 716	29. 72197	32. 26929	30. 75273
7	- 2 809. 919	36. 34770	5 841 973	29. 75044	32. 70862	30. 94745
8	- 2 793. 280	26. 48979	6 409 323	29. 83363	33. 20267	31. 19689
9	- 2 770. 472	35. 17585	6 631 355	29. 85545	33. 63535	31. 38496
10	- 2 720. 517	74. 56005 *	5 253 503 *	29. 60714 *	33. 79790	31. 30290

注：＊表示最优滞后阶数。

3. 模型构建

本文采用 VAR 模型进行实证研究，含有 N 个变量滞后 K 期的 VAR 模型如下：

$$Y_t = \Pi_0 + \Pi_1 Y_{t-1} + \Pi_2 Y_{t-2} + \cdots + \Pi_k Y_{t-k} + \mu_t \tag{1}$$

其中，$t \in T$，T 为观测值的数目，此外，

$$Y_t = \begin{pmatrix} Y_{1t} \\ \vdots \\ Y_{nt} \end{pmatrix}, \quad \Pi_j = \begin{pmatrix} \pi_{11,j} & \cdots & \pi_{1n,j} \\ \vdots & \vdots & \vdots \\ \pi_{n1,j} & \cdots & \pi_{nn,j} \end{pmatrix}, \quad C = \begin{pmatrix} c_1 \\ \vdots \\ c_n \end{pmatrix}, \quad u_t = \begin{pmatrix} u_{1t} \\ \vdots \\ u_{nt} \end{pmatrix} \tag{2}$$

本文中，选取 R、M_2、EX、CPI、E 共 5 个变量为内生变量，为保证数据的平稳性进行了差分以及对数处理，并确定滞后阶数为 1，建立向量自回归模型：

$$\begin{pmatrix} DR \\ \ln M_2 \\ DEX \\ DCPI \\ DE \end{pmatrix} = A_1 \begin{pmatrix} DR \\ \ln M_2 \\ DEX \\ DCPI \\ DE \end{pmatrix} + C_t \tag{3}$$

4. VAR 模型单位根检验

根据以上验证，本文进行一阶向量自回归，其后仍然需要模型稳健性检验，确定其单位根是否都落在单位圆内。如图 1 所示，数据通过了单位根的检验，说明模型与数据均稳定，为后续验证奠定了基础。

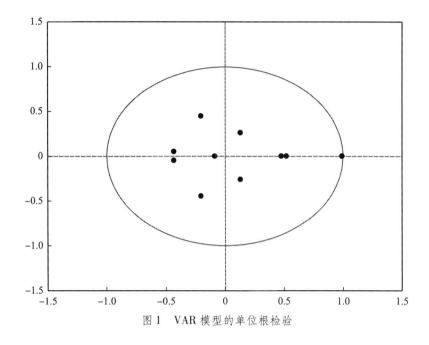

图 1   VAR 模型的单位根检验

（三）格兰杰因果检验

在建立模型进行实证分析时，由平稳性检验以及对数差分处理后得到的均为平稳序列，除了考虑数据的平稳性，还要通过格兰杰因果检验数据变量间是否存在因果或双向影响的关系（原假设为 A 不是 B 的格兰杰原因，显著性水平为 5%）。

由表 4 可知，DR 不是 DE 的格兰杰原因 P 值为 0.007，拒绝原假设，美联储加息是人民币汇率变动的直接原因，但是这种影响结果是单向的。同时，美联储加息也会影响我国物价水平以及货币供应量进一步间接影响人民币汇率，但是后者的 P 值均大于 0.05，所以影响效果不够显著。

表 4   格兰杰因果检验结果

原假设	F 值	P 值	是否拒绝原假设
DE 不是 DR 的格兰杰原因	2.83609	0.0610	不拒绝
DR 不是 DE 的格兰杰原因	5.08909	0.0070	拒绝
DR 不是 DCPI 的格兰杰原因	1.13298	0.3241	不拒绝
DR 不是 $\ln M_2$ 的格兰杰原因	0.03187	0.9686	不拒绝
DCPI 不是 DE 的格兰杰原因	0.24211	0.7852	不拒绝
DR 不是 DEX 的格兰杰原因	0.02890	0.9715	不拒绝
DEX 不是 DE 的格兰杰原因	0.10805	0.8976	不拒绝

续表

原假设	F 值	P 值	是否拒绝原假设
$\ln M_2$ 不是 DE 的格兰杰原因	3.22116	0.0419	拒绝
DE 不是 DEX 的格兰杰原因	0.42698	0.6531	不拒绝
DEX 不是 DE 的格兰杰原因	0.10805	0.8976	不拒绝
DCPI 不是 DEX 的格兰杰原因	1.40007	0.2489	不拒绝

（四）脉冲响应函数检验

脉冲响应函数可以比较直观地观察人民币汇率如何对美联储宣布加息所带来的冲击的反应，是在数据稳定性的基础上进行进一步分析，即：随机扰动项目面对外界冲击时及时反应以及未来值的轨迹变化，其中，横轴表示追溯期数，纵轴表示冲击大小。

1. 美联储加息对人民币汇率的脉冲响应

图 2 是美联储加息对人民币汇率的动态冲击。图中实线部分是响应函数值，观察可知，美联储宣布加息后，对人民币汇率影响由负变正且在前两期响应迅速，第二期到第七期缓慢下降并趋于平稳。这表明，随着美联储加息历程的推进，人民币短期升值后进入持续性贬值阶段且在第二期正向响应最显著，最终币值趋于稳定。

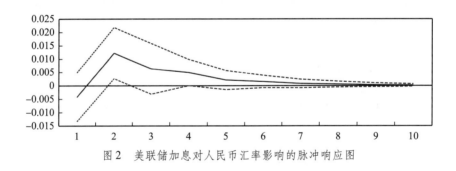

图 2　美联储加息对人民币汇率影响的脉冲响应图

2. 消费物价指数对人民币汇率的脉冲响应

图 3 是消费物价指数对人民币汇率的动态冲击。通过查找数据，美联储加息后我国消费物价指数短期内呈现上升趋势。观察可知，人民币汇率对消费物价指数发生变动的影响在前两期上升速度较快，从第三期开始逐渐减弱。由此可见消费物价指数变动后，人民币汇率上升（人民币贬值）且在第二期较为显著，最终币值趋于稳定。

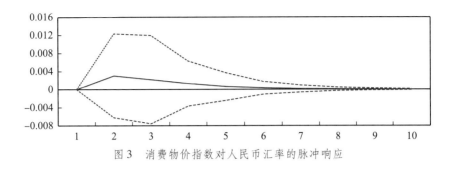

图 3　消费物价指数对人民币汇率的脉冲响应

3. 广义货币供应量对于人民币汇率的脉冲响应

图 4 是广义货币供应量对人民币汇率的动态冲击，美联储宣布加息引发我国货币供应量发生变化，且在不同期限人民币汇率对其响应不同。前三期出现较大幅度的负向冲击，在第四期后，响应由负变正并逐渐趋于零。具体表现为：货币供应量的增加短期内导致人民币升值，长期来看，最终引发人民币贬值，随着加息的推进，最终币值趋于稳定。

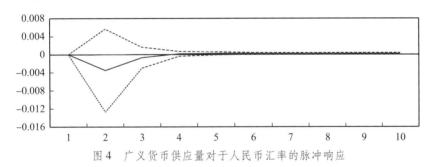

图 4　广义货币供应量对于人民币汇率的脉冲响应

4. 出口对人民币汇率的脉冲响应

图 5 是出口对人民币汇率的动态冲击。给出口一个正向冲击后，人民币汇率对其响应始终表现为负，且在不同期限响应程度不同。在前两期上升速度较快，从第三期开始逐渐减弱。总体表现为出口对人民币汇率具有负向促进作用，具体表现为出口额增加后，人民币汇率下降（人民币升值）且在第二期较为显著，最终币值趋于稳定。

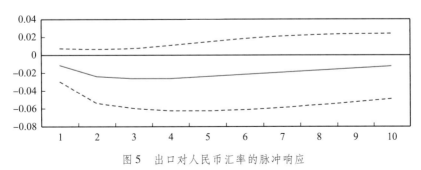

图 5　出口对人民币汇率的脉冲响应

（五）实证小结

本文在处理数据确保其平稳性的基础上，建立了美国联邦基金利率、广义货币供应量、出口贸易总额、消费者物价指数以及美元兑人民币汇率中间价的 VAR 模型，并通过格兰杰因果检验以及脉冲响应分析，从直接影响和间接影响两条路径下得出如下实证结论：

（1）通过格兰杰因果检验，可以发现，美联储加息直接、单向影响人民币汇率的波动，由 P 值可以得出，影响效果显著。同时还会通过影响我国消费物价指数与广义货币供应量进一步间接影响人民币汇率，但是从检验结果来看，这种间接影响的贡献度很小，显著性不强。

（2）脉冲响应函数分析了美联储加息后各个变量对于人民币汇率的影响效应，其中美联储加息对于人民币汇率直接影响在加息初期最为显著，表现为美联储加息初期，人民币持续贬值。随着加息进程的推进，影响程度逐渐减弱，最终人民币汇率保持稳定。

四、人民币汇率变化预测

（一）预测模型选择

由于金融数据多为时间序列数据且 ARMA 模型对时间序列数据有较好的拟合效果，所以在研究时间序列数据时，学者们更多地采用了以自回归（AR）模型和移动平均（MA）模型为基础形成的 ARMA 模型，建立 ARMA 模型要求数据应以满足平稳和可逆性条件为前提。当预测短期内数据系列走势时，ARMA 模型拟合性较好，预测准确性高。本文通过构建 ARMA 模型，处理得出人民币汇率季度数据，并对未来汇率走势加以预测，我们可以更直观、显著地认识时间序列的结果与特征，实现误差最小化，预测结果最优化。

（二）数据的平稳性检验及处理

1. 差分后的时序图检验

在 VAR 模型的验证中，已经得出人民币汇率原始数据并不平稳，为保证结论的显著性，本文对数据进行一阶差分处理。从图 6 可以看出经过一阶差分处理后，数据趋于平稳。

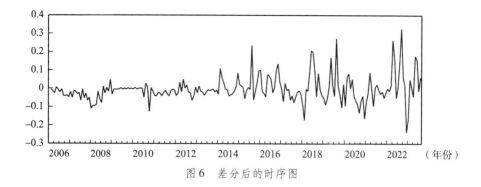

图 6　差分后的时序图

2. 差分后的模型识别

图 7 反映了数据的自相关与偏自相关图，二者均存在拖尾现象，满足建模条件，但是因为选取数据为差分后的平稳数据，所以我们建立 ARIMA（p，1，q）模型，进一步检验确定 p、q 的值。

自相关	偏自相关		AC	PAC	Q-Stat	Prob
		1	0.365	0.365	28.537	0.000
		2	0.083	-0.058	30.032	0.000
		3	0.021	0.011	30.125	0.000
		4	0.026	0.022	30.272	0.000
		5	0.016	-0.001	30.331	0.000
		6	-0.013	-0.023	30.369	0.000
		7	-0.029	-0.019	30.558	0.000
		8	-0.091	-0.085	32.386	0.000
		9	0.068	0.153	33.413	0.000
		10	0.145	0.083	38.131	0.000
		11	0.048	-0.049	38.654	0.000
		12	0.060	0.073	39.476	0.000
		13	0.115	0.084	42.475	0.000
		14	0.094	0.010	44.481	0.000
		15	-0.063	-0.128	45.388	0.000
		16	-0.135	-0.092	49.570	0.000
		17	-0.048	0.070	50.100	0.000
		18	-0.033	-0.021	50.361	0.000
		19	-0.015	-0.030	50.416	0.000
		20	-0.041	-0.028	50.811	0.000
		21	-0.045	0.005	51.280	0.000
		22	0.032	0.050	51.525	0.000
		23	0.054	-0.036	52.210	0.000
		24	-0.043	-0.110	52.660	0.001
		25	-0.094	0.001	54.807	0.001
		26	-0.103	-0.057	57.392	0.000
		27	-0.063	-0.030	58.353	0.000
		28	-0.024	0.030	58.493	0.001
		29	0.002	0.051	58.494	0.001
		30	-0.036	-0.019	58.818	0.001
		31	0.049	0.070	59.410	0.002
		32	0.057	-0.029	60.223	0.002
		33	0.061	0.061	61.171	0.002
		34	0.014	-0.014	61.220	0.003
		35	0.115	0.140	64.627	0.002
		36	0.114	0.038	67.961	0.001

图 7　差分后自相关与偏自相关图

（三）模型定阶

本文通过向下检验法和信息准则法判断滞后阶数，观察参数图 8，除常数项外，每一项的 p 值均几近于零，说明模型滞后阶数与参数的估计是显著的。最终确定最优阶数为一阶，所以最终确定模型为 ARIMA（1，1，1），并通过图 8 确定对应的表达式为：

$$Y_t = -0.505636Y_{t-1} + 0.908539Y_{t-2} + \varepsilon \tag{4}$$

其中，Y_{t-1} 为前一季度的人民币汇率均值，Y_{t-2} 为前两季度的人民币汇率均值，ε 为误差项。为减小误差，实验后进一步拟合了更高阶数情况，发现拟合效果并未改善，进一步说明上述拟合效果的显著性。

Variable	Coefficient	Std. Error	t-Statistic	Prob.
C	0.004684	0.011998	0.390364	0.6973
AR(1)	-0.505636	0.142129	-3.557583	0.0006
MA(1)	0.908539	0.069783	13.01942	0.0000
SIGMASQ	0.006800	0.001058	6.429602	0.0000
R-squared	0.177702	Mean dependent var		0.004976
Adjusted R-squared	0.146475	S.D. dependent var		0.091493
S.E. of regression	0.084527	Akaike info criterion		-2.046739
Sum squared resid	0.564436	Schwarz criterion		-1.930169
Log likelihood	88.93969	Hannan-Quinn criter.		-1.999908
F-statistic	5.690739	Durbin-Watson stat		1.798940
Prob(F-statistic)	.001401			
Inverted AR Roots	-0.51			
Inverted MA Roots	-0.91			

图 8　模型阶数确定

（四）人民币汇率走势预测

本文使用拟合的模型对人民币汇率 2023 年最后一季度与 2024 年上半年数据进行拟合。同时，在 EViews 10 中自动生成其相应的预测值，整理得出表 5 中的预测值与实际值，经计算误差均在 5% 以内，说明人民币汇率的预测公式较为准确，可以参考。

表 5　　　　　　　　　　　　人民币汇率预测

日期	预测值	真实值	误差
2023 年 4 季度	6.8504	6.9582	0.0155
2024 年 1 季度	6.9360	7.1052	0.0238
2024 年 2 季度	7.4274	7.2486	0.0247

五、结论与政策建议

（一）结论

第一，美联储加息短期内使人民币贬值，且在前期影响作用显著。资本市场中资本外流，但是，从量化分析的结果来看，美联储加息仅仅在较短时间内影响人民币汇率，随着时间推移，人民币贬值后会通过影响我国商品出口进一步拉动人民币升值。从长期来看，美联储加息只是为抑制通货膨胀实行的短期手段，不足以撼动我国顺差经济形势。

第二，由于美国实行加息政策，通过利率倒挂影响人民币汇率。但是，中美两国经济周期并不一致，美国 20 年量化宽松政策，导致了美国出现通货膨胀，所以美国加息，实行紧缩的政策。为维持资本市场稳定，刺激经济发展，我国降低 LPR，必然会扩大中美利差，人民币贬值、资本外流在一定程度影响了货币政策，加大经济下行压力（Yadav & Yada，2018）。

（二）政策建议

第一，保持资本市场的稳定性。当前中国的资本市场较为稳定，鲜有资本大量流进流出的现象，投资者在面临不同的投资选择时，并未将投资利率看成是决定性因素，其他因素也会影响投资者的投资选择与判断。在实行以市场供求为基础的、参考一篮子货币进行调节的、有管理的浮动汇率制度后，我国的资本市场愈发稳定，一定时期内资本流动相对平稳。因此，在面临美联储加息的背景下，引导积极的市场预期，进一步保证其稳定性也是降低资本外逃的关键性举措。

第二，降低利率与干预外汇市场同步推进。虽然外部环境面临美联储加息，但是降低我国利率与稳定汇率并不冲突，利差仅仅是影响资本流动的因素之一。2021 年以来，我国多次下调贷款市场报价利率以及公开市场操作等降低利率，对市场有着很好的交易情绪支持，调整国内经济环境，最终提高对人民币的需求。

我国外汇储备居世界第一，但应谨慎使用逆周期因子，推进货币政策与宏观审慎政策双支柱的调控框架，并结合财政政策，维护我国金融体系的稳定。同时，增强宏观调控的针对性、协同性、前瞻性，在必要时干预外汇市场稳定短期内的人民币汇率。美元作为国际货币，美联储的加息必然会引发包括人民币在内的国际货币的贬值压力，必要时，我国可以联合有贸易往来的盟友协同合作、积极干预外汇市场（Yi & Pan，2023）。

第三，维持物价，进一步发挥出口的拉动作用。自 2022 年 3 月美联储宣布加息后，我国进出口总额便在平稳中提升，人民币币值逐步坚挺并出现升值趋势。人民币贬值后，我国可以制造商品价格优势或提高进口关税，限制使用外汇进行国际间交易鼓励居民本土消费，从根本上减少商品进口。我们也可以通过财政减税或出口退税方式刺激出口或中央银行提高贴现率，带动市场利率的上升，吸引外资流入，扩大资本与金融账户的顺差进一步使人民币保持币值稳定，以我为主，兼顾国际贸易均衡。

参 考 文 献

［1］ 蔡剑波，钟晓清. 影响世界汇率水平变动的主要因素［J］. 中国金融，2006（21）：69 - 70.

［2］ 孙晨华. 人民币汇率变动的影响因素分析［J］. 金融经济，2014（12）：63 - 65.

［3］ 刘红忠，童小龙，张卫平. 经济增长、央行资产结构与汇率趋势［J］. 新金融，2020（2）：17 - 24.

［4］ 叶敏，熊惟博. 美联储加息对东南亚汇率和利率影响［J］. 金融博览，2018（11）：54 - 55.

［5］ 郭凤娟，丁剑平. 人民币国际化、汇率与跨境资本流动互动关系研究［J］. 当代经济科学，2023（2）：1 - 12.

［6］ 钟伟. 美联储加息、资本流动和人民币汇率［J］. 世界经济，2005（3）：10 - 16.

［7］ 贺强，王汀汀. 美联储加息对中国的影响与应对策略［J］. 价格理论与实践，2016（10）：5 - 8.

［8］ 傅广敏. 美联储加息、人民币汇率与价格波动［J］. 国际贸易问题，2017（3）：131 - 142.

［9］ 马理，彭承亮. 美联储加息对中国经济的影响效应［J］. 上海经济研究，2019（7）：115 - 128.

［10］ 刘鹏，朱一江. 美联储货币政策紧缩对汇率影响的分析［J］. 中国货币市场，2022（3）：19 - 22.

［11］ 范从来，谢丽娟. 美联储货币政策冲击对人民币汇率的影响——基于在岸和离岸市场的实证检验［J］. 世界经济与政治论坛，2023（4）：103 - 122.

［12］ 潘伟. 美联储非常规货币政策退出对中国金融市场的外溢效应——基于 LT—TVP—VAR 模型的实证分析［J］. 金融与经济，2021（7）：38 - 46，90.

［13］ 石建勋，赵张霞. 美联储货币政策调整对离岸人民币汇率波动的影响研究——基于三重传导效应的实证分析［J］. 国际商务（对外经济贸易大学学报），2020（4）：110 - 128.

［14］ Yadav K A, Yada S. US FED RATE HIKE Timing, Implications, Hangover［J］. International Journal of Management, IT and Engineering, 2018（7）：208 - 226.

［15］ Yi Y H, Pan M. A Study of Coordinating China's Two – Pillar Regulatory Policy under the Shock of the Fed's Interest Rate Hike—From the Perspective of "Stable Growth" and "Risk Prevention"［J］. China Finance and Economic Review, 2023（1）：24 - 27.

The Impact of the Fed's Interest Rate Hike on the RMB Exchange Rate

—Based on the Empirical Analysis of the Fed's Interest Rate Adjustment in the Past 20 Years

Jiang Shiyin   Liu Ying   Li Jie

Abstract: As the core of the world monetary system, in order to improve the economic environment with high inflation, the Fed announced interest rate hikes in 2022, which not only affected the United States but also affected open economic countries including China. By constructing a VAR model, it is significant to select the USD/RMB exchange rate from January 2006 to August 2023 and the US federal funds rate, and studies the impact of some variables on the RMB exchange rate. The research results show that the direct effect of the Fed's interest rate hike is the most significant, and it will only lead to RMB depreciation in the short term. To this end, in the new stage of development, we should establish a strong macro-prudential supervision system and intervene in the foreign exchange market in a timely manner to promote exchange rate reform and RMB exchange rate stability, and provide ideas for the internationalization of RMB to a new level.

Keywords: Fed Interest Rate Hike, RMB Exchange Rate, Conduction Mechanisms, Preventive Countermeasures